PRECATÓRIOS E REQUISIÇÕES DE PEQUENO VALOR.

No Direito Constitucional e no Direito Financeiro.

EURÍPEDES GOMES FAIM FILHO

Precatórios e Requisições de Pequeno Valor

No Direito Constitucional e

No Direito Financeiro

Série: Precatórios e Requisições de Pequeno Valor

Volume III

Edição eletrônica e impressa.

São Paulo: IPAM, 2018.

Revisores: Anderson N. Malta; Caio C. Gomes; Daniel. A. Friaça; Maria Luiza S. Campolina; Ricardo H. Chideroli; Rodrigo M. Sanga; e Vinícius L. Silva.

Presidente do IPAM

Hertha Helena Rollemberg Padilha de Oliveira

Ao meu filho Víctor.

À minha mãe e ao meu pai, "in memoriam".

A injustiça em qualquer lugar é uma ameaça à justiça em todo lugar. Estamos presos em uma rede inescapável de correlações, amarrados em um único tecido do destino. O que quer que afete a um diretamente, afeta a todos indiretamente.

Martin Luther King Jr.[i]

SUMÁRIO

PREFÁCIO.

Em "Precatórios e Requisições de Pequeno Valor no Direito Constitucional e Financeiro", Eurípedes Gomes Faim Filho complementa a série "Precatórios e Requisições de Pequeno Valor", compondo um conjunto de obras que trazem a mais completa abordagem do tema.

Este estudo trata de um tema que afeta sobremaneira a vida do Estado e dos cidadãos, e há décadas espera por uma solução que nunca chega e é injustificável que esse assunto até o momento não tenha recebido a atenção, detalhamento e aprofundamento acadêmico que mereceu nesta obra, livro esse que seguramente é o mais completo sobre precatórios hoje existente no mercado editorial.

Compreender bem as questões que compõem nosso sistema de pagamento das condenações da Fazenda Pública é fundamental para buscar uma solução para esse instrumento que se transformou em um grande e tormentoso problema que aflige nossa federação há décadas.

E nisso essa obra dá uma grande colaboração.

Releva destacar que o foco se dá sob a ótica do Direito Financeiro, além do Direito Constitucional, no que se diferencia da abordagem que normalmente se encontra, com a análise sob o aspecto do direito processual – evidentemente relevante, mas que não toca na questão de fundo dos precatórios, que é a orçamentária.

Usualmente deixada de lado em análises mais profundas, as questões financeiras acabam sendo marginalizadas, com referências superficiais, o que não condiz com esse instrumento jurídico em que o aspecto financeiro é fundamental.

Daí porque a abordagem feita neste livro é inovadora, e ilumina aquele que é um dos aspectos mais importantes e ao mesmo tempo obscuro dos precatórios.

O autor, que há décadas se dedica ao tema, tanto profissional quanto academicamente, realizou um trabalho minucioso de pesquisa na doutrina, jurisprudência e legislação, de forma a trazer a lume uma obra rica de informação que deve fazer parte obrigatória da biblioteca de todos os que se interessam sobre esse assunto.

Terá o leitor a oportunidade de entender o que são e como funcionam os precatórios, cuja sistematização nesta obra é feita de forma clara, permitindo que se compreendam de maneira precisa suas várias espécies e regimes jurídicos aplicáveis. Verá que um instrumento que já foi simples é hoje bastante complexo, exigindo que o interessado se aprofunde nos estudos para que possa realmente conhecê-lo.

Além de detalhada e inovadora análise das normas constitucionais, que passaram por várias modificações, por meio de muitas emendas à Constituição, um profundo estudo foi feito sobre os precatórios e as requisições de pequeno valor - RPVs nos orçamentos públicos, esclarecendo seu funcionamento enquanto instrumentos de atividade financeira do poder público.

A pesquisa realizada em Leis de Diretrizes Orçamentárias federais em um período de dez anos permitiu ter uma ideia de como tem evoluído o regramento dos precatórios no Brasil.

Outros aspectos relevantes não foram deixados de lado. É o caso, por exemplo, da questão dos efeitos perniciosos do inadimplemento dos precatórios e seus reflexos no endividamento público, e a forma como isso pode ser controlado.

Um tema de natureza multidisciplinar, envolvendo juros, atualizações, compensações, cessões de crédito, sequestros, ordem de preferências e tantos outros. Uma vasta gama de questões que tornam necessário ao estudioso uma desenvoltura em várias áreas do Direito, como demonstra ter o autor, e que permite fazer chegar ao leitor um texto didático, claro e o mais conciso possível.

Enfim, tudo recomenda essa obra para leitura e fonte de pesquisa, pois muitas questões aqui encontram soluções e caminhos para que se possa chegar a elas.

José Mauricio Conti
Professor da Faculdade de Direito da USP
Doutor e livre-docente em Direito Financeiro
Juiz de Direito em São Paulo

INTRODUÇÃO.

Com este livro se completa a publicação da tese de doutorado defendida e aprovada em 2014 no Departamento de Direito Econômico, Financeiro e Tributário da Faculdade de Direito do Largo de São Francisco da Universidade de São Paulo (FADUSP)[ii] e que aqui é apresentada revisada, corrigida e ampliada.

A tese foi publicada em três partes e o motivo de se dividir a publicação em três é que se intencionou destacar pontos mistificados relativamente aos precatórios e dar ênfase a seus aspectos pouco conhecidos.

A primeira parte que se quis destacar trata do Direito Comparado e foi publicada no livro "Precatórios no Direito Comparado. O pagamento das condenações judiciais pecuniárias contra a Fazenda Pública: um estudo entre Argentina, Brasil, Estados Unidos e Portugal." Esse destaque foi feito em razão do mito de que o fenômeno do precatório seria uma exclusividade brasileira, uma "jabuticaba jurídica".

Outra parte salientada foi publicada no livro "Precatórios na História. De antes do Brasil Colônia até a Constituição de 1988." Essa parte foi destacada porque muitos creem que o precatório tenha surgido do nada na Constituição de 1934.

A parte da publicação contida neste livro mantém basicamente o que constou na tese, claro que com a revisão, correção e ampliação necessárias, parando este estudo, portanto, no ano em que a tese foi apresentada e isso porque as alterações posteriores serão objeto de outro livro, mas cujo conteúdo não repetirá o que consta aqui.

Conservou-se assim porque quase tudo que está aqui exposto ainda vale. Além disso, a outra parte mantém seu interesse pela regra do *"tempus regit actum"*, claro que de acordo com a modulação realizada pelo Supremo Tribunal Federal.

Outro motivo de se preservar o conteúdo básico original é que um dos objetivos da série consiste em mostrar como ocorreu o desenvolvimento dos precatórios dos seus primórdios até hoje e a não preservação do que aqui consta geraria um hiato.

A necessidade de um novo livro se impõe porque as mudanças ocorridas após a apresentação da tese foram muitas, podendo-se exemplificar com a modulação das ADINs em que se julgou a Emenda Constitucional 62/2009, o Código de Processo Civil de 2015 e as Emendas Constitucionais 94/2016 e 99/2017. Evidente assim a indispensabilidade de um novo livro à parte, isso até para não tornar este grande demais, o que dificultaria o acesso à informação.

A tese original surgiu da percepção de que os magistrados cuja labuta é com a Fazenda Pública sentem grande frustração ao perceber que, por mais que trabalhem, não conseguem dar efetividade à jurisdição quando a Fazenda é condenada a realizar um pagamento de quantia em dinheiro.

Na tentativa de apresentar soluções, muitos estudos foram realizados sobre a questão dos precatórios, vários dos quais se usou neste livro, omitindo-se apenas os não encontrados. Aqui se presta justa homenagem aos que realizaram estudos precedentes, em muito facilitando esta longa caminhada realizada na elaboração deste livro.

Entretanto, o tema, por natureza multidisciplinar, geralmente foi tratado pelo ângulo processual, conforme a tradição jurídica brasileira de dar mais ênfase ao Direito Formal que ao Material.

Contudo, evidentemente o problema não é processual, pois a experiência demonstra que os processos de conhecimento terminam, mesmo quando demoram, mas as obrigações não são cumpridas. Outras questões de natureza não processual precisavam ser levantadas.

Percebeu-se então a necessidade de se estudar os precatórios e as requisições de pequeno valor pelo ângulo do Direito Constitucional e do Direito Financeiro e começou-se de noções básicas discutindo-se nome, conceituação e outros pontos, para depois aprofundar-se na Constituição de 1988 e suas várias alterações no que tange aos requisitórios.

Após muito estudo, surpreendentemente percebeu-se que a denominada "Emenda do Calote" (Emenda Constitucional 62/2009) não fora tão ruim assim quanto a princípio parecera, ao contrário, pois ela, entre outros importantes feitos, concretizou a regra de 1934 de que a verba dos precatórios deveria ser consignada aos tribunais permitindo que a administração dos precatórios viesse para o lugar certo: o Poder Judiciário. Também ela trouxe sanções na sua parte transitória que finalmente funcionavam, lástima que não na permanente.

Entrou-se então nos obscuros caminhos do orçamento, esse sustentáculo da democracia injustamente desprezado pelo pouco estudo que se lhe dedica. Noções novas surgiram pela análise de uma década de leis de diretrizes orçamentárias e da tentativa de responder intrincadas questões.

Estudou-se também algo que se pretende esconder com maquiagens normativas, ou seja, os precatórios são dívida pública e verdadeiro risco para a estabilidade econômica, segurança jurídica e credibilidade do país, se não devidamente equacionados.

Convém lembrar que a estabilidade, a segurança jurídica e a credibilidade são requisitos básicos para que investimentos sejam feitos e assim o país cresça e se desenvolva, melhorando a qualidade de vida do povo.

Viu-se o grande aparato de controle sobre os precatórios. Ponderou-se se tal controle tinha real existência, porque, se o tivesse, qual seria a razão de chegar-se ao ponto em que se chegou. Percebeu-se que tinha existência, havendo verdadeiro esforço dos órgãos que o compunham, mas, como a jurisdição, não conseguia ter efeito.

Nesta breve introdução se demonstra como este tema é extenso e carregado da necessidade de se trazer uma gama imensa de informações às quais a grande maioria das pessoas não tem tido acesso, mesmo os que têm formação jurídica.

Por essa razão o texto muitas vezes é descritivo, porém sempre se parou para explicar o conteúdo das informações, salvo quando elas eram autoexplicativas, caso em que não se deteve tanto em explanações para não se ofender a inteligência do leitor e para não testar sua paciência com repetições inúteis.

Este livro demonstra que há muito mais nos requisitórios do que comumente sabe-se.

Procurou-se também provar com este livro que os requisitórios têm ligação com temas cruciais da democracia, tais como a separação de poderes, a representatividade popular, a segurança jurídica e a necessidade de respeito aos direitos humanos fundamentais.

Da mesma forma, tem-se como hipótese o fato de que o sistema de requisitórios, na sua essência, não pode ser abolido totalmente.

Tal sistema comporta urgentes melhoras como se pode constatar neste livro, principalmente no campo da seriedade, respeito pelo cidadão e concretização das sanções, ou seja: o país demanda uma mudança cultural profunda, a qual tem que ser feita no povo, fonte do governo. Também se demonstrou que grandes progressos já ocorreram embora muito ainda reste por fazer.

Procuraram-se dados concretos para se saber o que realmente acontece, na busca de se oferecer uma proposta consciente para a melhora do sistema.

Não bastasse tudo isso, o tema interessa a todos, embora não se perceba.

As pessoas normalmente pensam: "eu não tenho precatório para receber, isso não me interessa". Mas pode ter e deveria interessar sim, pois há várias situações que podem colocar alguém como credor do Poder Público.

A casa, adquirida com tantos sacrifícios, pode ser tomada a qualquer momento por uma desapropriação e ser-se colocado na fila do precatório.

A integridade física e mesmo a vida pode ser atingida por até simples colisões acidentais com veículos públicos e lá estão os herdeiros na malsinada fileira.

Todos precisam de um sistema jurídico que funcione e, principalmente, que as decisões judiciais sejam respeitadas, garantindo-se a segurança jurídica, única rocha segura para construir-se a prosperidade

CAPÍTULO I – NOÇÕES GERAIS.

1.1 DENOMINAÇÃO E MODALIDADES.

A palavra precatório pode ter vindo do latim *"precatus"* com o sentido de "prece, pedido, implorar, suplicar", já os sufixos *"-ori, -orium, -ory, -or"* indicam *"lugar onde"* originando daí a palavra latina *"precatoriu"*.[iii]

FERNÃO BORBA FRANCO menciona que há duas possibilidades para a origem do termo "precatório", podendo ter-se originado do latim tardio *"precatorius"*, de onde surgiu o verbo *"precatar"* com o sentido de "prevenir ou acautelar" ou da palavra latina *"precata"*, cujo sentido é requisitar algo de alguém, entendendo ele que esse último caso seja o mais correto.[iv]

Na língua Galega, irmã mais próxima do Português,[v] a palavra "precatório", conforme o Dicionário Electrónico Estraviz da Associçom Galega da Língua, registra o sentido de ser "Relativo a súplica. Que pede, o mesmo que rogatório. Bando precatório: grupo de pessoas que imploram pola rua a caridade pública. [lat. precatoriu]."[vi]

Posteriormente surgiu a figura da "requisição de pequeno valor" (RPV) e modalidades diversas de precatório e é em virtude dessa multiplicação de espécies que se percebe a existência de um gênero que aqui se decidiu denominar de requisitório.

A escolha dessa expressão para designar o gênero não é arbitrária, mas fundamentada no que consta na legislação e na jurisprudência pátria. [vii]

Embora não se possa asseverar que o legislador teve a intenção consciente de criar uma expressão para o gênero, fato é que ela foi prevista na Emenda Constitucional 62 de 09 de dezembro de 2009, que estabeleceu:

> Art. 100 [...] § 12. A partir da promulgação desta Emenda Constitucional, a atualização de valores de **requisitórios**, após sua expedição, até o efetivo pagamento, **independentemente de sua natureza**, será feita pelo índice oficial de remuneração básica da caderneta de poupança, e, para fins de compensação da mora, incidirão juros simples no mesmo percentual de juros incidentes sobre a caderneta de poupança, ficando excluída a incidência de juros compensatórios. (Incluído pela Emenda Constitucional nº 62, de 2009). [...] (grifo nosso)

Como se vê a Emenda criou uma expressão para o gênero denominando-o de requisitório, isso quando estabeleceu a regra de correção monetária e juros para todas as suas espécies, independentemente da sua natureza, ou seja, de ser uma modalidade de precatório ou uma requisição de pequeno valor.

Percebem-se duas espécies de requisitórios: 1. Precatórios, que admitem subespécies; e 2. Requisições de Pequeno Valor (RPV).

As Requisições de Pequeno Valor (RPV) ou Obrigações de Pequeno Valor (OPV) são requisitórios de menor expressão monetária, como o nome mesmo diz, cuja quantia deve ser estabelecida por lei e cujo sistema diverge das regras dos precatórios em vários pontos, tendo sua previsão nos parágrafos 3º e 4º do art. 100 da Constituição da República com a redação dada pela Emenda Constitucional nº 62, de 2009.

Os precatórios são conceituados por exclusão, ou seja, são os requisitórios cujo valor venha a ultrapassar o limite fixado para as Requisições de Pequeno Valor e subdividem-se em subespécies que se pode denominar de "precatórios altamente preferenciais", "precatórios preferenciais" e "precatórios sem preferência" ou "precatórios comuns".

Há quem use a expressão "precatório privilegiado",[viii] mas ela não foi utilizada neste livro primeiro porque a expressão "privilégio" dá uma impressão de algo indevido, o que não é o caso, segundo porque a própria Constituição usa a expressão que se escolheu, qual seja, "preferência".

Os "precatórios altamente preferenciais" são os pagos em primeiro lugar; os "precatórios preferenciais", por sua vez, são pagos em segundo lugar; e os "precatórios sem preferência" ou "precatórios comuns" são os pagos por último. Eles apresentam o seu conceito respectivamente na Constituição Federal no art. 100, §2º, §1º e "caput", com a redação dada pela Emenda Constitucional nº 62, de 2009 e serão analisados em seus detalhes proximamente.

1.2 CONCEITO E NATUREZA JURÍDICA.

O conceito de requisitório não atingiu uma unanimidade na doutrina, havendo várias acepções para esse fenômeno jurídico.

Assim se afirma que o juiz da execução ou do cumprimento de sentença contra a Fazenda Pública encaminha um ofício ao presidente do Tribunal para que esse emita uma decisão de execução, essa denominada de requisitório, pela qual o Presidente determina o pagamento, ou seja, o requisitório tratar-se-ia de ordem judicial,[ix] a qual, depois de expedida passa a representar *"despesa pública a ser saldada"*.[x]

Entende-se que os requisitórios sejam mesmo ordens judiciais que o Poder Judiciário determina para o Poder Executivo e o Poder Legislativo para que seja feito o pagamento de obrigações monetárias decorrentes de sentença ou acórdão judiciais transitados em julgado.

Essa conclusão decorre de dois parágrafos do art. 100 da Constituição da República.

O primeiro é o parágrafo sexto que dispõe caber ao Presidente do Tribunal que proferir a decisão que se executa *"determinar o pagamento integral"*, o que deixa claro que ele ordena isso.

O parágrafo quinto do citado artigo, por sua vez, diz que a verba para esse pagamento determinado deve constar no orçamento **obrigatoriamente**.

Ora, quem dá uma determinação a dá a alguém e, no caso, esse alguém é o Poder Executivo e o Poder Legislativo, pois ao Executivo cabe a iniciativa do projeto de lei do orçamento, devendo incluir no projeto a verba mencionada, ao Legislativo a tramitação e análise de tal projeto e ao Executivo a sanção ou veto dele, com retorno ao Legislativo para análise do veto, quando ele ocorrer.[xi]

Pelo prisma processual, os requisitórios consistem em uma etapa do cumprimento de sentença ou da execução por quantia certa contra a Fazenda Pública, já, pela ótica do Direito Financeiro, trata-se de representação de dívida pública a ser paga mediante dotação orçamentária e execução da lei de orçamento anual.

Os requisitórios não são o pagamento, mas, como já dito, ordens judiciais de pagamento. O pagamento em si se dá mediante a execução da dotação orçamentária respectiva com a entrega da verba ao credor pelo juiz de Primeiro Grau que presidir a execução ou cumprimento de sentença.

Da mesma forma eles não são um título executivo, pois o título executivo no caso é a sentença judicial ou o acórdão que esteja sendo executado, conforme dispõe o art. 475-N do Código de Processo Civil de 1973.[xii]

Pelo ângulo do credor eles são uma representação de um crédito consubstanciado no título executivo judicial.

Assim, conclui-se que, em termos de Direito Material, os requisitórios são representação de dívida pública, pelo prisma do devedor, originária de ordens judiciais de pagamento de títulos executivos judiciais[xiii] ou extrajudiciais e também uma representação de um crédito, pelo ponto de vista do credor.

1.3 QUAIS DEVEDORES POSSUEM DIREITO A REQUISITÓRIOS.

A Constituição da República aduz no seu artigo 100, com a redação dada pela Emenda Constitucional nº 62, de 2009, que o sistema de requisitórios se aplica aos pagamentos devidos pelas **Fazendas Públicas** Federal, Estaduais, Distrital e Municipais, em virtude de sentença judiciária, portanto a resposta à questão aqui proposta encontra-se no que se entende como sendo "Fazenda Pública", ressalvando-se que esse conceito não é unívoco por conter várias acepções.

Para alguns a expressão Fazenda Pública seria sinônima de Administração[xiv] ou deveria ser vista como o Estado ou Poder Público pelo prisma financeiro,[xv] caso em que é denominada de Erário ou Fisco, ou seja, o conjunto de bens e dinheiro públicos,[xvi] bem como os órgãos ou repartições que cuidam de tal patrimônio e arrecadação de tributos,[xvii] ou então, o Estado ou pessoa jurídica de Direito Público em juízo.[xviii]

Para outros nesse conceito só podem ser incluídas as pessoas jurídicas de Direito Público Interno,[xix] mais especificamente os entes políticos,[xx] havendo os que excluem as entidades da Administração Indireta, em especial as autarquias e fundações públicas,[xxi] mas outros incluem as autarquias, fundações públicas e demais entidades da Administração Pública Indireta.[xxii]

As empresas públicas e sociedades de economia mista não se agregariam no conceito por serem pessoas jurídicas de Direito Privado,[xxiii] mas tais entidades se incluiriam na regra do precatório se prestassem serviços públicos, mesmo as que fossem sociedades de economia mista ou empresa pública. Todavia não se incluiriam aquelas que exploram atividades econômicas,[xxiv] havendo, contudo, posição mais restrita dizendo que o sistema de precatórios cabe às entidades públicas participantes do orçamento público. [xxv]

A Constituição da República afirma no art. 100, §5º, que "*É obrigatória a inclusão, no orçamento das **entidades de direito público**, de verba necessária ao pagamento de seus débitos* [...]" o que nos faz perceber que para a Constituição da República Fazenda Pública seria o conjunto das entidades de Direito Público.

Ademais a norma fala em precatórios, porém ela se aplica ao gênero requisitório, uma vez que todos os tipos de requisitórios devem ter dotação orçamentária, como se verá oportunamente.

O Código Civil de 2002 apresenta um rol de pessoas jurídicas de Direito Público no seu artigo 41 aí incluindo as entidades políticas, bem como autarquias, inclusive associações públicas, e as demais entidades de caráter público criadas por lei, em que se incluiriam as fundações públicas.

Percebe-se dessas normas que são Fazenda Pública para fins de utilização de requisitórios as entidades da Administração Direta e Indireta.

A princípio as empresas públicas e sociedades de economia mista se submetem ao regime jurídico próprio das empresas privadas, inclusive quanto aos direitos e obrigações civis, comerciais, trabalhistas e tributários por força do disposto no art. 173, § 1º, II, da Constituição da República, ou seja, não possuem direito ao sistema de requisitórios.

O simples fato de as empresas públicas contarem com capital cem por cento público não as enquadra na execução por requisitórios, em obediência à supracitada regra constitucional, o que foi reconhecido pela jurisprudência,[xxvi] assim, a questão de os bens serem públicos, no caso, não é relevante para dar direito ao sistema de requisitórios.[xxvii]

O problema ainda resiste nas empresas públicas e sociedades de economia mista que prestem serviços públicos.

A expressão "serviço público" também gera ampla polêmica com alto cunho ideológico, dependendo de a posição do intérprete ser mais estatizante ou mais liberal, tanto que se fala em crise do conceito de serviço público, razão pela qual se entende que serviço público é o que a lei disser que é, pois não há como criar regras *a priori* a esse respeito.[xxviii]

Independentemente do conceito que for dado à expressão "serviço público", o Supremo Tribunal Federal entende que a regra dos requisitórios se aplica à empresa pública que presta serviço público em ambiente não concorrencial, [xxix] como é o caso da Empresa Brasileira de Correios e Telégrafos,[xxx] distinguindo empresa pública que presta serviço público da que não o faz.[xxxi]

No caso da Administração dos Portos de Paranaguá e Antonina o Supremo Tribunal Federal entendeu que ela era uma autarquia que prestava serviço público e recebe recursos estaduais, em que pese o decreto que rege a autarquia dizer expressamente que ela tem por objeto a exploração comercial e industrial dos portos, como observou o Ministro JOAQUIM BARBOSA, assim prevaleceu o entendimento anterior de que o serviço de docas é serviço público[xxxii] e, por isso, essa autarquia teria direito ao regime de precatório.

No caso da Eletronorte - Centrais Elétricas do Norte do Brasil S/A, sociedade de economia mista e concessionária de serviço público, o Supremo Tribunal Federal reconheceu a existência de repercussão geral à questão do cabimento ou não do sistema de precatórios[xxxiii] e, por fim, decidiu que o fato de a empresa objetivar lucro faz com que ela não ocupe o lugar do Estado, assim não teria direito ao regime de requisitórios.[xxxiv]

Já as entidades paraestatais que possuem personalidade de pessoa jurídica de Direito Privado não fazem jus aos privilégios processuais concedidos à Fazenda Pública,[xxxv] o que se estende a todas as pessoas jurídicas de Direito Privado, salvo se prestarem serviço público e não objetivarem lucro.[xxxvi]

1.4 RAZÃO DE SER DOS REQUISITÓRIOS.

As razões pelas quais o sistema de requisitórios foi criado são várias.

Uma explicação é que o sistema de requisitórios existe porque os bens públicos são impenhoráveis.[xxxvii]

Outro motivo é que nenhuma despesa pode ser realizada sem autorização prévia no orçamento pelo Legislativo, como prevê o art. 167, II, da Constituição da República e confirmada pelo Supremo Tribunal Federal:

> Os precatórios judiciais, apresentados até 1º de julho, e nesta data atualizados, devem ser incluídos na proposta orçamentária que, submetida ao crivo do Poder Legislativo (art. 48, II, e 166 da CF), transformar-se-á na lei orçamentária do exercício seguinte. Somente se nela estiverem previstas dotações orçamentárias para tal fim é que os requisitórios poderão ser pagos; **pois é vedada a realização de qualquer despesa sem que haja previsão no orçamento** (art. 167, II, CF). (ADI 225, Rel. Min. Paulo Brossard, julgamento em 31-8-1994, Plenário, DJ de 25-5-2001.) (grifo nosso)

Observa-se ainda que realizar despesa sem prévia autorização legal é crime:

> PENAL E PROCESSO PENAL – PECULATO – CRIME DE RESPONSABILIDADE – [...] 4. Comete o crime de ordenação de despesa não autorizada (art.359-D do Código Penal), o funcionário público que gera despesas e ordena pagamentos sem a devida e prévia autorização legal. 5. [...] 6. Denúncia recebida em parte. (APn. 477/PB, Rel. Ministra Eliana Calmon, CORTE ESPECIAL, julgado em 04/03/2009, DJe 05/10/2009)

Igualmente, os requisitórios, com observação rigorosa da ordem cronológica, são decorrência do princípio da igualdade e realizam a *"exigência constitucional de tratamento isonômico dos credores do Estado*"xxxviii e, segundo o Ministro Celso de Mello, esse sistema surgiu também para:

> "[...] impedir favorecimentos pessoais indevidos e frustrar injustas perseguições ditadas por razões de caráter político-administrativo. A regra inscrita no art. 100 da CF – cuja gênese reside, em seus aspectos essenciais, na Constituição de 1934 (art. 182) – tinha por objetivo precípuo viabilizar, na concreção de seu alcance normativo, a submissão incondicional do poder público ao dever de respeitar o princípio que conferia preferência jurídica a quem dispusesse de precedência cronológica ('prior in tempore, potior in jure'). [...]"xxxix

Outra razão alegada para a existência do sistema decorreria da ideia de que a não expedição de um precatório faria com que pudesse ocorrer grave lesão à economia pública pelo efeito multiplicador,xl da mesma forma se precatórios de alto valor tivessem que ser pagos imediatamente, sem obediência à ordem cronológica, uma vez que isso impossibilitaria o planejamento da Fazenda Pública, planejamento esse se concretiza nas regras orçamentárias.xli

Por tudo isso o Supremo Tribunal Federal é resoluto em afirmar a impossibilidade de qualquer execução contra a Fazenda Pública sem a expedição de precatório e observância da ordem cronológica ou requisição de pequeno valor. Mesmo que o pagamento decorra de mandado de segurança o sistema de precatório se impõe,xlii inclusive no caso de mandado de segurança coletivo,xliii sendo vedada a concessão de antecipação ou liminar que frustre tal sistema.xliv

Da mesma forma o Supremo Tribunal Federal entende que no caso de desapropriação a diferença do valor depositado para imissão na posse deve ser feito por meio de precatório.xlv

No entanto, considera-se essa posição do Supremo Tribunal Federal no que diz respeito à desapropriação por necessidade ou utilidade pública, ou por interesse social não adequada à Constituição, pois, nesses casos, o art. 5º, XXIV, cláusula pétrea, exige "*justa e **prévia** indenização em dinheiro*", não sendo satisfeito o requisito da prévia indenização pelo sistema de requisitórios.

O Supremo Tribunal Federal admite execução contra a Fazenda Pública baseada em título extrajudicial, mas seguindo o rito do art. 730 do Código de Processo Civil de 1973, ou seja, o pagamento feito pelo sistema de requisitórios.[xlvi]

Entendeu ainda o Supremo Tribunal Federal que as normas dos requisitórios são apenas as previstas pela Constituição da República, não podendo ser reguladas por norma infraconstitucional, menos ainda para criar restrições ou condições não previstas na Carta Magna.[xlvii] Tal entendimento não parece correto quando se lembra que a própria Constituição menciona a necessidade de lei para regular requisitórios como, por exemplo, no art. 100, §§ 2º, 3º, 4º, 11 e 16 ficando-se apenas na parte permanente e sem mencionar o § 15, julgado inconstitucional.

Estabelecidos os conceitos iniciais arrosta-se a evolução dos requisitórios no Brasil durante a vigência da Constituição de 1988, o que se apresentará no capítulo que se abre a seguir.

CAPÍTULO II – EVOLUÇÃO DOS REQUISITÓRIOS NO PERÍODO DA CONSTITUIÇÃO DE 1988.

2.1 A PARTE PERMANENTE DO TEXTO ORIGINAL.

A Constituição atual de 1988, na sua redação original, tratou dos precatórios em seu art. 100 que se transcreve abaixo:

> Art. 100. **À exceção dos créditos de natureza alimentícia**, os pagamentos devidos pela Fazenda Federal, Estadual ou Municipal, em virtude de sentença judiciária, far-se-ão **exclusivamente** na ordem **cronológica** de apresentação dos precatórios e à conta dos créditos respectivos, proibida a designação de casos ou de pessoas nas dotações orçamentárias e nos créditos **adicionais** abertos para este fim. (grifo nosso)

A primeira coisa que pode ser observada é que o Constituinte de 1988 pareceu querer dispensar os créditos de natureza alimentícia da expedição de precatórios, como se faz hoje com as RPVs, o que seria o ideal, mas tal intenção não foi acolhida pelo Supremo Tribunal Federal que exigiu essa expedição na sua súmula 655:

> A exceção prevista no art. 100, caput, da Constituição, em favor dos créditos de natureza alimentícia, não dispensa a expedição de precatório, limitando-se a isentá-los da observância da ordem cronológica dos precatórios decorrentes de condenações de outra natureza.[xlviii]

Dessa forma, pela interpretação do Supremo, a Constituição quis dizer é que os créditos alimentícios teriam uma preferência com relação aos demais, não determinando a dispensa da existência de precatórios. Essa decisão se lastima, pois é evidente que as verbas alimentícias deveriam ter o mesmo sistema das atuais RPVs, posto que representam necessidades básicas de sobrevivência do credor da Fazenda Pública.

Contudo, o mesmo Supremo Tribunal Federal rechaçou a pretensão de excluir os créditos alimentares da RPV a pretexto de se cumprir a Súmula 655, deixando claro que a RPV se aplica também a esses créditos, sendo realmente absurda a extensão que se quis dar à citada súmula.[xlix]

A Constituição de 1988 ainda explicitou a exigência de que os pagamentos fossem feitos exclusivamente na ordem cronológica de apresentação dos precatórios.

A regra do sequestro foi estabelecida para o caso de preterimento do direito de preferência do credor, excluindo a obrigatoriedade geral da participação do Ministério Público, determinada desde 1934, a não ser, evidentemente, nos casos previstos no art. 129 da mesma Constituição.

Finalmente, ao invés de créditos extra orçamentários, previstos desde a Constituição de 1946, a Constituição de 1988 falou em créditos adicionais abertos para o fim de pagamento de precatórios.

2.2 O ATO DAS DISPOSIÇÕES CONSTITUCIONAIS TRANSITÓRIAS ORIGINAL DE 1988.

Os precatórios foram tratados no art. 33 do Ato das Disposições Constitucionais Transitórias (ADCT) o qual previu o primeiro parcelamento ou moratória unilateral.

Tal artigo excepcionou do parcelamento os créditos de natureza alimentar e incluiu no mesmo todos os precatórios pendentes de pagamento no dia da promulgação da Constituição, ou seja, 05 de outubro de 1988, inclusive o remanescente de juros e correção monetária.

O pagamento foi previsto para ser feito em moeda corrente atualizada e em no máximo oito parcelas anuais iguais e sucessivas a contar de primeiro de julho de 1989 a critério discricionário do Poder Executivo que poderia optar por esse regime de pagamento em até cento e oitenta dias a contar da promulgação da Constituição.

O Supremo Tribunal Federal explicitou que as desapropriações se incluíam no parcelamento realizado[l] e que a regra do art. 33 não autorizava qualquer diferença quanto aos exercícios anteriores que não haviam sido pagos quando da promulgação da Constituição.[li]

Como a Constituição falou apenas em atualização monetária o Supremo Tribunal Federal foi mais longe no sentido de diminuir o direito do credor do Estado, pois afastou os juros moratórios e os compensatórios, entendendo que só haveria juros moratórios se houvesse atraso no cumprimento do citado artigo 33, o que sabidamente ocorreu,[lii] já os compensatórios tiveram "a incidência cessada em face da referência apenas aos remanescentes e às parcelas tidas como iguais e sucessivas."[liii]

A atitude do Supremo é reprovável, pois o atraso já ocorre de longuíssima data, como demonstrado no livro sobre a história dos precatórios,[liv] contudo, quase sempre, a posição do Supremo foi contra o credor e a favor do devedor faltoso, que já é dotado de muitos privilégios de toda ordem não necessitando que se aplique a máxima do *in dubio pro fisco*.

O parágrafo único do art. 33 do ADCT autorizou as entidades devedoras a emitir ano a ano, no exato montante do dispêndio dos precatórios, títulos da dívida pública, os quais não seriam computáveis para efeito do limite global de endividamento.

O Supremo Tribunal Federal se manifestou no sentido de que tais títulos deveriam ser usados exclusivamente para pagamentos de precatórios abrangidos naquele parcelamento.[lv]

A Emenda Constitucional nº 3, de 17 de março de 1993 no seu artigo 5º previu que Estados, Distrito Federal e Municípios, até 31 de dezembro de 1999, somente poderiam emitir títulos da dívida pública no montante necessário ao refinanciamento do principal devidamente atualizado de suas obrigações representadas por esse tipo de título, ressalvando o disposto no art. 33, parágrafo único do ADCT.

Tal regra do art. 33, parágrafo único do ADCT originou o denominado *"escândalo dos precatórios"* o qual resultou na Comissão Parlamentar de Inquérito (CPI) dos precatórios realizada em 1996 e que constatou que os títulos foram expedidos em valor bem superior ao dos precatórios e disso apenas um valor ínfimo foi usado para efetivo pagamento deles.[lvi]

2.2.1 A CONSTITUCIONALIDADE DO ATO DAS DISPOSIÇÕES CONSTITUCIONAIS TRANSITÓRIAS ORIGINAL DE 1988 REFERENTE A REQUISITÓRIOS.

O Supremo Tribunal Federal enfrentou essa questão no Recurso Extraordinário 161.695 de São Paulo cujo foi relator o Ministro CELSO DE MELLO.[lvii]

O Tribunal de Justiça do Estado de São Paulo negou aplicação ao artigo 33 do ADCT por entender que essa norma transitória era incompatível com os princípios da isonomia, justa indenização, direito adquirido e do pagamento dos precatórios na forma prevista nas disposições permanentes da Constituição reconhecendo haver incompatibilidade hierárquico-normativa entre tais regras na forma do ensinamento de ALFREDO BUZAID.[lviii]

A Corte Paulista expressamente excluiu do art. 33 do ADCT os créditos oriundos de desapropriação, posto que a parte permanente exigisse nesse caso indenização prévia e em dinheiro.

O Ministro CELSO DE MELLO afirmou que o ordenamento jurídico, além de único, constitui um sistema, razão pela qual as normas devem manter entre si um vínculo de coerência essencial, devendo ser reconhecida uma coexistência harmoniosa entre as regras positivadas.

Afirmou então o Supremo Tribunal Federal que a antinomia era apenas aparente, dirimível pela aplicação do critério da especialidade, pois o ADCT tem tanta força constitucional quanto as normas permanentes da Constituição, estando no mesmo nível, sendo as regras do art. 33 do ADCT mera exceção às regras e princípios permanentes, incluindo em seu âmbito todos os créditos, salvo os de natureza alimentar.[lix]

A redação original da Constituição de 1988 não sofreu alteração durante o Congresso Revisor, em que pese o tema dos precatórios ter sido objeto de debates, mas foi alterada pelas Emendas Constitucionais nº 20, de 15 de dezembro de 1998; nº 30, de 13 de setembro de 2000; nº 37, de 12 de junho de 2002; e nº 62, de 11 de novembro de 2009, mencionadas na sequência.

2.3 A EMENDA CONSTITUCIONAL NÚMERO 20, DE 15 DE DEZEMBRO DE 1998.

A Emenda Constitucional 20, de 15 de dezembro de 1998 criou a figura da Requisição de Pequeno Valor, acrescentando um parágrafo terceiro ao art. 100 da Constituição.

Essa nova regra retirou a aplicação das normas relativas a precatórios no caso de pagamentos cuja lei da respectiva entidade política entendesse como sendo de pequeno valor, norma que o Supremo Tribunal Federal entendeu constitucional.[lx]

2.4 A EMENDA CONSTITUCIONAL NÚMERO 30 DE 13 DE SETEMBRO DE 2000.

A Fazenda Pública do Distrito Federal só foi expressamente contemplada em norma constitucional pela Emenda Constitucional 30 à Constituição da República de 1988 em 13 de setembro de 2000, embora sempre se entendesse que sua inclusão fosse implícita pela expressão genérica "Fazenda" usada desde o princípio.

A Emenda Constitucional 30, de 13 de setembro de 2000 alterou a redação original do § 1º do art. 100, o qual previa uma atualização apenas na data de 1º de julho de sua apresentação, para prever a atualização quando do pagamento, o que é muito mais razoável e evita e eternização desse pagamento por necessidade de complementação para repor as perdas inflacionárias.

Também tal emenda explicitou que os débitos aí mencionados eram os originários de sentenças transitadas em julgado, devendo-se entender por "sentenças" também os acórdãos, por óbvio, além de especificar o que se deveria entender por débitos de natureza alimentar.

Igualmente essa emenda permitiu que as RPVs tivessem valores diferenciados de acordo com a capacidade econômica das entidades de Direito Público.

Essa emenda criou um crime de responsabilidade para os Presidentes dos Tribunais competentes para a execução dos precatórios que causassem embaraços ao pagamento deles.

A Emenda Constitucional 30/2000 previu ainda a possibilidade de pagamento de precatórios em um parcelamento unilateral, como havia feito o Constituinte Originário no art. 33 do ADCT, o que FERNANDO FACURY SCAFF chamou de "calote".[lxi]

Tal emenda incluiu o art. 78 no ADCT e esse excluiu do parcelamento as RPVs, os créditos de natureza alimentícia e os créditos relativos ao primeiro parcelamento previsto no art. 33 do ADCT, além dos que já tivessem os recursos liberados ou depositados em juízo quando da promulgação da Emenda 30.

Os precatórios pendentes na data da promulgação da Emenda 30, ou seja, 13 de setembro de 2000, e os que decorressem de ações iniciais ajuizadas até 31 de dezembro de 1999 incluíram-se no parcelamento. Portanto, estariam incluídos nesse parcelamento processos ainda não definitivamente julgados até hoje, considerando-se a data de distribuição e a infinidade de recursos que eterniza os feitos na Justiça brasileira.

O novo parcelamento foi planejado para durar dez anos e os créditos seriam pagos em prestações anuais iguais e sucessivas pelo seu valor real em moeda corrente, ou seja, corrigidos monetariamente, e acrescidos dos juros legais.

Contudo, no caso de desapropriação de imóvel residencial, que fosse o único do desapropriado na época da imissão na posse, o prazo foi reduzido para dois anos, o que mesmo assim deixaria a família que sofrera a desapropriação sem teto.

A cessão de créditos foi expressamente permitida, podendo o credor, para tanto, decompor as parcelas a seu critério. Isso não era necessário constar na Constituição, pois a cessão é regida no Código Civil no art. 286 a 298, não sendo necessário consentimento do devedor para que ela ocorra, bastando a sua simples notificação como se vê no art. 290 do Código Civil.

No caso de não pagamento caberia sequestro por ordem do Presidente do Tribunal competente bem como no caso de omissão orçamentária ou preterição de direto de precedência, mas sempre a requerimento do credor.

O Supremo Tribunal Federal afirmou que o benefício do sequestro mais amplo previsto na Emenda 30 não se estendia aos créditos alimentares:

> "A previsão de que trata o § 4º do art. 78 do ADCT da CF, na redação dada pela EC 30/2000, refere-se exclusivamente aos casos de parcelamento de que cuida o caput do dispositivo, **não sendo aplicável aos débitos de natureza alimentícia**. A única situação suficiente para motivar o sequestro de verbas públicas destinadas à satisfação de dívidas judiciais alimentares é a ocorrência de preterição da ordem de precedência." (Rcl 2.452, Rel. Min. Ellen Gracie, julgamento em 19-2-2004, Plenário, DJ de 19-3-2004.) (grifo nosso)

Esse posicionamento do Supremo Tribunal Federal fez com que os créditos alimentares, cuja precedência o Constituinte Originário estabeleceu, simplesmente parassem de ser pagos.[lxii]

Previu a Emenda que se a parcela não fosse adimplida até o final do exercício ela passaria a servir para pagamento de tributos da entidade devedora. O Supremo Tribunal Federal[lxiii] entendeu que essa regra valia apenas para o valor da prestação não paga e não para a totalidade do débito do precatório, novamente restringindo o direito dos credores.

O Supremo Tribunal Federal a princípio aceitou esse parcelamento como válido, e chegou a afastar a incidência de juros mais uma vez prejudicando os credores:

Constitucional. Precatório. Art. 78 do ADCT (...). O art. 78 do ADCT possui a mesma mens legis que o art. 33 deste ato, razão pela qual, uma vez calculado o precatório pelo valor real do débito, acrescido de juros legais, não há mais falar em incidência destes nas parcelas anuais, iguais e sucessivas em que é fracionado, desde que adimplidas a tempo e corrigidas monetariamente.[lxiv]

Mas em 2011 a eficácia desse parcelamento foi finalmente afastada pelo Supremo Tribunal Federal que reconheceu a sua inconstitucionalidade:

[...] A eficácia das regras jurídicas produzidas pelo poder constituinte (redundantemente chamado de 'originário') não está sujeita a nenhuma limitação normativa, seja de ordem material, seja formal, porque provém do exercício de um poder de fato ou suprapositivo. Já as normas produzidas pelo poder reformador, essas têm sua validade e eficácia condicionadas à legitimação que recebam da ordem constitucional. Daí a necessária obediência das emendas constitucionais às chamadas cláusulas pétreas. **O art. 78 do ADCT, acrescentado pelo art. 2º da EC 30/2000, ao admitir a liquidação 'em prestações anuais, iguais e sucessivas, no prazo máximo de dez anos' dos 'precatórios pendentes na data de promulgação' da emenda, violou o direito adquirido do beneficiário do precatório, o ato jurídico perfeito e a coisa julgada. Atentou ainda contra a independência do Poder Judiciário,** cuja autoridade é insuscetível de ser negada, máxime no concernente ao exercício do poder de julgar os litígios que lhe são submetidos e fazer cumpridas as suas decisões, inclusive contra a Fazenda Pública, na forma prevista na Constituição e na lei. **Pelo que a alteração constitucional pretendida encontra óbice nos incisos III e IV do § 4º do art. 60 da Constituição, pois afronta 'a separação dos Poderes' e 'os direitos e garantias individuais'. Quanto aos precatórios 'que decorram de ações iniciais ajuizadas até 31 de dezembro de 1999', sua liquidação parcelada não se compatibiliza com o caput do art. 5º da CF. Não respeita o princípio da igualdade a admissão de que um certo número de precatórios, oriundos de ações ajuizadas até 31-12-1999, fique sujeito ao regime especial do art. 78 do ADCT, com o pagamento a ser efetuado em prestações anuais, iguais e sucessivas, no prazo máximo de dez anos, enquanto os demais créditos sejam beneficiados com o tratamento mais favorável do § 1º do art. 100 da Constituição.** Medida cautelar deferida para **suspender a eficácia do art. 2º da EC 30/2000,** que introduziu o art. 78 no ADCT da Constituição de 1988. (ADI 2.356-MC e ADI 2.362-MC, Rel. p/ o ac. Min. Ayres Britto, julgamento em 25-11-2010, Plenário, DJE de 19-5-2011.) No mesmo sentido: RE 544.267-AgR, rel. min. Dias Toffoli, julgamento em 7-8-2012, Primeira Turma, DJE de 23-8-2012. (grifo nosso)

O Ministro Luiz Fux afirmou que essa cautelar apresenta caráter satisfativo quando do julgamento das ADIs 4357 e 4425, não havendo oposição dos demais Ministros a essa afirmativa porque ela demonstra razão, pois ao suspender a eficácia desse parcelamento nada mais há para fazer, salvo regular as situações que ocorreram durante ele, o que o mesmo Ministro Luiz Fux fez quando da modulação.

2.5 A EMENDA CONSTITUCIONAL NÚMERO 37 DE 12 DE JUNHO DE 2002.

A Emenda Constitucional 37, de 12 de junho de 2002 vedou a expedição de precatório complementar ou suplementar de valor pago, bem como fracionamento, repartição ou quebra do valor da execução, a fim de que seu pagamento não se faça, em parte, na forma estabelecida para as RPVs e, em parte, mediante expedição de precatório.

Essa norma foi prevista no parágrafo 4º do art. 100 da parte permanente da Constituição e hoje é prevista no parágrafo 8º do mesmo artigo por força da Emenda Constitucional nº 62/2009.

A Emenda Constitucional 37 incluiu também o artigo 86 no ADCT para excluir do parcelamento unilateral da Emenda Constitucional 30 alguns débitos da Fazenda Federal, Estadual, Distrital ou Municipal.

Tais débitos seriam aqueles oriundos de sentenças transitadas em julgado que fossem objeto de emissão de precatórios judiciários e cujo valor fosse considerado pequeno pela lei prevista no § 3º do art.

100 da Constituição Federal ou pelo art. 87 do ADCT e pendentes de pagamento no dia da publicação da Emenda 37, ou seja, dia 12 de junho de 2002.

Esses débitos ou os seus saldos seriam pagos na ordem cronológica de apresentação dos respectivos precatórios, com precedência sobre os de maior valor, sendo que, aqueles que ainda não tivessem sido incluídos no parcelamento unilateral da Emenda 30, poderiam ser pagos em duas parcelas anuais, se assim dispusesse a lei, com preferência de pagamento para os débitos de natureza alimentícia.

A mesma Emenda 37 incluiu também o art. 87 no ADCT definindo valores considerados para fins de RPV até a publicação oficial das respectivas leis definidoras pelos entes políticos estabelecendo que fossem de pequeno valor os débitos estaduais e distritais iguais ou inferiores a quarenta salários-mínimos e os municipais a trinta salários-mínimos.

2.6 A EMENDA CONSTITUCIONAL NÚMERO 62 DE 09 DE DEZEMBRO DE 2009.

A Emenda Constitucional 62 de 2009 estabeleceu dois regimes: um especial e um ordinário.

O sistema ordinário tem sua importância pelo fato de ser a forma permanente de se proceder com precatórios e, além disso, há várias entidades submetidas a ele, inclusive a União, o que por si só dá relevância ao sistema, motivo pelo qual ele deve ser tratado em um capítulo separado, como se faz em seguida.

Mas como o transitório sempre imperou sobre o permanente na prática constitucional pátria de precatórios, o sistema denominado de especial justifica também a abertura de um capítulo pela sua complexidade e larga aplicação, o que é feito após o próximo capítulo.

CAPÍTULO III – O REGIME ORDINÁRIO - A PARTE PERMANENTE DA CONSTITUIÇÃO.

3.1 REGRAS GERAIS DOS REQUISITÓRIOS.

Os requisitórios têm regras gerais para todas as suas espécies e aquelas que são particulares dos precatórios ou das requisições de pequeno valor, como se passa a expor.

3.1.1. A ORDEM CRONOLÓGICA DE PAGAMENTOS.

O tratamento dos requisitórios começa no art. 100 da Constituição da República, regra essa que menciona apenas os precatórios, mas que se aplica aos requisitórios em geral, pois todos eles devem ser pagos na ordem cronológica de apresentação.

Isso se dá porque tal regra é uma aplicação específica do princípio da isonomia e seu descumprimento autoriza sequestro das verbas da entidade infratora, nos termos do art. 100, § 6º, da

Constituição da República, e punição dos responsáveis, sendo o pagamento considerado como despesa não autorizada.[lxv]

As RPVs devem obedecer à ordem cronológica existente entre elas também em consideração ao princípio da isonomia, mas não entrando na mesma ordem que os precatórios,[lxvi] tendo preferência em relação a eles.[lxvii]

3.1.2. INCLUSÃO NO ORÇAMENTO.

Os requisitórios devem ser pagos à conta dos créditos orçamentários respectivos e em todas as situações é vedada a designação de casos ou de pessoas nas dotações orçamentárias e nos créditos adicionais abertos para esse fim.

A determinação de que os requisitórios devam todos constar da lei orçamentária anual decorre da norma constitucional prevista no art. 167, II, da Constituição da República que veda a realização de despesas ou a assunção de obrigações diretas que excedam os créditos orçamentários ou adicionais, exigindo assim que tudo conste na estrutura orçamentária.

A diferença entre os precatórios e as RPVs nesse ponto é que a dotação dessas é uma projeção para casos que poderão ou não ocorrer durante o exercício financeiro, enquanto que a dos precatórios é baseada nos precatórios pré-existentes quando da elaboração do projeto de lei orçamentária, o que não faz sentido, posto que ontologicamente eles são o mesmo instituto, não havendo razão para os precatórios não serem representados por uma dotação baseada em previsão com ocorre com as despesas em geral.

3.1.3. ORDEM JUDICIAL TRANSITADA EM JULGADO.

Observa-se que o *"caput"* do artigo 100 menciona apenas a expressão "sentença judiciária", não dizendo nada sobre os acórdãos, contudo, evidentemente, eles aí se incluem, posto que a Fazenda é condenada a pagar valores também por eles.

Da mesma forma, o artigo 100 da Constituição no *"caput"* nada diz sobre o trânsito em julgado, o que só é mencionado no § 3º do citado artigo quando esse trata das RPVs, entretanto é óbvio que o trânsito em julgado é exigência também para os precatórios, pois não faria sentido uma execução tão trabalhosa como é a que se faz com relação à Fazenda Pública sem o cumprimento desse requisito.

Além disso, seria ilógico exigir trânsito em julgado, no caso das RPVs, como explicitamente o faz a Constituição, e não o exigir para os precatórios, cujo valor é superior aos das RPVs. Exigir para o menos e não exigir para o mais não faz sentido.

Por tudo isso, deve-se entender que a Constituição implicitamente exige o trânsito em julgado também no caso dos precatórios, razão de as Leis de Diretrizes Orçamentárias normalmente exigirem a prova do trânsito em julgado para sua inclusão na Lei Orçamentária Anual.[lxviii]

O Supremo Tribunal Federal estabeleceu que em havendo parte incontroversa essa pode ser objeto de precatório enquanto se discute a parte controversa, situação que não será considerada como sendo de fracionamento proibido de precatório.[lxix] Mas, nesse caso, como se vê do inteiro teor do acórdão, serão dois precatórios, cada um tendo uma ordem na fila.

3.1.4. JUROS E CORREÇÃO.

As regras são comuns para todos os tipos de requisitório, pois, além de a Constituição não criar exceções, já decidiu o Supremo Tribunal Federal que por "*possuírem a mesma natureza, não há diferenciação entre precatório e Requisição de Pequeno Valor - RPV, quanto à incidência de juros de mora*"[lxx], bem como com relação à correção, a qual, se desconsiderada, configura enriquecimento ilícito do devedor,[lxxi] pois ela não acrescenta valor, como decidiu o Superior Tribunal de Justiça:

> "A correção monetária nada mais é do que um mecanismo de manutenção do poder aquisitivo da moeda, não devendo representar, consequentemente, por si só, nem um *plus* nem um *minus* em sua substância. Corrigir o valor nominal da obrigação representa, portanto, manter, no tempo, o seu poder de compra original, alterado pelas oscilações inflacionárias positivas e negativas ocorridas no período."[lxxii]

A respeito disso, a Emenda Constitucional 62/2009 estabeleceu:

> Art. 100 § 12. A partir da promulgação desta Emenda Constitucional, a atualização de valores de requisitórios, após sua expedição, até o efetivo pagamento, **independentemente de sua natureza**, será feita **pelo índice oficial de remuneração básica da caderneta de poupança**, e, para fins de compensação da mora, incidirão juros simples no mesmo percentual de juros incidentes sobre a caderneta de poupança, ficando excluída a incidência de juros compensatórios. (Incluído pela Emenda Constitucional nº 62, de 2009). (grifo nosso)

A expressão "*índice oficial de remuneração básica da caderneta de poupança*" do art. 100, § 12, da Constituição da República foi considerada inconstitucional pelo Supremo Tribunal

Federal no julgamento das Ações Diretas de Inconstitucionalidade números 4357 e 4425, sendo essa uma inconstitucionalidade parcial do dispositivo.

Conforme consta no julgamento, a decisão foi no sentido de que a correção monetária deveria corresponder ao índice de desvalorização da moeda, sendo que o Supremo Tribunal Federal já decidiu que a TRD usada na poupança porque representa apenas "*as variações do custo primário da captação dos depósitos a prazo fixo, não constitui índice que reflita a variação do poder aquisitivo da moeda*".[lxxiii] Não bastasse isso o dispositivo em pauta fere a garantia da coisa julgada e, por reflexo, a exigência da separação dos Poderes.

Também a expressão "*independentemente de sua natureza*" foi considerada inconstitucional porque aos precatórios de natureza tributária devem-se aplicar os juros de mora idênticos aos que incidem sobre o crédito tributário.

Por arrastamento foi julgado inconstitucional o art. 5º da Lei 11.960/2009.[lxxiv]

Observe-se o que restou da citada regra:

> Art. 100 § 12. (I) A partir da promulgação desta Emenda Constitucional, a atualização de valores de requisitórios, após sua expedição, até o efetivo pagamento, [...], será feita [...], e, para fins de (II) compensação da mora, incidirão juros simples (III) no mesmo percentual de juros incidentes sobre a caderneta de poupança, (IV) ficando excluída a incidência de juros compensatórios. (Incluído pela Emenda Constitucional nº 62, de 2009).

Daí pode-se concluir o seguinte:

I.   A atualização monetária deve ser feita após a expedição do requisitório até a entrega de seu valor nas mãos do credor;

II.   A mora será compensada por juros simples;

III. O percentual dos juros será o mesmo incidente sobre a caderneta de poupança;

IV. Os juros compensatórios estão excluídos; e

V. Se for caso de restituição de indébito tributário os juros de mora serão idênticos aos aplicáveis ao crédito tributário.

A correção monetária deve ser feita por "*índice que reflita a variação do poder aquisitivo da moeda*", como visto acima na decisão do Supremo Tribunal Federal.

Os juros simples são aqueles que não se acrescem ao capital para efeito de recálculo de juros, como ocorre com os juros compostos da poupança normal.

A questão do percentual de juros demanda análise da legislação.

A caderneta de poupança possui o seu regramento previsto na Lei 8.177 de 1º de março de 1991, dizendo essa lei no seu art. 12:

> Art. 12. Em cada período de rendimento, os depósitos de poupança serão remunerados:
>
> I - como remuneração básica, por taxa correspondente à acumulação das TRD, no período transcorrido entre o dia do último crédito de rendimento, inclusive, e o dia do crédito de rendimento, exclusive;
>
> II - *como adicional, por juros de meio por cento ao mês.*

Como se viu acima, o inciso I não se aplica ao caso, mas apenas o inciso II.

Tal regra estava em vigor quando da vigência da Lei 11.960/2009, bem como da Emenda Constitucional 62/2009, mas ela sofreu alteração pela Medida Provisória 567 de 03 de maio de 2012, a qual foi convertida na Lei 12.703 de 07 de agosto de 2012, sem alterar a medida, ficando estabelecida a seguinte norma:

> Art. 12 [...] II - como remuneração adicional, por juros de:

a) 0,5% (cinco décimos por cento) ao mês, enquanto a meta da taxa Selic ao ano, definida pelo Banco Central do Brasil, for superior a 8,5% (oito inteiros e cinco décimos por cento); ou

b) 70% (setenta por cento) da meta da taxa Selic ao ano, definida pelo Banco Central do Brasil, mensalizada, vigente na data de início do período de rendimento, nos demais casos.

Esse, portanto, é o juro de mora previsto para requisitórios, salvo os decorrentes de indébito tributário para os quais a regra é a prevista no Código Tributário Nacional:

Art. 161. § 1º **Se a lei não dispuser de modo diverso**, os juros de mora são calculados à taxa de um por cento ao mês. (grifo nosso)

Tal norma dispõe que os juros de mora só serão de um por cento **se a lei não dispuser de forma diversa**, ocorre que a lei dispõe de forma diversa, ou seja, as Leis Federais nº 9.065/1995, art. 13, e nº 8.981/1995, art. 84, inciso I.

Reza a Lei 9.065/1995:

Art. 13. A partir de 1º de abril de 1995, os juros de que tratam a alínea c do parágrafo único do art. 14 da Lei nº 8.847, de 28 de janeiro de 1994, com a redação dada pelo art. 6º da Lei nº 8.850, de 28 de janeiro de 1994, e pelo art. 90 da Lei nº 8.981, de 1995, o art. 84, inciso I, e o art. 91, parágrafo único, alínea a.2, da Lei nº 8.981, de 1995, serão equivalentes à taxa referencial do Sistema Especial de Liquidação e de Custódia - SELIC para títulos federais, acumulada mensalmente.

O art. 14 da Lei 8.847 de 28 de janeiro de 1994, o qual tratava do Imposto sobre a Propriedade Territorial Rural, foi revogado pelo art. 24 da Lei 9.393 de 19 de dezembro de 1996 e, com isso, também foi revogado o art. 90 da Lei 8.981/1995, o qual alterara a redação do revogado artigo 14 aqui mencionado.

O artigo 91 da Lei 8.981/1995, que dizia respeito a parcelamento de débitos, foi revogado pela Lei 10.522/2002.

Por sua vez, a Lei nº 8.981 de 20 de janeiro de 1995 dispôs:

Art. 84. **Os tributos e contribuições sociais arrecadados pela Secretaria da Receita Federal**, cujos fatos geradores vierem a ocorrer a partir de 1º de janeiro de 1995, não pagos nos prazos previstos na legislação tributária serão acrescidos de: https://www.planalto.gov.br/ccivil_03/_Ato2007-2010/2010/Decreto/D7212.htm - art552

I - juros de mora, equivalentes à taxa média mensal de captação do Tesouro Nacional relativa à Dívida Mobiliária Federal Interna; [...] (grifo nosso)

Portanto, com a Lei 9065 de 20 de junho de 1995, artigo 13, supracitado, os juros de mora de precatórios relativos a indébitos tributários terão por base a SELIC para títulos federais, já os estaduais e municipais dependerão do que dispuser a respectiva legislação.

Uma última questão a respeito de juros de mora em precatório é a súmula vinculante número 17 do Supremo Tribunal Federal que diz:

Súmula Vinculante 17 Durante o período previsto no parágrafo 1º do artigo 100 da Constituição, não incidem juros de mora sobre os precatórios que nele sejam pagos.

A súmula foi aprovada no dia 29 de outubro de 2009, portanto, é anterior à Emenda Constitucional 62 de 09 de dezembro de 2009 e, por isso, faz referência à redação do então vigente parágrafo 1º do artigo 100 da Constituição, o qual apresentava a seguinte redação:

Art. 100 § 1º É obrigatória a inclusão, no orçamento das entidades de direito público, de verba necessária ao pagamento de seus débitos oriundos de sentenças transitadas em julgado, constantes de precatórios judiciários, apresentados até 1º de julho, fazendo-se o pagamento até o final do exercício seguinte, quando terão seus valores atualizados monetariamente. (Redação dada pela Emenda Constitucional nº 30, de 2000)

Esse parágrafo foi repetido sem alteração pela Emenda Constitucional 62/2009, mas hoje está localizado no § 5º do art. 100

da Constituição da República, fato que autoriza a dizer que a mencionada súmula ainda vigora.

Como se vê, a súmula se refere ao período que vai da inclusão da verba para pagamento do precatório no orçamento até o final do exercício seguinte, ou seja, enquanto a verba não é incluída no orçamento e somente após o final do exercício seguinte há incidência de juros de mora.

Lastimável a aprovação dessa súmula e louvável a posição do Ministro MARCO AURÉLIO na discussão dela,[lxxv] bem como nas suas manifestações a esse respeito, pois, evidentemente há uma demora imensa no pagamento e os juros de mora são para compensar essa demora, como já dissemos. As expressões "de mora" e "demora" falam por si.

Mas essa regra é nitidamente relativa a precatórios e não a RPV, posto que essa última não é incluída no orçamento para pagamento até o exercício seguinte.

Contudo, em 12 de fevereiro de 2008 a Segunda Turma do Supremo Tribunal Federal já decidiu pela aplicação dessa regra também à RPV:

> Esta Corte, no julgamento do RE 298.616, Pleno, Rel. Gilmar Mendes, DJ 3.10.2003, fixou o seguinte entendimento:
>
> "EMENTA: Recurso Extraordinário. 2. Precatórios. Juros de mora. 3. Art. 100, § 1º, da Constituição Federal. Redação anterior à Emenda 30, de 2000. 4. Inclusão no orçamento das entidades de direito público. Apresentação até 1º de julho, data em que terão seus valores atualizados. 5. Prazo constitucional de pagamento até o final do exercício seguinte. 5. Descaracterização da mora, quando não há atraso na satisfação dos débitos. 5. Recurso extraordinário provido."
>
> Na decisão monocrática entendeu-se que o supracitado precedente se aplica nos casos de Requisição de Pequeno Valor - RPV. Conforme sustentei na decisão agravada, efetivamente, em face de possuírem a mesma natureza, não há como afastar, no caso de RPV, o

entendimento firmado pelo Pleno desta Corte em relação ao precatório.[lxxvi]

Atualmente essa questão está sendo discutida no RE 579431, com reconhecimento de repercussão geral. Nesse feito já há um parecer da Procuradoria Geral da República no sentido de que o Supremo Tribunal Federal decrete *"a não incidência dos juros de mora no período compreendido entre a data do cálculo de liquidação e a data da expedição das requisições de pequeno valor e dos precatórios judiciais"*.

Além do evidente cabimento dos juros de mora decorrentes da demora no pagamento, se observa que em uma execução normal, independentemente de o exequente ter que seguir um determinado rito por força de lei, os juros incidirão. Por isso, não faz sentido retirar do credor seu patrimônio apenas porque a Fazenda tem que se submeter ao rito de execução dela, pois isso todos fazem, sem se locupletar ilicitamente ao não pagar juros. Assim, a súmula, além de imoral, pois há locupletamento baseado na própria torpeza da Fazenda, fere o princípio da isonomia e priva o credor de seu direito sem base na Constituição ou na lei.

Importante lembrar que as regras de juros e correção, quando alteradas, não podem retroagir. Assim é porque quando a sentença fixa os critérios de juros e correção monetária eles não podem ser mudados na fase de cumprimento de sentença em respeito à coisa julgada e ao direito adquirido, como já estabeleceu o Supremo Tribunal Federal.[lxxvii]

Eventualmente, quando houver erro material ou aritmético, os cálculos podem ser revistos, mas nunca para alterar critérios fixados na decisão transitada em julgado.[lxxviii]

3.1.5 CESSÃO DE CRÉDITOS.

O Supremo Tribunal Federal entendeu que não era possível a cessão de crédito de requisitório por parte de pessoas físicas para pessoas jurídicas e seu posterior uso para compensação de tributos porque isso feriria a ordem cronológica de precatórios e, além disso, também prejudicaria os demais credores da Fazenda ao privá-la de receita. [lxxix]

Entretanto, a Emenda Constitucional 62/2009 expressamente previu que o credor de precatórios pudesse ceder seu crédito a terceiros total ou parcialmente, sem para isso necessitar da concordância da entidade devedora, e tal regra não foi considerada inconstitucional no julgamento dessa emenda, razão pela qual fica prejudicada a jurisprudência anterior contrária a essa regra.

Sobre a cessão dispôs o § 13 do art. 100:

> Art. 100 § 13. O credor poderá ceder, total ou parcialmente, seus créditos em precatórios a terceiros, independentemente da concordância do devedor, não se aplicando ao cessionário o disposto nos §§ 2º e 3º. (Incluído pela Emenda Constitucional nº 62, de 2009).

A exclusão do § 2º do art. 100 é de compreensão simples, pois tal parágrafo se refere às preferências, as quais só se aplicam ao titular do precatório e não ao cessionário.

Já a menção ao § 3º suscita dúvidas, pois ele se refere à RPV e é possível entende-lo de três formas:

1. **Tal menção significa a proibição de cessão de RPV.[lxxx]**

A RPV, como se disse no capítulo I deste livro, é uma representação de um crédito consubstanciado no título executivo judicial, assim não se vê por qual motivo não poderia ser cedida, pois, nos termos do art. 5º, II, da Constituição da República, o particular só é obrigado a não fazer o que a lei proíbe expressamente, o que não ocorre no caso.

2. A cessão não altera a modalidade de precatório para RPV.

Se na origem o que foi expedido era precatório assim o foi porque não era caso de RPV, portanto, obviamente a cessão não pode alterar isso.

Isso é o que entende a Resolução 168/2011 do Conselho da Justiça Federal:

> Art. 29. A cessão de crédito não transforma em alimentar um crédito comum nem altera a modalidade de precatório para requisição de pequeno valor.

3. O cessionário não pode se beneficiar do sistema de RPV.

O Conselho Nacional de Justiça na Resolução nº 115/2010[lxxxi] previu o seguinte:

> Art. 16. O credor de precatório poderá ceder, total ou parcialmente, seus créditos a terceiros, independentemente da concordância do devedor, **não se aplicando ao cessionário a preferência de que tratam os §§ 2º e 3º do art. 100 da CF.** (grifo nosso)

Pode-se entender que a RPV seja uma forma de preferência, como fez aí o CNJ, mas isso transformaria a RPV em precatório por ocasião da cessão, o que tornaria pouco atraente a cessão em si.

Ocorre que a cessão representa uma vantagem por acelerar o recebimento dos valores, mas uma desvantagem no montante do valor, pois se cede por um valor menor do que o que se iria receber.

Dessa forma, como a RPV é paga de forma célere, a intenção da norma seria evitar a cessão de RPVs, pois a vantagem de receber mais rápido não compensaria a perda monetária daí decorrente.

Seja como for, para que a cessão produza efeitos é necessária a comunicação por meio de petição protocolizada tanto no tribunal de origem quanto na entidade devedora como prevê a citada resolução repetindo a regra do art. 100, § 14.

3.2 REGRAS PARTICULARES DO MECANISMO DAS REQUISIÇÕES DE PEQUENO VALOR.

3.2.1 RPVS E AS EXCEÇÕES ÀS REGRAS DOS PRECATÓRIOS.

As Requisições de Pequeno Valor não seguem todas as regras pertinentes aos precatórios, como dispõe o art. 100, § 3º, da Constituição da República, por isso, normalmente as regras constitucionais que mencionem apenas precatórios se aplicam somente a eles e não às RPVs, pois essas, nas palavras do Ministro AYRES BRITTO do Supremo Tribunal Federal ficam "*à margem do sistema de precatório*".[lxxxii]

Entre as regras específicas de precatórios que não se aplicam às RPVs pode-se mencionar as que são tratadas em seguida.

3.2.1.1 O PRAZO DE ATÉ 1º DE JULHO PARA INCLUSÃO NO ORÇAMENTO.

Essa regra está no art. 100, § 5º, da Constituição e não se aplica às RPVs porque elas entram no orçamento como uma estimativa e não como um valor certo como ocorre com os precatórios.

3.2.1.2 O CRIME DE RESPONSABILIDADE DO PRESIDENTE DO TRIBUNAL.

O art. 100, § 7º, da Constituição é inaplicável às RPVs porque, a rigor, o Presidente do Tribunal não deve participar da tramitação delas.

3.2.1.3 A VEDAÇÃO A COMPLEMENTAÇÕES, SUPLEMENTAÇÕES, FRACIONAMENTO, REPARTIÇÃO OU QUEBRA DE VALOR DA EXECUÇÃO.

O que se objetiva com a regra do art. 100, § 8º, é evitar a conversão de precatórios em RPVs, não fazendo sentido evitar que RPVs se convertam em RPVs.

3.2.1.4 A COMPENSAÇÃO FORÇADA.

O art. 100, § 9º, fala em parcelamentos, aos quais as RPVs não se submeteram e o § 10 menciona a expedição pelo Tribunal, o que não ocorre com as RPVs que devem ser expedidas pelo juiz da execução.

3.2.1.5 A UTILIZAÇÃO PARA COMPRA DE IMÓVEIS.

O art. 100, § 11º, não seria aplicável por questões de ordem prática, ou seja, dificilmente alguém teria RPVs em número suficiente para comprar um imóvel e a tramitação célere delas poderia tornar essa opção não interessante.

3.2.1.6 AS REGRAS DA CESSÃO DE CRÉDITO.

Elas não servem para RPVs como visto acima.

3.2.1.7 AS REGRAS DE EVENTUAL LEI COMPLEMENTAR SOBRE PRECATÓRIOS.

Esse dispositivo do art. 100, § 15, trata de novos parcelamentos unilaterais, cuja aplicação só faria sentido para valores maiores.

3.2.1.8 A ASSUNÇÃO DE DÍVIDAS POR PARTE DA UNIÃO.

A regra do art. 100, § 16, também não faz sentido para as RPVs pelo mesmo motivo mencionado acima, ou seja, assumir débitos de pequenas dívidas não faria sentido.

3.2.2 O VALOR DAS RPVS.

O valor das RPVs deve ser estabelecido por leis próprias de cada entidade de Direito Público nos termos do art. 100, §4°, da Constituição da República considerando que as possibilidades econômicas divergem entre elas, mas havendo um mínimo representado pelo valor do maior benefício do regime geral de previdência social.

Os valores de RPV, caso não haja lei local regulando o assunto, serão os previstos no art. 87 do ADCT incluído pela Emenda Constitucional n° 37/2002, ou seja, quarenta salários-mínimos para as Fazendas Estaduais e do Distrito Federal e trinta salários-mínimos para as Fazendas Municipais.

Tais valores foram repetidos pela Emenda Constitucional n° 62/2009, mas essa emenda trouxe um prazo para a elaboração das leis locais no art. 97, § 12, do ADCT.

Com base nesse art. 97, § 12, do ADCT havia entendimentos de que se o prazo de cento e oitenta dias para as entidades políticas optarem por um valor de RPV não fosse respeitado elas teriam que se submeter ao previsto nesse parágrafo,[lxxxiii] mas havia também entendimento diverso no sentido de que o Município poderia fazer sua lei a qualquer momento.[lxxxiv]

O Supremo Tribunal Federal sinalizou no sentido de a lei poder ser feita a qualquer momento quando afirmou que uma lei local posterior que reduzisse o valor da RPV não poderia retroagir de forma a obrigar situações definitivamente consolidadas a se submeterem às regras do precatório.[lxxxv] Dessa decisão se conclui que a qualquer momento a opção de valor pode ser realizada ou alterada por lei da entidade política interessada, mas sem retroagir.

Esse entendimento é o correto, pois Estados e Municípios não perderam seu poder de legislar devido à Emenda Constitucional 62/2009, a qual se tivesse feito isso seria ainda mais inconstitucional por estar tendendo a abolir a federação, o que é vedado por cláusula pétrea, portanto, o prazo fixado é inconstitucional se for entendido como peremptório.

A Lei Federal 12.153/2009, a qual criou os Juizados Fazendários no âmbito das Justiças dos Estados e Distrito Federal, prevê valores no caso de omissão legislativa da entidade política no seu art. 13, § 3º, repetindo a regra da Emenda Constitucional 37/2002, sendo assim constitucional, o mesmo ocorrendo com a Resolução 199/2005 do Órgão Especial do Tribunal de Justiça de São Paulo.[lxxxvi]

A figura da RPV, como já se disse, surgiu com a Emenda Constitucional 20, de 15 de dezembro de 1998, e a diferença da redação atual para a original é que na original se falava que os valores seriam definidos em "lei" e a atual menciona "leis". Essa alteração deixou explícito algo que já era implícito, ou seja, cada entidade política fará sua própria lei para tratar desse assunto.

Em 12 de julho de 2001 surgiu a Lei Federal 10.259, a qual criou os Juizados Especiais Cíveis e Criminais no âmbito da Justiça Federal e estipulou que o valor da RPV federal seria de sessenta salários mínimos, devendo o juiz entregar a requisição diretamente à autoridade responsável pelo pagamento, a qual teria sessenta dias para fazer o depósito na Caixa Econômica Federal ou no Banco do Brasil. Como dispõe a lei, desrespeitada a ordem, o próprio juiz pode determinar o sequestro para cumprimento da decisão.

O INSS possui lei própria que fixou seu valor da RPV, ou seja, a Lei nº 10.099, de 19 de dezembro de 2000, a qual alterou o art. 128 da Lei 8.213/1991, fixando a RPV do INSS em R$ 5.180,25 por autor. Na época o salário mínimo estava fixado pela Lei nº 9.971/2000 e valia R$151,00, assim, sessenta salários mínimos seriam R$9060,00 e R$5.180,25 seriam aproximadamente 34,30 salários mínimos.

Ocorre que a Lei nº 10.099/2000 não previu uma forma de reajuste para esse valor, o qual tem sido atualizado por meio de Portarias Interministeriais.[lxxxvii] Essas portarias interministeriais de 2008 a 2013 atualizaram o art. 128 da Lei 8.213/1991[lxxxviii] e em todas o valor tem sido equivalente a sessenta salários mínimos.

Ocorre que desde a Emenda Constitucional nº 20/1998, passando pela Emenda Constitucional nº 30/2000, até a Emenda Constitucional nº 62/2009, a Constituição exigiu lei para determinar o que seria obrigação de pequeno valor, assim, as portarias interministeriais supracitadas são inconstitucionais.

Considerando a regra de que a lei geral não revoga a lei especial se deve entender que a Lei nº 10.099/2000 não foi revogada pela Lei 10.259/2001, havendo necessidade de lei para regularizar a situação, pois, a rigor, o valor da RPV relativamente ao INSS continua em R$ 5.180,25.

As leis do Juizado Federal e do INSS proibiram o fracionamento, repartição ou quebra do valor da execução de modo que o pagamento se faça em parte em RPV e em parte em precatório. Elas também proibiram precatórios complementares ou suplementares e determinaram que se o valor da execução passasse do limite da RPV federal deveria ser expedido precatório, salvo se o credor renunciasse ao crédito do valor excedente. Com relação ao Juizado Federal essa regra não faz sentido porque o teto de sua competência é o valor da RPV federal.

Para a Justiça dos Estados e Distrito Federal veio a Lei Federal 12.153 de 22 de dezembro de 2009, estabelecendo basicamente as mesmas regras que existiam para a Justiça Federal. A novidade foi que a lei permitiu que o autor sacasse o valor depositado diretamente em qualquer agência do banco depositário, sem alvará judicial ou outra formalidade. A mesma autorização foi dada ao procurador desde que dotado de procuração específica, com firma reconhecida na qual conste o valor depositado e sua origem, caso em que o saque só poderia se dar na agência destinatária do depósito.

A Fazenda do Estado de São Paulo fixou sua RPV em 1.135,2885 UFESPs por meio da Lei Paulista 11.377/2003.

Conforme informação da Diretoria de Execução de Precatórios (DEPRE) do Tribunal de Justiça de São Paulo,[lxxxix] em 30 de agosto de 2013 48,68% dos municípios paulistas não tinha feito leis estabelecendo seus valores de RPV, enquanto que 51,31% sim.

Ainda, segundo a mesma informação da DEPRE, as opções de valores foram as seguintes:

1. Número de salários mínimos: 48% dos municípios, sendo o maior valor em número de salários mínimos: 60 (Boituva); e o menor valor: um salário (vários);
2. Valor em reais: 36% dos municípios, sendo o maior valor em reais: R$ 37.123,66 (Santos); e menor o valor: R$300,00 (Pongaí);
3. Número do Maior benefício do Regime Geral da Previdência Social (MBRGPS): 11% dos municípios,

sendo o maior valor 150% (Mauá); e o menor valor 01 (vários);

4. Número de Unidades Fiscais do Estado de São Paulo (UFESPs): 2% dos municípios, sendo o maior valor: 3000 (Apiaí); e o menor valor: 102 (Ituverava);

5. Maior valor em número de Unidade de Valor de Referência do Município (UVRM): 1,55% dos municípios, sendo o maior valor 5000 (Caraguatatuba); e o menor valor: 3106,07 (Campo Limpo Paulista);

6. Maior valor em número de Unidade Fiscal do Município (UFM) 1% dos municípios, sendo o maior valor 4000 (Tupi Paulista); e o menor valor 40 (Santa Fé do Sul);

7. Porcentagem do orçamento: 0,15% dos municípios, sendo que apenas Nazaré Paulista previu 1%;

8. Número de Salário Mínimo Paulista (SMP) 0,15% dos municípios, ou seja, apenas o Município de Luiz Antônio que previu 10; e

9. Porcentagem da receita corrente líquida: 0,15% dos municípios, ou seja, apenas o Município de Presidente Prudente que previu 0,05%.

Impressiona a criatividade dos legislativos municipais. Tal criatividade não é inconstitucional, pois na questão de ser possível a não utilização de múltiplos de salário mínimo, mas valores em moeda corrente, os Ministros AYRES BRITO, ELLEN GRACE e MARCO AURÉLIO entenderam que a RPV deveria ser fixada em múltiplos de salário mínimo, enquanto que os Ministros GILMAR MENDES, CÉZAR PELUSO, EROS GRAU e RICARDO LEWANDOWSKI entenderam que isso não era necessário, embora devesse haver uma forma de correção, não se formando uma maioria para essa questão no Supremo.[xc]

Mas o Supremo Tribunal Federal estabeleceu a possibilidade de a lei local fixar valores inferiores aos previstos na Constituição, mesmo que bem inferiores como no caso do Estado do Piauí que fixou tal valor em cinco salários-mínimos.[xci]

O que se percebe analisando a Constituição é que a Emenda 37 tanto no art. 100, § 3º, da parte permanente da Constituição quanto no art. 87 do ADCT remeteu a decisão de qual seria o valor da RPV para a lei local, sem fazer exigências no que tange à forma dessa fixação.

Portanto, em respeito ao princípio da autonomia dos Estados-membros, Distrito Federal e Municípios, eles podem fixar tal valor na forma e quantia que lhes convier, tendo como balizas a razoabilidade e a proporcionalidade.

Observa-se que a própria Constituição não usa apenas múltiplos de salário mínimo, mas também o valor do maior benefício do regime geral de previdência social para fixar o mínimo do valor da RPV, o que demonstra que não há a obrigatoriedade do uso do salário mínimo:

> Art. 100 § 4º Para os fins do disposto no § 3º, poderão ser fixados, por leis próprias, valores distintos às entidades de direito público, segundo as diferentes capacidades econômicas, sendo **o mínimo igual ao valor do maior benefício do regime geral de previdência social.** (Redação dada pela Emenda Constitucional nº 62, de 2009). (grifo nosso)

A Emenda 37 autoriza ao exequente renunciar ao crédito cujo valor exceder o previsto para RPV para fins de ter sua execução feita pelo sistema dela e não pelo sistema de precatório, o que não precisava de emenda para ser feito, se fosse direito disponível, e mesmo com a emenda não pode ser feito, se for direito indisponível como, por exemplo, no caso de incapaz.

O Supremo Tribunal Federal fixou que a obrigação é considerada de pequeno valor no momento em que há o trânsito em julgado, não sendo afetada por legislação posterior mais restritiva em respeito ao princípio da segurança jurídica.[xcii]

3.2.3 O INADIMPLEMENTO DE RPVS E SEQUESTRO.

A Resolução 199/2005 do Tribunal de Justiça de São Paulo estabeleceu o prazo de 90 dias para o pagamento de RPVs.[xciii]

Essa resolução tem sua validade amparada no art. 177 do Código de Processo Civil de 1973, pois quando o juiz da execução determinar o seu cumprimento ele o fará tendo por base tal artigo.

A Lei Federal 10.259 de 12 de julho de 2001, Lei dos Juizados Federais, no art. 17, e a Lei Federal nº 12.153 de 22 de dezembro de 2009, Lei dos Juizados Fazendários dos Estados e Distrito Federal, no art. 13, I, preveem o prazo de sessenta dias para pagamento, contados a partir da entrega da requisição, por ordem do juiz de Primeiro Grau, sendo que, no Juizado Federal se prevê um depósito bancário, o que é bem mais prático.

Assim, no caso paulista, se a ação correu no sistema de Juizado, o prazo seria de sessenta dias, do contrário seria de noventa dias.

No Juizado Fazendário a lei dispensa a oitiva da Fazenda antes de liberar o dinheiro, entendimento que deve ser estendido ao Juizado Federal pelo princípio da informalidade que aí deve imperar.

Decorrido o prazo, sem atendimento, ambas as leis preveem o sequestro por ordem do juiz de Primeiro Grau (Lei 10.249/2001, art. 17, § 2º e Lei Federal nº 12.153 de 22 de dezembro de 2009, art. 13, § 1º). [xciv]

Cabe agora questionar se esse sequestro por inadimplemento ordenável pelo juiz de Primeiro Grau é apenas para o sistema de

Juizados ou se pode ser feito em todos os casos de expedição de RPV.

Várias decisões do Tribunal de Justiça do Estado de São Paulo entenderam que o juiz de Primeiro Grau não pode realizar sequestro em casos de RPV, cabendo essa competência ao Presidente do Tribunal respectivo.[xcv]

O argumento dessas decisões é que o Presidente do Tribunal é o juiz natural nesses casos em virtude do disposto no art. 100, § 6º, da Constituição da República, com a redação dada pela Emenda Constitucional 62/2009[xcvi], havendo pensamento idêntico na Justiça Federal.[xcvii]

Contudo, em um caso em que houve depósito parcial, o Tribunal de Justiça do Estado de São Paulo aceitou o sequestro pelo juiz de Primeiro Grau,[xcviii] mencionando-se precedente do Superior Tribunal de Justiça.

A posição do Superior Tribunal de Justiça é totalmente favorável ao sequestro ser feito pelo juiz de Primeiro Grau. Dessa forma, pode-se dizer que tal regra se aplica também aos processos que não são daquele sistema, pois o Superior Tribunal de Justiça não faz parte do Sistema de Juizados.[xcix]

O Plenário do Supremo Tribunal Federal, por sua vez, julgando casos em que a ordem de sequestro fora dada por juiz de Primeiro Grau considerou válida tal ordem.[c]

A conclusão que se chega então é que o juiz de Primeiro Grau pode dar ordem de sequestro em RPV independente de ela ter origem no Sistema de Juizado ou no sistema comum de jurisdição.

Interessante analisar uma decisão do Tribunal de Justiça de São Paulo que divergiu deste pensamento:

Ementa: AGRAVO DE INSTRUMENTO EXECUÇÃO DE JULGADO. "Decisum" que determinou o cumprimento do ofício requisitório de pequeno valor encaminhado diretamente à Procuradoria do Município, sob pena de improbidade administrativa, desobediência e sequestro de bens. Impossibilidade Competência exclusiva do Presidente deste E. Tribunal para requisitar o pagamento de dívida da Fazenda Pública, seja por precatório, seja por requisição de pequeno valor, bem como deferir a medida coercitiva acenada. Exegese do artigo 730, inciso I, do Código de Processo Civil, c/c artigos 26, inciso II, alínea "w" e 266, "caput", ambos do Regimento Interno deste Colendo Tribunal de Justiça Recurso provido.[ci]

A mencionada norma do artigo 730, inciso I, Código de Processo Civil dispõe:

Art. 730. Na execução por quantia certa contra a Fazenda Pública, citar-se-á a devedora para opor embargos em 10 (dez) dias; se esta não os opuser, no prazo legal, observar-se-ão as seguintes regras:

I - o juiz requisitará o pagamento por intermédio do presidente do tribunal competente; [...]

Realmente tal norma não ressalva a RPV, mas convém lembrar que esse Código é de 1973 quando a RPV não existia, assim, nada havia para ressalvar.

No que tange ao Regimento Interno as regras citadas dizem:

Art. 26. Compete ao Presidente do Tribunal: [...] II - Em matéria administrativa: [...] requisitar o pagamento de débito nas execuções contra a Fazenda Pública e ordenar o sequestro de rendas, **nos casos previstos na Constituição**; [...]

Art. 266. O ofício requisitório enviado ao Presidente do Tribunal pelo juízo da execução, em duas vias, deve conter os seguintes dados: [...] (grifo nosso)

O art. 26 faz a ressalva dos "casos previstos na Constituição" e ela determina que a requisição do pagamento seja feita pelo Presidente do Tribunal em casos de precatório, o que se vê expressamente no "caput" do art. 100, já o art. 100, §3º, da mesma Carta exclui do sistema de precatório a RPV.

Quanto ao art. 266, quando se analisa a grande lista de dados do "*ofício requisitório*", se percebe claramente que se trata de precatório, pois se fala em compensação forçada que só se aplicaria a precatório (itens X e XI) e o art. 267 do mesmo Regimento diz: "[...] *II - regular o requisitório, será expedido o **precatório** [...]*" (grifo nosso).

Por tudo isso, mantém-se a posição exposta acima.

3.3 REGRAS PARTICULARES DO MECANISMO DOS PRECATÓRIOS.

3.3.1 LEI COMPLEMENTAR PARA TRATAR DE PRECATÓRIOS.

A Emenda Constitucional 62/2009 acrescentou o art. 100, § 15, que diz:

> § 15. Sem prejuízo do disposto neste artigo, lei complementar a esta Constituição Federal poderá estabelecer regime especial para pagamento de crédito de precatórios de Estados, Distrito Federal e Municípios, dispondo sobre vinculações à receita corrente líquida e forma e prazo de liquidação. (Incluído pela Emenda Constitucional nº 62, de 2009).

Essa regra facilitou novos parcelamentos unilaterais, pois os tornou possíveis de serem concedidos com um quórum menor do que o exigido para emendas constitucionais.

Ocorre que tal regra foi corretamente considerada inconstitucional pelo Supremo Tribunal Federal porque subverte o Estado de Direito, o princípio do devido processo legal, do livre e eficaz acesso ao Poder Judiciário e da razoável duração do processo.

3.3.2 PRECATÓRIOS E PRAZO PARA SUA INCLUSÃO NO ORÇAMENTO.

A segunda regra que diferencia os precatórios das RPVs é o fato de que há um prazo para a sua apresentação para fins de inclusão no orçamento, ou seja, eles devem ser apresentados até o dia 1º de julho para cada entidade de Direito Público, fazendo-se o pagamento até o final do exercício seguinte, quando terão seus valores atualizados monetariamente, nos termos do art. 100, §5º, da Constituição da República.

A existência dessa data não significa que os precatórios apresentados após ela não serão pagos, mas sim que não serão pagos no exercício imediatamente seguinte, entrando no próximo orçamento e com pagamento no próximo exercício.

3.3.3 CONSIGNAÇÃO DIRETA DOS VALORES DE PRECATÓRIOS AO PODER JUDICIÁRIO.

Elaborada a lei orçamentária, na sua execução as dotações orçamentárias e os créditos abertos devem ser consignados diretamente ao Poder Judiciário, passando a administração dessa verba para a responsabilidade do Presidente do Tribunal que proferir a decisão exequenda.

Embora essa regra seja vetusta, pois prevista já na Constituição de 1934, só começou a ser cumprida após a Emenda 62/2009.

3.3.4 AQUISIÇÃO DE IMÓVEIS PÚBLICOS COM CRÉDITOS DE PRECATÓRIOS.

A Constituição permite no art. 100, § 11, a utilização de créditos de precatórios para compra de imóveis públicos, mas isso depende de lei da entidade política de Direito Público.

Evidente a escassez de utilidade do preceito.

3.3.5 COMPENSAÇÃO FORÇADA.

A Emenda Constitucional 62/2009 no art. 100, §§ 9º e 10º criou uma "compensação forçada" de créditos de precatórios com débitos eventualmente devidos pelo credor da Fazenda Pública para com ela.

Tal regra não se aplica às RPVs, como também já entendeu a jurisprudência:

> Ementa: agravo de instrumento - execução de sentença - honorários advocatícios - requisição de pequeno valor - compensação do crédito em execução com débito apontado junto à Fazenda Pública Municipal - impossibilidade - precatório e requisição de pequeno valor são espécies diferentes de pagamento de débitos judiciais e, portanto, não se confundem, razão pela qual a compensação prevista nos §§ 9º e 10 do art. 100 da constituição federal aplica-se exclusivamente quando o adimplemento se der por precatório, sendo inviável quando a execução se instrumentalizar pela via da RPV. Recurso provido.[cii]

Por essa regra, a qual seria de aplicação imediata, independendo de regulamentação, dever-se-ia abater do valor do precatório o valor correspondente aos débitos líquidos e certos, inscritos ou não em dívida ativa e constituídos contra o credor original pela Fazenda Pública devedora. Aí seriam incluídas parcelas vincendas de parcelamentos, ressalvados aqueles cuja execução estivesse suspensa em virtude de contestação administrativa ou judicial.

Para tanto, antes de expedir o precatório o Judiciário deveria solicitar à Fazenda Pública devedora, para resposta em até 30 dias, sob pena de perda do direito de abatimento, informação sobre os débitos que preenchesse as condições. Decorrido o prazo em silêncio ocorreria a preclusão.

A utilização das regras do Código Civil ou do Código Tributário Nacional em tal compensação forçada não seria viável, como ensina CELSO RIBEIRO BASTOS:

> "[...] É lógico que **a regra é que a Constituição não pode ser interpretada a partir da legislação infraconstitucional**. Trata-se de particularidade própria da Lei Maior o não poder ela tomar por referencial interpretativo outras normas do sistema. Tal fenômeno deflui do seu caráter inicial e inovador. [...]"[ciii] (grifo nosso)

Ocorre que o Supremo Tribunal Federal julgou inconstitucional essa compensação forçada no julgamento da ADI 4.357 e da ADI 4.425.

O Supremo Tribunal Federal entendeu que essa compensação obrigatória consagra uma superioridade processual da parte pública em relação aos créditos privados reconhecidos em decisão judicial transitada em julgada.

Conforme o Supremo Tribunal Federal tal compensação não respeitaria a garantia do devido processo legal e seus principais desdobramentos, ou seja, o contraditório e ampla defesa.

Essa compensação unilateral e automática embaraçaria a efetividade da jurisdição, seria um desrespeito à coisa julgada e até afetaria o princípio da separação dos Poderes, possuindo a Fazenda meios igualmente eficazes para cobrar seus créditos tributários ou não tributários.

O princípio da isonomia da mesma forma se viu ferido, pois a Fazenda ao cobrar seus créditos não estaria obrigada a compensá-los com eventuais débitos de seu credor particular.

O reconhecimento dessa inconstitucionalidade faz com que também seja inconstitucional por arrastamento a Lei Federal 12.431/2011 que regulamentou a compensação forçada nos seus artigos 30 a 42.

3.3.6 CLASSIFICAÇÃO DOS PRECATÓRIOS SEGUNDO AS PREFERÊNCIAS DE PAGAMENTO.

Conforme a ordem de pagamento os precatórios classificam-se em "normais", "preferenciais" e "altamente preferenciais". Convém observar que se seleciona a expressão "preferencial" por ser a adotada pela Constituição da República que fala em "preferência" e também porque a expressão "privilegiado", embora usada,[civ] pode dar uma impressão de algo indevido, quando não é o caso, como já dito.

Para a realização de tais pagamentos o Poder Judiciário deve estabelecer listas, tendo em vista as preferências existentes para os diversos tipos de precatórios, separando os altamente preferenciais dos preferenciais e dos comuns, mas sempre observando a ordem cronológica entre precatórios da mesma categoria.

Os precatórios altamente preferenciais, cujo pagamento deve ser feito por primeiro, são os seguintes:

1. Os débitos de natureza alimentícia cujos titulares tenham 60 (sessenta) anos de idade ou mais na data de expedição do precatório, até o valor equivalente ao triplo do fixado para as RPVs, admitido o fracionamento para essa finalidade; e

2. Os débitos de natureza alimentícia cujos titulares sejam portadores de doença grave, definidos na forma da lei, até o valor equivalente ao triplo do fixado para as RPVs, admitido o fracionamento para essa finalidade.

Com respeito à primeira hipótese o Supremo Tribunal Federal julgou inconstitucional a expressão "na data de expedição do precatório" porque essa expressão feria o princípio da isonomia, entendendo que a preferência deve ser estendida a todos os credores que completem sessenta anos de idade na pendência do pagamento do precatório alimentar.[cv]

Os precatórios preferenciais, cujo pagamento deve ser feito em segundo lugar, são os seguintes:

1. Os débitos de natureza alimentícia cujos titulares tenham 60 (sessenta) anos de idade ou mais na data de expedição do precatório, cujo valor tenha ultrapassado ao triplo do fixado para as RPVs e tenha, por isso, ainda não sido integralmente pago na primeira preferência;

2. Os débitos de natureza alimentícia cujos titulares sejam portadores de doença grave, definidos na forma da lei, cujo valor tenha ultrapassado ao triplo do fixado para as RPVs e tenha, por isso, ainda não sido totalmente pagos na primeira preferência; e

3. Os demais débitos de natureza alimentícia.

Devem ser considerados débitos de natureza alimentícia os seguintes débitos:

1. Decorrentes de salários e verbas trabalhistas;[cvi]
2. Decorrentes de vencimentos;
3. Decorrentes de proventos;

4. Decorrentes de pensões e suas complementações;
5. Decorrentes de benefícios previdenciários;
6. Decorrentes de ações acidentárias;[cvii]
7. Decorrentes de indenizações por morte, fundadas em responsabilidade civil; e
8. Decorrentes de indenizações por invalidez, fundadas em responsabilidade civil.

A respeito disso decidiu o Supremo Tribunal Federal:

> **"A definição contida no § 1-A do art. 100 da CF, de crédito de natureza alimentícia, não é exaustiva.** (...) Conforme o disposto nos arts. 22 e 23 da Lei 8.906/1994, os honorários advocatícios incluídos na condenação pertencem ao advogado, consubstanciando prestação alimentícia cuja satisfação pela Fazenda ocorre via precatório, observada ordem especial restrita aos créditos de natureza alimentícia, ficando afastado o parcelamento previsto no art. 78 do ADCT, presente a EC 30, de 2000." (RE 470.407, Rel. Min. Marco Aurélio, julgamento em 9-5-2006, Primeira Turma, *DJ* de 13-10-2006.) (grifo nosso)

Dessa forma, além dos honorários aí citados, se deve entender que também os subsídios e demais verbas decorrentes do trabalho no setor público são alimentares.

No Tribunal de Justiça de São Paulo o entendimento é que a preferência dos precatórios alimentares se refere aos do mesmo exercício anual, mas a dos idosos e portadores de doenças graves envolve todo o período da mora.[cviii]

Em outras palavras, os precatórios relativos à preferência de idosos e portadores de doença grave passam na frente de todos os precatórios devidos pela entidade pública, enquanto que os simplesmente alimentares passam na frente apenas dos que foram expedidos no mesmo ano que ele.

A interpretação do Tribunal de Justiça de São Paulo parece conforme com a Constituição da República, pois essa diz que os precatórios alimentares dos idosos e doentes, até o valor do triplo da

RVP, serão pagos na frente de todos, inclusive os outros alimentares, mas o que sobejar será pago na ordem cronológica de apresentação do precatório, ou seja, volta para a fila na posição em que entrou cronologicamente, conforme dispõe o art. 100, §2º.

O art. 100, § 1º, diz que os débitos alimentares simples serão pagos com preferência sobre todos os demais débitos, mas não faz sentido passá-los na frente inclusive dos alimentares dos idosos e doentes que voltaram para a fila, assim, o único entendimento lógico é o adotado pelo Tribunal de Justiça de São Paulo.

Finalmente são pagos os precatórios comuns, ou seja, desprovidos de qualquer preferência.

Os precatórios altamente preferenciais são uma construção da jurisprudência e eram conhecidos como precatórios humanitários,[cix] os quais originalmente não tinham os limites de valor ora impostos pela Emenda Constitucional 62/2009.

O conceito de doença grave pode ser encontrado na lei que regula o processo administrativo federal, Lei 9.784/1999, [cx] a qual dispõe:

> Art. 69-A. Terão prioridade na tramitação, em qualquer órgão ou instância, os procedimentos administrativos em que figure como parte ou interessado: (Incluído pela Lei nº 12.008, de 2009).
>
> I – [...]
>
> II - pessoa portadora de deficiência, física ou mental; (Incluído pela Lei nº 12.008, de 2009).
>
> III – (VETADO) (Incluído pela Lei nº 12.008, de 2009).
>
> IV - pessoa portadora de tuberculose ativa, esclerose múltipla, neoplasia maligna, hanseníase, paralisia irreversível e incapacitante, cardiopatia grave, doença de Parkinson, espondiloartrose anquilosante, nefropatia grave, hepatopatia grave, estados avançados da doença de Paget (osteíte deformante), contaminação por radiação, síndrome de imunodeficiência adquirida, ou outra doença grave, com base em conclusão da medicina especializada, mesmo que a doença

tenha sido contraída após o início do processo. (Incluído pela Lei nº 12.008, de 2009).

Já o Conselho Nacional de Justiça pela Resolução 115/2010 e o Tribunal de Justiça do Estado de São Paulo usam por base o artigo 6º da Lei nº 7.713, de 22 de dezembro de 1988, com a redação dada pela Lei 11.052/2004, considerando como graves as seguintes doenças:

(a) - tuberculose ativa;

(b) - alienação mental;

(c) - neoplasia maligna;

(d) - cegueira;

(e) - esclerose múltipla;

(f) - hanseníase;

(g) - paralisia irreversível e incapacitante;

(h) - cardiopatia grave;

(i) - doença de Parkinson;

(j) - espondiloartrose anquilosante;

(k) - nefropatia grave;

(l) - estado avançado da doença de Paget (osteíte deformante);

(m) - contaminação por radiação;

(n) - síndrome da deficiência imunológica adquirida - AIDS;

(o) - hepatopatia grave;

(p) - outra doença grave, com base na conclusão da medicina especializada, mesmo que a doença tenha sido contraída após o início do processo.[cxi]

Entende-se que havendo duas leis federais ou mesmo mais dizendo o que seja considerado como doença grave, nada impede que sejam utilizadas, até que uma lei o faça exclusivamente para fins de precatórios.

3.3.7 PRECATÓRIOS COMPLEMENTARES OU SUPLEMENTARES.

A Emenda Constitucional nº 37 de 2002 trouxe uma vedação de expedição de precatórios complementares, suplementares ou o fracionamento deles:

> Art. 100 § 4º São vedados a expedição de precatório complementar ou suplementar de valor pago, bem como fracionamento, repartição ou quebra do valor da execução, a fim de que seu pagamento não se faça, em parte, na forma estabelecida no § 3º deste artigo e, em parte, mediante expedição de precatório. (Incluído pela Emenda Constitucional nº 37, de 2002)

Essa regra foi mantida com pequenas alterações pela Emenda Constitucional 62 de 2009:

> Art. 100 § 8º É vedada a expedição de precatórios complementares ou suplementares de valor pago, bem como o fracionamento, repartição ou quebra do valor da execução para fins de enquadramento de parcela do total ao que dispõe o § 3º deste artigo. (Incluído pela Emenda Constitucional nº 62, de 2009).

A razão de ser dessa regra foi explicada pelo Supremo Tribunal Federal:

> Ementa: AGRAVO REGIMENTAL. FINANCEIRO. PRECATÓRIO. [...] Conforme precedentes desta Suprema Corte, o objetivo do art. 100, §4º da Constituição é impedir a burla à ordem cronológica de pagamento estabelecida pela sistemática do precatório. A Constituição proíbe o fracionamento do valor da execução, de modo que parte do pagamento ocorra segundo a ordem estabelecida pelo precatório, e a parte restante seja paga mais rapidamente, em regime de requisição de pequeno valor. [...] Agravo regimental ao qual se nega provimento.[cxii] (grifo nosso)

Tais precatórios, se não fossem vedados, poderiam ser expedidos com o fim de se pagar diferenças que não foram pagas como a correção monetária, por exemplo.

O entendimento do Tribunal de Justiça do Estado de São Paulo sempre foi no sentido de que não se tratava de um precatório novo, mas sim de continuação do primitivo, razão de retornar na mesma posição original na fila, dispensada a citação da Fazenda para sua expedição.

O requisitório complementar buscava, tão somente, ajustar o real valor do depósito final, não traduzindo outra ou nova execução. O precatório complementar não quebra a ordem (fila) dos precatórios, porque não é um novo ou outro precatório. Portanto, realizado o pagamento da indenização de forma incompleta, não resta dúvida de que o remanescente deverá ser atualizado. A correção monetária se faz necessária, pois se cuida de simples reposição do valor da moeda, corroído pela inflação e incide sobre o total do débito ainda não pago.[cxiii]

Em virtude disso é que surgiu a seguinte orientação à DEPRE do Tribunal de Justiça de São Paulo na Ordem de Serviço n° 03/2010 expedida pelo Desembargador VENÍCIO SALLES, então coordenador da DEPRE:

> [...] 8. - Insuficiência dos depósitos:
>
> § 2°. - Apurada a insuficiência do valor do depósito, nova "conta" deverá ser montada de forma individualizada por autor e por rubrica e remetida ao DEPRE, que **aditará o precatório primitivo, mantendo-se a cronologia original do credor**; [...] (grifo nosso)[cxiv]

Essa também a posição da jurisprudência do mesmo tribunal pelo seu Órgão Especial:

Ementa: MANDADO DE SEGURANÇA - Impetração pela Fazenda do Estado de São Paulo em face de decisão do Des. Coordenador da Diretoria de Execução de Precatórios, por delegação da Presidência desta Corte, que **determinou o pagamento de saldo devedor apurado mediante o simples aditamento do precatório original - Ausência de ilegalidade** no ato apontado como coator - Questão que já havia sido objeto de anterior acórdão desta Corte, na qual restara definida a satisfação das diferenças existentes por meio de expedição de ofício requisitório complementar, restando, portanto, preclusa a questão - Autora, de qualquer modo, que não questiona o valor da dívida, mas tão somente a forma de pagamento - Estado, todavia, que fez a opção pelo regime especial previsto no artigo 97 do ADCT, tendo sido atribuída ao Tribunal de Justiça Estadual a administração dos respectivos pagamentos - Forma de satisfação dos débitos, então, que não importará em qualquer prejuízo à impetrante, que se limitará a realizar os depósitos dos valores fixos mensais, nos moldes estabelecidos na citada norma constitucional - Eventual preterição no direito de preferência, ademais, que somente pode ser questionada pelo credor prejudicado - Aditamento do precatório anterior, por outro lado, que apenas preserva o direito do beneficiário, ante os pagamentos incorretos realizados pela entidade pública devedora, **inexistindo afronta ao preceito contido no artigo 100, § 8o, da CF, diante da já mencionada opção feita pelo Estado pelo regime especial** de pagamento de precatórios, a qual afasta a incidência do princípio orçamentário - Providências necessárias ao cumprimento do precatório, de resto, que são atribuição exclusiva da Presidência do Tribunal de Justiça Estadual na forma do artigo 97, § 4o, do ADCT, inocorrendo, então, a alegada usurpação de competência - Precedentes desta Casa – Ordem denegada.[cxv] (grifo nosso)

A posição do Tribunal de Justiça de São Paulo nessa situação é de que basta a expedição de um ofício, sem necessidade de novo precatório.[cxvi]

A expressão "afasta a incidência do princípio orçamentário" é mais bem entendida quando se lê o acórdão na íntegra. O que se quis dizer é que no caso não se aplica o art. 100, §5°, ou seja, não se trata de encaminhar o precatório para inclusão no exercício seguinte, pois, como se está no regime especial, o que tem sido depositado pelo Estado não é relativo a precatórios específicos, mas a um grupo geral.

A tentativa do Tribunal de Justiça de simplificar o sistema é válida e louvável, porém corre o risco de não ser confirmada em caso de recurso, pois a jurisprudência do Supremo Tribunal Federal tem exigido novo precatório nesses casos:

> Ementa: AGRAVO REGIMENTAL NO RECURSO EXTRAORDINÁRIO. CONSTITUCIONAL. EXECUÇÃO CONTRA A FAZENDA PÚBLICA. PRECATÓRIO. [...] - **Os pagamentos de complementação de débitos da Fazenda Pública Federal, Estadual ou Municipal, decorrentes de decisões judiciais, deverão ser objeto de novo precatório, com a devida citação da Fazenda Pública**. V - Agravo regimental improvido. (RE 561149 AgR, Relator(a): Min. RICARDO LEWANDOWSKI, Segunda Turma, julgado em 22/05/2012, ACÓRDÃO ELETRÔNICO DJe-109 DIVULG 04-06-2012 PUBLIC 05-06-2012) (grifo nosso)

Em alguns casos o Supremo Tribunal Federal tem aceitado a dispensa de novo precatório:

> EMENTA Agravo regimental nos embargos de declaração no agravo de instrumento. Precatório. Crédito complementar. Dispensa da expedição de novo precatório. Precedentes. 1. A jurisprudência da Corte pacificou-se no sentido de que a **dispensa de novo precatório ocorre quando se trata de crédito apurado em razão de erro material ou de inexatidão aritmética dos cálculos** do precatório, ou, ainda, na hipótese de **substituição, por força de lei, do índice de correção monetária aplicado**. 2. Agravo regimental não provido.[cxvii]

> Ementa: AGRAVO REGIMENTAL. FINANCEIRO. PRECATÓRIO. APURAÇÃO DE DEPÓSITO INSUFICIENTE. RELEVÂNCIA DA CONTROVÉRSIA FÁTICA OU JURÍDICA AFASTADA PELO JUÍZO. **CRÉDITO REMANESCENTE DE PEQUENO VALOR. POSSIBILIDADE DE SATISFAÇÃO POR MEIO DE RPV.** [...] A Constituição proíbe o fracionamento do valor da execução, de modo que parte do pagamento ocorra segundo a ordem estabelecida pelo precatório, e a parte restante seja paga mais rapidamente, em regime de requisição de pequeno valor. **Porém, a jurisprudência do Supremo Tribunal Federal não admite a postergação do pagamento dos valores devidos, com o artifício do depósito de valor que se sabe, ou se deveria saber, menor que o efetivamente devido.** No caso em exame, trata-se de crédito resultante da insuficiência do depósito, tal como apurada pela Contadora. **Como o Juízo entendeu juridicamente irrelevante a impugnação apresentada, e o crédito remanescente foi**

reconhecido como sendo de pequeno valor, é desnecessária a expedição de novo precatório para lhe satisfazer. Agravo regimental ao qual se nega provimento.[cxviii] (grifo nosso)

No corpo do acórdão se lê:

> Por isso, esta Corte entende que não viola a Constituição a expedição de requisição de pequeno valor complementar, quando o somatório das requisições não ultrapassar o limite constitucionalmente previsto. Nesse sentido: RE 526.608, rel. min. Ricardo Lewandowski, DJ de 17/02/2010.

Portanto, segundo o STF, um novo precatório deve ser expedido, com citação novamente da Fazenda e reinserção do credor na *via crucis* do precatório, na feliz expressão do Ministro MARCO AURÉLIO,[cxix] salvo em três casos:

1. Ocorrência de erro material;
2. Inexatidão aritmética dos cálculos;
3. Substituição, por força de lei, do índice de correção monetária aplicado; ou
4. Insuficiência de depósito que se encaixe nos limites da RPV da entidade devedora.

Mas, mesmo nesses casos, o Supremo Tribunal Federal exige nova e burocrática citação:

> Expedição de precatório complementar. Necessidade de citação da fazenda pública. Ratificação da jurisprudência firmada por esta Suprema Corte. Existência de repercussão geral.[cxx]

Discordamos do Supremo Tribunal Federal considerando que o Código de Processo Civil no art. 213 diz que a citação *"é o ato pelo qual se chama a juízo o réu ou o interessado a fim de se defender"*, mas no início do processo, no curso do processo o correto é a intimação, sendo ela *"o ato pelo qual se dá ciência a alguém dos atos e termos do processo, para que faça ou deixe de fazer alguma coisa"* (Código de Processo Civil, art. 234).

3.3.8 FRACIONAMENTO, REPARTIÇÃO OU QUEBRA DE PRECATÓRIOS.

O art. 100, § 8º, da Constituição da República proibiu o fracionamento, repartição ou quebra de precatórios para enquadrá-los na categoria de RPVs.

O Supremo Tribunal Federal permite fracionamento para expedição de RPV no caso de litisconsórcio facultativo ativo, mesmo se para isso for necessário o cancelamento do precatório expedido para sua posterior conversão em RPVs.[cxxi]

Igualmente o STF permitiu o fracionamento no caso de expedição de precatório relativo à parte incontroversa do título judicial, dando-se sequência ao processo quanto àquela impugnada por meio de recurso.[cxxii]

Contudo, o fracionamento não foi permitido no caso de ação coletiva proposta por legitimado extraordinário ou substituto processual.[cxxiii]

Nos demais casos a jurisprudência do Supremo Tribunal Federal é firme e pacífica no sentido de vedar o fracionamento:

"(...) é **pacífico** o entendimento desta Corte, segundo o qual **é impossível o fracionamento da execução para requisição de pequeno valor**. (...) No presente caso, o acórdão recorrido, ao autorizar o fracionamento da execução para o pagamento de custas mediante RPV, divergiu da orientação firmada por esta Corte, **uma vez que a execução das verbas acessórias não é autônoma, devendo ser considerada em conjunto com a condenação principal.** (...) Dessarte, a execução das custas processuais não pode ser feita de modo independente, devendo ocorrer em conjunto com a do precatório que diz respeito ao total do crédito. Isso porque o art. 100, § 8º, da Constituição, com a redação dada pela EC 62/2009, veda o fracionamento, a repartição ou a quebra do valor da execução, não podendo a liquidação das custas ser feita de forma apartada." (RE 592.619, voto do Rel. Min. Gilmar Mendes, julgamento em 8-9-

2010, Plenário, DJE de 16-11-2010.) Vide: RE 578.695, Rel. Min. Ricardo Lewandowski, julgamento em 29-10-2008, Plenário, DJE de 20-3-2009, com repercussão geral. (grifo nosso)

O Órgão Especial do Tribunal de Justiça de São Paulo, por meio da Resolução 564/2012, autorizou a separação dos honorários como verba à parte:

> Art. 3º- Em caso de litisconsórcio, será considerado o valor devido a cada litisconsorte, expedindo-se, simultaneamente, se for o caso, requisições de pequeno valor e requisição de precatório. É vedado o fracionamento, repartição ou quebra do valor devido a um mesmo beneficiário.
>
> Parágrafo único: Ao advogado é atribuída a qualidade de beneficiário quando se tratar de honorários sucumbenciais arbitrados em percentual sobre a condenação ou em valor fixo (parágrafos 3º e 4º do art. 20 do Código de Processo Civil)

Essa permissão, na verdade fraciona o precatório, o que é frontalmente contra o art. 100, §8º, da Constituição da República que firmemente estabelece que "*É vedada [...] fracionamento, repartição ou quebra do valor da execução para fins de enquadramento de parcela do total*" como RPV. (grifo nosso)

Também, como se observa acima, essa posição é contrária à pacífica jurisprudência do Supremo Tribunal Federal, o qual até se manifestou expressamente sobre honorários dizendo:

> "Honorários advocatícios. Expedição de novo precatório. Acessório segue a sorte do principal. **Deve-se afastar o fracionamento de precatório para pagamento dos honorários advocatícios de sucumbência quando a execução não for específica de honorários,** seguindo, como acessório, a sorte do principal." (RE 527.971-AgR-ED, Rel. Min. Cezar Peluso, julgamento em 25-9-2007, Segunda Turma, DJ de 19-10-2007.) (grifo nosso)

Pode-se então concluir que a mencionada Resolução 564/2012 é inconstitucional nesse ponto.

3.3.9 ASSUNÇÃO DA DÍVIDA DE PRECATÓRIOS PELA UNIÃO.

A Constituição no art. 100, § 16, autorizou à União a realizar assunção de dívida de precatórios dos Estados, Distrito Federal e Municípios, refinanciando-os diretamente.

Evidente que isso dependerá de lei advinda de vontade política de resolver o problema, o que tem se mostrado muito escasso, além disso, as regras da Lei de Responsabilidade Fiscal sobre assunção de dívida devem ser obviamente observadas.

Talvez uma lei de iniciativa popular conseguisse essa mais do que salutar e moralizante solução rápida e eficaz para um problema tão antigo de inadimplemento acintoso e inequívoco desprezo pelo Estado Democrático de Direito.

A Ordem dos Advogados do Brasil em junho de 2013 mandou ofícios para a Ministra GLEISI HELENA HOFFMANN, Ministra da Casa Civil,[cxxiv] e para o MINISTRO GUIDO MANTEGA, Ministro de Estado da Fazenda,[cxxv] propondo exatamente isso.

A respeito dessa questão o Conselho Nacional de Justiça realizou um levantamento nacional[cxxvi] e apurou que a dívida brasileira de requisitórios em agosto de 2012 era de aproximadamente R$87.570.492.923,93 assim dividida:

1. 93% na Justiça Estadual, sendo:
   a) 44% dos Municípios;
   b) 33% dos Estados;
   c) 23% da administração indireta; e
2. 7% na Justiça do Trabalho

A receita da União em 2012 foi de R$1.134.717.300.000,00, ou seja, o débito com precatórios corresponde a aproximadamente a 7,71% da receita da União, contudo, as despesas discricionárias foram previstas em R$229.500.000.000,00, sendo que o montante dos precatórios na Justiça Estadual é de 38,15% das despesas discricionárias.

Portanto, a proposta da federalização da dívida de precatórios é factível, principalmente se feita aos poucos.

3.4 MEDIDAS PARA COMBATER A INADIMPLÊNCIA.

Disse o Pleno do Supremo Tribunal Federal:

"O precatório de que trata o art. 100 da Constituição consiste em prerrogativa processual do Poder Público. Possibilidade de pagar os seus débitos não à vista, mas num prazo que se estende até dezoito meses. Prerrogativa **compensada, no entanto, pelo rigor dispensado aos responsáveis pelo cumprimento das ordens judiciais,** cujo desrespeito constitui, primeiro, pressuposto de intervenção federal (inciso VI do art. 34 e inciso V do art. 35 da CF) e, segundo, crime de responsabilidade (inciso VII do art. 85 da CF)." (ADI 2.356-MC e ADI 2.362-MC, Rel. p/ o ac. Min. Ayres Britto, julgamento em 25-11-2010, Plenário, DJE de 19-5-2011.) (grifo nosso)

Realmente há penas para o descumprimento, mas as do regime especial são muito mais eficazes que as do regime ordinário e o Supremo Tribunal Federal não tem se mostrado tão rigoroso com os devedores como veremos.

3.4.1 MEDIDAS CRIMINAIS.

3.4.1.1 CRIME DE RESPONSABILIDADE.

Os crimes de responsabilidade foram previstos na Constituição da República de 1988 e podem ser praticados por autoridades federais, tais como:

1. Presidente da República;
2. Vice-Presidente da República;
3. Ministros do Supremo Tribunal Federal;
4. Procurador Geral da República;
5. Advogado-Geral da União;
6. Ministro de Estado;
7. Quaisquer titulares de órgãos diretamente subordinados à Presidência da República;
8. Comandantes da Marinha, do Exército e da Aeronáutica;
9. Membros do Conselho Nacional de Justiça;
10. Membros do Conselho Nacional do Ministério Público;
11. Ministros do Tribunal de Contas da União; e
12. Chefes de missão diplomática de caráter permanente.

Esses são crimes de natureza política e eles são relacionados às funções administrativas dessas autoridades, sendo um dos instrumentos que a Constituição usa para garantir sua própria eficácia.[cxxvii]

Contudo, tal não afasta a natureza de matéria de Direito Penal de tais crimes, aplicando-se a eles todas as regras pertinentes a esse ramo do Direito, inclusive a regra da necessidade de tipificação em lei,[cxxviii] sendo que apenas a União pode legislar a respeito desses crimes e seu processo,[cxxix] não podendo ser previstos nem na Constituição do Estado.[cxxx]

Em se tratando de crimes políticos o seu julgamento pode ser feito pelo Poder Legislativo, o que não afasta o controle judicial se houver lesão ou ameaça de lesão a direito nos termos do art. 5º, XXXV, da Constituição da República,[cxxxi] já o procedimento segue o da lei própria, não se aplicando o Código de Processo Penal nos termos do art. 1º do Decreto-lei 3.689/1941 (Código de Processo Penal).

No âmbito infraconstitucional a principal legislação ainda em vigor que trata de tais crimes é a Lei nº 1.079, de 10 de abril de 1950; o Decreto-Lei nº 201, de 27 de fevereiro de 1967; e a Lei nº 7.106, de 28 de junho de 1983, com alterações posteriores.

A Lei 1.079/1950 tratou de autoridades federais e estaduais, mais especificamente as seguintes:

1. Presidente da República;
2. Ministros de Estado;
3. Presidente do Supremo Tribunal Federal ou de seu substituto quando no exercício da Presidência;
4. Presidentes, e respectivos substitutos quando no exercício da Presidência:
   a) dos Tribunais Superiores;
   b) dos Tribunais de Contas;
   c) dos Tribunais Regionais Federais;
   d) dos Tribunais Regionais do Trabalho;
   e) dos Tribunais Regionais Eleitorais;
   f) dos Tribunais de Justiça dos Estados e do Distrito Federal;
   g) dos Tribunais de Alçada dos Estados e do Distrito Federal (hoje inexistentes);
5. Juízes Diretores de Foro ou função equivalente no primeiro grau de jurisdição;
6. Procurador-Geral da República, ou de seu substituto quando no exercício da chefia do Ministério Público da União;
7. Advogado-Geral da União;

8. Procurador-Geral de Justiça:
   a) do Trabalho
   b) Eleitoral
   c) Militar;
   d) dos Estados;
   e) do Distrito Federal;
9. Membros do Ministério Público da União e dos Estados;
10. Membros da Advocacia-Geral da União;
11. Membros das Procuradorias dos Estados e do Distrito Federal, quando no exercício de função de chefia das unidades regionais ou locais das respectivas instituições; e
12. Governadores dos Estados ou seus Secretários.

Essa lei previu que o Presidente da República pratica crime de responsabilidade quando vier a realizar atos que violem a Constituição da República e, especialmente, contra:

1. O livre exercício do Poder Judiciário;
2. A probidade na administração;
3. A lei orçamentária;
4. A guarda e o legal emprego dos dinheiros públicos; e
5. O cumprimento das decisões judiciais.

A lei especifica mais ainda no que tange a agressões ao Poder Judiciário dizendo que são crimes de responsabilidade os atos que se opuserem diretamente e por fatos ao livre exercício do Poder Judiciário, ou obstem, por meios violentos, ao efeito dos seus atos, mandados ou sentenças.

A lei também tipifica como crime de responsabilidade do Presidente da República contra a segurança interna do país permitir, de forma expressa ou tácita, a infração de lei federal de ordem pública ou deixar de tomar, nos prazos fixados, as providências determinadas por lei e necessário a sua execução e cumprimento.

Entre os crimes de responsabilidade do Presidente contra a probidade na administração a lei prevê que o é o ato de expedir ordens ou fazer requisição de forma contrária às disposições expressas da Constituição.

Já entre os crimes de responsabilidade contra a lei orçamentária que o Presidente pode praticar existe o ato ou omissão que infringir, patentemente, e de qualquer modo, dispositivo da lei orçamentária ou ordenar ou autorizar a destinação de recursos provenientes da emissão de títulos para finalidade diversa da prevista na lei que a autorizou.

Por fim, o Presidente comete crime de responsabilidade contra o cumprimento das decisões judiciais se impedir, por qualquer meio, o efeito dos atos, mandados ou decisões do Poder Judiciário, recusar o cumprimento das decisões do Poder Judiciário no que depender do exercício das funções do Poder Executivo, deixar de atender a requisição de intervenção federal do Supremo Tribunal Federal ou do Tribunal Superior Eleitoral; ou impedir ou frustrar pagamento determinado por sentença judiciária.

Os Ministros de Estado, por sua vez, cometem crime de responsabilidade se praticarem atos definidos nessa lei. Eles podem praticar o crime por si mesmo, mas também respondem quando estão cumprindo ordens do Presidente da República ou quando realizam com ele um ato ilegal.

Os Governadores dos Estados e os Presidentes das Assembleias Legislativas são incluídos no rol dos que podem cometer crime de responsabilidade pelo princípio da simetria[cxxxii], além de por disposição expressa do art. 105 da Constituição da República.

A Emenda Constitucional 25 de 2000 expressamente previu no texto constitucional crimes de responsabilidade para Prefeitos e Presidentes de Câmaras Municipais e a Emenda Constitucional 30 de 2000 o fez com relação aos Presidentes dos Tribunais do Poder Judiciário.

No que tange ao prefeitos e vereadores, o Decreto-Lei nº 201, de 27 de fevereiro de 1967 previu ser crime de responsabilidade:

1. Desviar, ou aplicar indevidamente, rendas ou verbas públicas;
2. Ordenar ou efetuar despesas não autorizadas por lei, ou realizá-las em desacordo com as normas financeiras pertinentes;
3. Antecipar ou inverter a ordem de pagamento a credores do município, sem vantagem para o erário;
4. Negar execução a lei federal, estadual ou municipal, ou deixar de cumprir ordem judicial, sem dar o motivo da recusa ou da impossibilidade, por escrito, à autoridade competente; e
5. Ordenar ou autorizar a destinação de recursos provenientes da emissão de títulos para finalidade diversa da prevista na lei que a autorizou.

Da mesma forma pratica esse crime o Prefeito que descumprir o orçamento aprovado para o exercício financeiro ou praticar, contra expressa disposição de lei, ato de sua competência. A omissão relativa a atos que a lei exige cumprimento também entra nesse rol.

3.4.1.1.1 A EXCLUSÃO DO CRIME DE RESPONSABILIDADE POR SER A ATIVIDADE DO PRESIDENTE DO TRIBUNAL RELATIVA A PRECATÓRIOS UMA ATIVIDADE ADMINISTRATIVA.

Em termos de precatório o Supremo Tribunal em algumas decisões esvaziou o conteúdo da norma ao entender que a atividade de cobrança dos precatórios seria uma atividade administrativa do presidente do Tribunal e não jurisdicional,[cxxxiii] inclusive em caso de atos ou omissões de prefeitos:

> EMENTA Inquérito. Recurso em sentido estrito. Sentença que não recebe a denúncia. Ex-Prefeito. **Não-pagamento de precatório.** Descumprimento de ordem judicial. Art. 1º, inciso XIV, segunda parte, do Decreto-Lei nº 201/67. 1. [...] 2. Na linha da firme jurisprudência desta Corte, os atos praticados por Presidentes de Tribunais no tocante ao processamento e pagamento de precatório judicial têm natureza administrativa, não jurisdicional. **3. A expressão "ordem judicial", referida no inciso XIV do art. 1º do Decreto-Lei nº 201/67, não deve ser interpretada lato sensu, isto é, como qualquer ordem dada por Magistrado, mas, sem dúvida, como uma ordem decorrente, necessariamente, da atividade jurisdicional do Magistrado, vinculada a sua competência constitucional de atuar como julgador. 4. Cuidando os autos de eventual descumprimento de ordem emanada de atividade administrativa do Presidente do Tribunal de Justiça de São Paulo, relativa ao pagamento de precatório judicial, não está tipificado o crime definido no art. 1º, inciso XIV, segunda parte, do Decreto-Lei nº 201/67.** 5. Recurso em sentido estrito desprovido. (Inq. 2605, Relator (a): Min. MENEZES DIREITO, Tribunal Pleno, julgado em 20/02/2008, DJe-074 DIVULG 24-04-2008 PUBLIC 25-04-2008 EMENT VOL-02316-01 PP-00215 RTJ VOL-00204-01 PP-00179 LEXSTF v. 30, n. 357, 2008, p. 441-459)

No Superior Tribunal de Justiça esse pensamento virou até súmula:

Súmula 311 do Superior Tribunal de Justiça: Os atos do presidente do tribunal que disponham sobre processamento e pagamento de precatório não têm caráter jurisdicional.

Contudo, pelo ponto de vista que se defende neste livro, o que se está descumprindo além da Constituição e da lei é a ordem jurisdicional contida no precatório, não sendo possível, por isso, concordar com essas decisões, posto que a fase de execução judicial ou de cumprimento de sentença não é administrativa, mas sim tão jurisdicional quanto a de conhecimento.[cxxxiv]

A esse respeito ensina o Ministro DOMINGOS FRANCIULLI NETTO:

Mesmo na **execução por quantia certa, contra a Fazenda Pública**, denominada por diversos autores de "execução imprópria", "execução aparente" ou "falsa execução", não se pode, a rigor, dizer que não há execução. **Execução há, conquanto peculiar**, nos moldes dos artigos 730 e 731 do Código de Processo Civil.[cxxxv] (grifo nosso)

O que ocorre aqui é uma divisão da competência jurisdicional em razão dos atos processuais a serem praticados no mesmo processo, sendo uma autoridade jurisdicional competente para a prática de alguns atos e outra competente para outros.

JOSÉ FREDERICO MARQUES ensina sobre esse tipo de competência que ele denomina competência funcional dizendo:

A competência *funcional* distingue-se, pois daquela competência por assim dizer basilar (como a denomina REDENTI) com a qual se determina o juízo onde se deve instaurar o processo, porque **na competência funcional** a lei dispõe apenas sobre a **competência em razão das eventuais fases pelas quais deva passar o processo**, esclarecendo **que atos podem ser praticados pelos órgãos judiciários** que nele vão atuar ou funcionar, e **quais são esses órgãos**. (itálico e versalete no original, negrito nosso)[cxxxvi]

Trata-se de caso semelhante ao que acontece, por exemplo, no julgamento de um recurso em Segundo Grau em que haja arguição de inconstitucionalidade, situação em que há uma divisão da competência dentro do mesmo processo para prática de atos jurisdicionais.

Assim é porque o órgão fracionário, turma julgadora, não tem competência para reconhecer a inconstitucionalidade, devendo remeter o recurso para análise dessa parte ao Pleno ou ao Órgão Especial de seu tribunal que é quem tem competência para julgar isso. Julgada a questão da inconstitucionalidade, o Pleno ou Órgão Especial devolve então o recurso à turma para julgar os outros pontos do recurso que são da competência dela e não dele.

Portanto, uma mesma fase processual tem dois órgãos jurisdicionais participantes: a turma julgadora e o Pleno ou Órgão Especial do Tribunal, havendo aí uma competência cindida para julgamento do recurso, um tendo competência para uns atos e outro para outros.

Da mesma forma, há uma competência complexa na execução por quantia certa contra a Fazenda Pública, sendo o juiz de Primeiro Grau competente para alguns atos processuais e o Presidente do Tribunal para outros, ambos, evidentemente, agindo jurisdicionalmente no mesmo processo de execução.

Essa decisão e muitas outras demonstram a ausência de rigor por parte do Supremo Tribunal Federal e do Superior Tribunal de Justiça com os eternos devedores públicos.

Como se vê, todos esses tipos penais se enquadram em formas de descumprimentos de precatórios, sendo aplicáveis em tais casos, mas a jurisprudência do Supremo Tribunal Federal não o tem permitido.

3.4.1.2 CRIME DE RESPONSABILIDADE DO PRESIDENTE DO TRIBUNAL QUE RETARDAR OU TENTAR FRUSTRAR A LIQUIDAÇÃO REGULAR DE PRECATÓRIO.

A Constituição estabelece no §6º do art. 100 que o pagamento dos precatórios cabe ao Presidente do Tribunal, estabelecendo crime de responsabilidade se ele, por ato comissivo ou omissivo, retardar ou tentar frustrar a liquidação regular de precatórios. Tal crime só admite a forma dolosa, posto que não houve previsão de forma culposa para ele. Ele também responde administrativamente perante o Conselho Nacional de Justiça, sem prejuízo de também responder perante o seu Tribunal Pleno ou Órgão Especial.

A Emenda Constitucional nº 62/2009 manteve a regra, apenas acrescentou o óbvio ao dizer que esse magistrado responde também perante o Conselho Nacional de Justiça.

Interessante questão é se essa regra constitucional seria suficiente para tipificar o crime ou se haveria necessidade de lei no sentido estrito para que tal tipificação ocorresse.

A Constituição da República prevê no seu artigo 5º que *"XXXIX - não há crime sem lei anterior que o defina, nem pena sem prévia cominação legal;"*, ou seja, uma lei em sentido estrito seria necessária para que houvesse uma tipificação de uma conduta, não bastando uma previsão constitucional, ou seja, a norma constitucional mencionada não seria autoaplicável.

Contudo, o Superior Tribunal de Justiça recebeu denúncia por esse crime como se vê, por exemplo, na decisão da Corte Especial proferida no APn 414-PB pela Relatora Ministra ELIANA CALMON e julgada em 7 de dezembro de 2005.

A mesma Ministra, em outro caso, APn 451/PB, entendeu em 21 de maio de 2008 haver *"Auto-suficiência da descrição típica constitucional"*.

Pode-se dizer que a conduta é típica nos termos da lei que define os crimes de responsabilidade como se vê no art. 39-A da Lei 1.079/1950:

> Art. 39-A. Constituem, também, **crimes de responsabilidade** do Presidente do Supremo Tribunal Federal ou de seu substituto quando no exercício da Presidência, **as condutas previstas no art. 10 desta Lei, quando por eles ordenadas ou praticadas**. (Incluído pela Lei nº 10.028, de .2000)

> Parágrafo único. O disposto neste artigo **aplica-se aos Presidentes, e respectivos substitutos quando no exercício da Presidência, dos** Tribunais Superiores, dos Tribunais de Contas, dos Tribunais Regionais Federais, do Trabalho e Eleitorais, dos **Tribunais de Justiça** e de Alçada dos Estados e do Distrito Federal, e aos Juízes Diretores de Foro ou função equivalente no primeiro grau de jurisdição. (Incluído pela Lei nº 10.028, de .2000) (grifo nosso)

Por sua vez, o citado artigo 10 trata dos crimes de responsabilidade contra a lei orçamentária e em especial o item 4 do mencionado artigo prevê ser crime *"Infringir, patentemente, e de qualquer modo, dispositivo da lei orçamentária."*

Ora, os precatórios são previstos na lei orçamentária e o seu não cumprimento correto se enquadra no mencionado tipo legal.

3.4.1.3 OUTROS CRIMES.

Várias hipóteses criminais podem ocorrer relativas a precatórios e aqui se mencionam algumas apenas a título de exemplo, pois esse assunto não é central para o tema deste livro.

No Código Penal há a previsão de alguns crimes que podem ocorrer, entre eles convém lembrar, sem pretensão de ser exaustivo:

1. Falsidade – arts. 296 a 301, 304 e 307;
2. Crimes contra a Administração Pública – arts. 312 a 316, 317, 319, 320 a 321, 330, 332, 333 e 337;
3. Crimes contra a Administração da Justiça – 347, 355 a 357;
4. Crimes contra as Finanças Públicas - Art. 359-D.

Como é de todos sabido, haver previsão legal não faz a menor diferença, razão de passar-se a considerar se tais previsões têm produzido algum resultado.

3.4.1.4 A PERSECUÇÃO PENAL COMO TEM SIDO FEITA.

Na jurisprudência do Tribunal de Justiça de São Paulo encontra-se o Procedimento Investigatório TJSP n° 990.09.305.015-3 julgado no dia 04 de fevereiro de 2010 contra o Prefeito de Taquaritinga contra quem foi oferecida uma representação por ele ter feito um acordo de precatório e, assim, um pagamento irregular por afrontar o art. 78 do ADCT e os arts. 15 e 17 da LRF, com infração ao disposto no art. 1°, XIV, primeira parte, do Decreto-lei 200/1967.

O Ministério Público propôs o arquivamento com base na decisão do HC 73.131, 2ª Turma, relator Ministro MARCO AURÉLIO, julgado em 26.03.1996, DJ de 17.05.1996 pelo qual desaparece o dolo quando o acordo é celebrado por meio de lei autorizadora.

Nesse caso disseram que a análise da constitucionalidade da lei só poderia ser feita por ADI. Porém entendemos que caberia aqui o controle difuso, com o reconhecimento da inconstitucionalidade e do dolo, pois a ninguém é dado desconhecer a lei, principalmente a Constituição por parte de uma autoridade pública.

Também, nos casos de regime ordinário os acordos não são viáveis de forma a preterir um credor em relação ao outro, devendo a ordem de preferência ser seguida rigidamente, como decidiu o Supremo.[cxxxvii]

Na Ação Penal n° 467.107.3/6 de 2004 contra o Prefeito do Município de Cordeirópolis a denúncia foi recebida sendo a acusação no sentido de que o Prefeito não incluíra no orçamento precatório alimentar expedido a tempo. Essa ação ainda está pendente de julgamento.

Na Sindicância n° 01103302.3/2-0000-000 de 2008 da Comarca de Itaquaquecetuba a acusação foi de falta de pagamento de precatório de desapropriação e houve arquivamento porque o Ministério Público o pediu alegando que a Emenda 30 dera o prazo de dez anos para que esse pagamento se efetivasse, assim, não haveria crime, o que hoje não se sustentaria frente ao reconhecimento da inconstitucionalidade desse tipo de parcelamento.

Na Representação contra o Secretário dos Negócios da Fazenda do Estado de São Paulo n° 180.806-0/3-00 de 2009 houve arquivamento da acusação de prática de crime por descumprimento de ordem judicial no tocante a pagamento de precatório por inocorrência de dolo porque o Estado estaria vivendo uma situação de exaustão do Erário, argumento falacioso como será demonstrado oportunamente.

No Procedimento Investigatório do Ministério Público n° 990.10.177116-0, da Comarca de Marília houve arquivamento em 2010 da acusação feita contra o Prefeito de não pagar precatório do ano de 1999 por ausência de dolo de prejudicar especificamente a interessada, estando caótica a situação financeira do Município no tocante ao pagamento de precatórios, concluindo-se que apenas deixar de pagar não caracterizava o crime previsto no art. 1º, XIV, do Decreto-lei 201/1967. Difícil imaginar então o que caracterizaria.

Na Representação Criminal nº 990.10.323263-1 de 2010, da Comarca de Guarulhos a acusação era de prática de crime por desrespeito à ordem cronológica em um acordo judicial em que a Prefeitura se obrigou a pagar a uma empresa cinco parcelas de mais de um milhão de reais por débitos contratuais. O arquivamento se deu porque a dívida não estava representada em precatório, assim entendeu-se que não houve quebra da ordem cronológica.

Evidente o sofisma, posto que o acordo judicial é sentença com julgamento do mérito nos termos do art. 269, III, c. c. o art. 162, §1º, ambos do Código de Processo Civil de 1973 e, por isso, deveria ser executada nos termos do art. 730 do mesmo Código, ou seja, via precatório, tendo sim havido quebra da ordem cronológica e tal atitude já foi repudiada pelo Supremo Tribunal Federal:

> "A norma consubstanciada no art. 100 da Carta Política traduz um dos mais expressivos postulados realizadores do princípio da igualdade, pois busca conferir, na concreção do seu alcance, efetividade à **exigência constitucional de tratamento isonômico dos credores do Estado.** A vinculação exclusiva das importâncias federais recebidas pelo Estado-membro, para o efeito específico referido na regra normativa questionada, parece acarretar o descumprimento de quanto dispõe do art. 100 da CF, pois, **independentemente da ordem de precedência cronológica de apresentação dos precatórios,** institui, com aparente desprezo ao princípio da igualdade, uma preferência absoluta em favor do pagamento de 'determinadas' condenações judiciais." (ADI 584-MC, Rel. Min. Celso de Mello, julgamento em 26-3-1992, Plenário, DJ de 22-5-1992.) (grifo nosso)

O Conselho Nacional de Justiça entende ao contrário da opinião dada aqui com relação a acordos,[cxxxviii] mas o Superior Tribunal de Justiça já considerou ato de improbidade a *"quebra da ordem cronológica no pagamento de precatório judicial, por meio de acordo entre as partes"*.[cxxxix]

No Procedimento Investigatório do Ministério Público n° 990.08.052718-5, da Comarca de Campinas, a acusação era de desrespeito da ordem cronológica com inversão de pagamento de precatórios e a denúncia foi rejeitada porque não continha todos os elementos do fato e porque não pagar precatório não seria desrespeito à ordem judicial, mas sim administrativa, conforme jurisprudência do Supremo Tribunal Federal.

Também por não reconhecer a ordem do Presidente do Tribunal como ordem judicial houve absolvição na Apelação n° 0000076-67.2006.8.26.0146, da Comarca de Cordeirópolis em 2012.

Ambos os casos não se sustentam porque, como já se viu anteriormente, a atividade do Presidente do Tribunal é sim jurisdicional.

Encontrou-se apenas uma condenação criminal em um caso em que ficou comprovado o dolo porque o réu inverteu a ordem de pagamento de precatórios para prejudicar um desafeto seu. Isso ocorreu na Apelação Criminal com Revisão n° 993.08.040073-3, da Comarca de Quatá julgada em 2009 pela 15ª Câmara de Direito Criminal do Tribunal de Justiça de São Paulo. Conforme informação na página do Tribunal o acórdão transitou em julgado, sem recurso.

Isso foi tudo o que se conseguiu encontrar na Justiça Paulista e embora se tenha feito uma pesquisa ampla em todos os tribunais federais, nada foi encontrado.

Pesquisando-se o que ocorre no Superior Tribunal de Justiça pode-se encontrar, por exemplo, o Habeas Corpus nº 34.812 - MG (2004/0051124-3) onde esse tribunal entendeu atípica a conduta de desrespeito à ordem do Presidente do Tribunal para que o precatório fosse pago. Essa decisão baseou-se na Súmula 311 do mesmo Tribunal, supramencionada, que diz que a atividade do Presidente do Tribunal no caso é de natureza administrativa.

No que tange ao crime de responsabilidade do Presidente do Tribunal o Superior Tribunal de Justiça na APn. 451/PB, julgada em 2008, rejeitou a denúncia porque, embora o Presidente do Tribunal tivesse mandado realizar sequestro fora da hipótese constitucional, a recalcitrância do Município justificou o ato.

Já na Rp. 364/MG, julgada em 2007, a representação foi arquivada porque a culpa pela demora não foi do Presidente do Tribunal, mas dos trâmites administrativos decorrentes de alteração de lei.

Na Ação Penal 414 a denúncia foi recebida em 2005 com razão, pois o Presidente do Tribunal no caso desrespeitou a ordem cronológica para beneficiar amigo.

Efetuada pesquisa na jurisprudência do Supremo Tribunal Federal é possível exemplificar com o Inquérito 2.605, com julgamento em 2008, em que o não recebimento da denúncia contra Prefeito foi confirmado com os argumentos da Súmula 311 do Superior Tribunal de Justiça.

Contudo, no HC 87.817 da Paraíba, analisando o caso da Ação Penal 414 do Superior Tribunal de Justiça supramencionado, o Supremo Tribunal Federal indeferiu o *Habeas Corpus*.

O que se vê dessa pesquisa é a quase total ineficiência da persecução penal.

Convém lembrar ainda que o Judiciário e o Ministério Público praticamente não possuem estrutura para combater o chamado "*crime do colarinho branco*" e a imensa quantidade de recursos existentes nas inacreditáveis quatro instâncias brasileiras permite a qualquer advogado mediano conseguir uma prescrição e isentar o criminoso de qualquer pena.

3.4.2 SEQUESTRO.

A possibilidade do sequestro no caso de precatório foi prevista no art. 100, §6º, da Constituição da República, porém restrita exclusivamente a duas hipóteses:

1. Preterimento de direito de precedência do credor; e

2. Não alocação orçamentária do valor necessário à satisfação do débito.

Em se tratando de precatório, apenas o Presidente do Tribunal pode determinar o sequestro não de ofício porque a norma fala em "requerimento do credor".

O caso de não alocação orçamentária fica evidenciado, no regime ordinário, se tal alocação for menor do que requisitado no Mapa Orçamentário de Credores (MOC), como estudaremos ao tratar do orçamento. No Regime Especial, enquanto durar, também é possível perceber se a alocação for inferior à devida.

Não há especificação a respeito de qual verba possa ou não ser sequestrada, por isso, a princípio qualquer uma pode, sem prejuízo de discussão posterior. Tal sequestro é feito pelo sistema do

Bacen Jud o qual não discrimina que verba sequestra, devendo-se decidir posteriormente se o sequestro fica mantido ou não.

Tradicionalmente todas as Constituições brasileiras que trataram de precatórios, ou seja, desde 1934, previam a possibilidade de sequestro apenas para o caso de preterimento do direito de preferência, o que foi mantido na Constituição de 1988 e nas emendas que alteraram a parte que tratava disso, ou seja, a Emenda Constitucional 30/2000 e a 62/2009.

Ora, o impedimento de não preterir a ordem de pagamento não induz o Executivo a cumprir os precatórios, pois basta que ele não pague ninguém que a preterição não ocorrerá e foi isso que aconteceu quase sempre, gerando essa imensa dívida que se tem hoje.

O acréscimo da Emenda 62/2009 no sentido de poder haver sequestro no caso de não alocação orçamentária também é inócuo em termos de tornar fato o pagamento dos precatórios.

Assim é porque aí o orçamento não é impositivo, mas meramente autorizativo, ou seja, o Executivo não tem a obrigação de realizar todo o orçamento, mas está autorizado a realizar o que entender cabível e a não realizar o que não quiser. Dessa forma, os precatórios podem constar no orçamento e, mesmo assim, nunca serem pagos.

Conclui-se que o sequestro no caso dos precatórios é praticamente inexequível.

No que tange às RPVs o sistema é efetivo, pois quer seja no Juizado Federal (Lei 10.259/2001, art. 17, § 2º), quer seja no Juizado Especial da Fazenda Pública dos Estados e Distrito Federal (Lei 12.153/2009, art. 13, § 1º), quer seja na Justiça Comum, por analogia, basta o não pagamento para que o juiz possa decretar o sequestro sem demora e sem interferência do Presidente do Tribunal.

Não há motivos para os precatórios não serem assim.

3.4.3 INTERVENÇÃO NOS ESTADOS, MUNICÍPIOS E DISTRITO FEDERAL.

A regra geral é a não intervenção da União nos Estados e Distrito Federal e Municípios existentes em Territórios Federais, sendo essa a mesma regra no que tange aos Municípios pertencentes a Estados, só podendo ocorrer intervenção nos casos e forma previstos nos arts. 34 a 36 da Constituição da República.

No caso dos precatórios a intervenção se justifica quando houver suspensão do pagamento deles, por mais de dois anos consecutivos, salvo motivo de força maior, posto que são dívida pública fundada, bem como para prover a execução de decisão judicial na qual eles se baseiam e para garantir o livre exercício do Poder Judiciário.

No que tange à dívida fundada, o Supremo entendeu em liminar que não era válida norma local que excluía da intervenção casos em que o inadimplemento estivesse vinculado à gestão anterior.[cxl] Quando da pesquisa realizada não havia julgamento definitivo do feito em que essa liminar foi concedida, mas essa é a decisão correta, pois quem deve é a pessoa jurídica e não o gestor de plantão, seja ele Presidente, Governador, Prefeito e etc...

Também o Supremo decidiu que preterição na ordem de precedência não é caso de intervenção, mas de sequestro, [cxli] contudo, em outro caso, decidiu o contrário.[cxlii]

Mas a atual jurisprudência do Supremo Tribunal Federal exige dolo para a efetivação de intervenção,[cxliii] na verdade dando ao ente público uma verdadeira faculdade de pagar conforme sua conveniência e oportunidade:

> "Precatórios judiciais. **Não configuração de atuação dolosa e deliberada** do Estado de São Paulo com finalidade de não pagamento. Estado sujeito a quadro de múltiplas obrigações de idêntica hierarquia. Necessidade de garantir eficácia a outras normas constitucionais, como, por exemplo, a continuidade de prestação de serviços públicos. A intervenção, como medida extrema, deve atender à máxima da proporcionalidade. Adoção da chamada relação de precedência condicionada entre princípios constitucionais concorrentes." (IF 298, Rel. p/ o ac. Min. Gilmar Mendes, julgamento em 3-2-2003, Plenário, DJ de 27-2-2004.) No mesmo sentido: IF 5.101, IF 5.105, IF 5.106, IF 5.114, Rel. Min. Cezar Peluso, julgamento em 22-3-2012, Plenário, Informativo 660. (grifo nosso)

Como alertou o Ministro LUIZ FUX por ocasião da modulação dos efeitos do reconhecimento da inconstitucionalidade da Emenda 62, a prova do dolo é infernal e tem impedido totalmente a efetividade da intervenção, sendo necessário alterar a jurisprudência do Supremo Tribunal Federal.

Sabidamente as necessidades públicas são inúmeras, mas isso não autoriza o total vilipêndio à Constituição, ao Estado Democrático de Direito e ao Judiciário, cujo funcionamento adequado e eficiente é essencial para a existência da democracia.

Certamente o interventor não fará surgir dinheiro, mas a intervenção é sim sanção severa para o administrador, pois é um desastre político e não será perdoada por seus opositores nas eleições, razão pela qual a sua simples ameaça já é suficiente para induzir o cumprimento da Constituição.

Na prática estudou-se a jurisprudência do Tribunal de Justiça de São Paulo e encontrou-se de 2007 a 2013 trezentos e sessenta e oito intervenções do Estado em Municípios deferidas pelo Tribunal.

A Constituição do Estado de São Paulo diz:

> "Artigo 47 - Compete **privativamente ao Governador**, além de outras atribuições previstas nesta Constituição: [...]
>
> VIII - **decretar** e fazer executar **intervenção nos Municípios**, na forma da Constituição Federal e desta Constituição [...]". (grifo nosso)

Portanto, somente com decreto do Governador é que essa intervenção pode ser feita, mas quando se fez pesquisa nas bases de legislação da Assembleia Legislativa do Estado e na internet como um todo, não se encontrou absolutamente nenhum decreto de intervenção mesmo com a existência de mais de três centenas de ordens do Tribunal de Justiça de São Paulo para que isso fosse feito.

Também, com a atual jurisprudência do Supremo Tribunal Federal, não consta que algum Estado ou Município ou o Distrito Federal tenha sofrido intervenção por parte da União.

O desprestígio pelos acórdãos e sentenças transitados em julgado é total, a coisa julgada, em que pese ser cláusula pétrea e direito fundamental, não existe quando o devedor é o Poder Público e a eficácia da possibilidade de intervenção como método de fazer cumprir a Constituição é nenhuma.

3.4.4 IMPROBIDADE ADMINISTRATIVA.

Os atos de improbidade administrativa são previstos na Lei 8.429/1992 e entre os que poderiam ocorrer no caso de precatórios destacamos os casos previstos no artigo 11 da respectiva lei, pois na lida com os precatórios a autoridade pode falhar no seu dever de honestidade, imparcialidade, legalidade, e lealdade às instituições, por ação ou omissão, principalmente praticar ato visando fim proibido em lei ou regulamento ou diverso daquele previsto, na regra de competência ou retardar ou deixar de praticar, indevidamente, ato de ofício como, por exemplo, providenciar o pagamento de precatórios.

Em vários processos questões foram trazidas ao Judiciário envolvendo precatórios e improbidade administrativa, entre as quais se salientam os seguintes casos apenas para efeitos ilustrativos, restringindo ao STJ devido ao número muito grande de casos:

1. "quebra da ordem cronológica no pagamento de precatório judicial, por meio de acordo entre as partes";[cxliv]
2. "ex-prefeito que autorizou pagamento a si próprio de quantia proveniente dos cofres públicos, sem respeitar o procedimento para precatório";[cxlv] e
3. "pagamento de verbas antes mesmo do trânsito em julgado da sentença que as imputava devidas. A sentença estava submetida a duplo grau de jurisdição e aí houve pagamento com inobservância da ordem cronológica que deve orientar a quitação de títulos judiciais por meio dos precatórios, bem como burla da regra constitucional que exige o trânsito em julgado".[cxlvi]

Por outro lado, o inadimplemento não doloso foi considerado como não configurando improbidade administrativa. [cxlvii]

Ressalte-se que o Superior Tribunal de Justiça é cioso de sua jurisprudência e, por meio do instituto da Reclamação, tem exigido obediência total a ela, razão pela qual podemos afirmar que o não pagamento puro e simples de precatórios não configura ato de improbidade, salvo se houver o já mencionado dolo, conforme essa jurisprudência.

Procurou-se ações contra ex-prefeitos do Município de São Paulo, Capital, um dos maiores devedores do Brasil, e se descobriram duas: uma contra a Prefeita MARTA SUPLICY e outra contra o Prefeito GILBERTO KASSAB.

MARTA TERESA SUPLICY foi processada pelo Ministério Público do Estado de São Paulo representado pelo Promotor de Justiça WALLACE PAIVA MARTINS JR, cujo arrazoado nesse caso recebeu o prêmio de melhor arrazoado de 2004 pela Associação Paulista do Ministério Público.[cxlviii] A ex-prefeita foi absolvida por falta de dolo pelo Tribunal de Justiça de São Paulo.[cxlix]

GILBERTO KASSAB estava sendo processado na 7ª Vara de Fazenda Pública - Foro Central da Comarca da Capital desde 10 de agosto de 2009 e a última decisão do juiz foi no sentido de remeter os autos ao Tribunal de Justiça de São Paulo reconhecendo a própria incompetência, decisão essa pendente de julgamento em agravo de instrumento.[cl]

Em 2012 o Supremo Tribunal Federal admitiu que houvesse repercussão geral na questão de se é cabível ou não a aplicação a prefeitos da lei de improbidade e da lei de crimes de responsabilidade ao mesmo tempo, havendo dúvidas se haveria *bis in idem*.[cli] A nosso ver as esferas são diferentes: uma criminal e outra cível, portanto, não haveria *bis in idem*.

Como se vê dos casos supramencionados o dolo é central na discussão das sanções aplicáveis, razão de se deter para examina-lo.

3.4.5 O DOLO.

O dolo tem sido exigido pela jurisprudência do Supremo Tribunal Federal e Superior Tribunal de Justiça como requisito para o reconhecimento da aplicação de todas as sanções relativas ao descumprimento da ordem de precatórios, cabendo esclarecer o que se entende por esse requisito.

Evidentemente que aqui não se fala de dolo no sentido do Direito Civil, pois não há negócio jurídico entre o governante e o credor de precatório e nem a intenção daquele de enganar a esse.[clii]

O dolo aqui exigido apresenta o sentido de dolo como o entende o Direito Penal o qual ocorre quando há a vontade livre e consciente de realizar a conduta incriminadora (dolo direto) ou o agente, embora não desejando a realização da conduta incriminadora, não deixa de agir, não se importando com o resultado, isto é, assumindo o risco de produzi-lo (dolo eventual). Há outras modalidades de dolo, mas essas são as que nos interessam aqui.

Precisa-se mencionar também a culpa consciente, a qual é uma situação limite com o dolo eventual podendo com ele ser confundida. Essa modalidade de culpa ocorre quando o agente prevê o resultado, contudo executa a ação assim mesmo, porém com a plena crença que conseguirá evitar o resultado.

A tênue diferença com o dolo eventual é que nesse o agente prevê o resultado e não se importa se ele ocorrer, não dando importância para o fato de o risco acontecer, já na culpa consciente o risco é previsto, porém o agente não assume o risco de que ocorra porque acredita piamente que o resultado não ocorrerá de forma alguma. [cliii]

O Supremo Tribunal Federal decidiu que para que ocorra a intervenção federal o dolo é indispensável e se caracteriza pelo *"descumprimento voluntário e intencional de decisão judicial transitada em julgado."*[cliv]

Quanto à improbidade o Supremo Tribunal Federal decidiu que o "inadimplemento do pagamento de precatórios, por si só, não enseja ação de improbidade administrativa, salvo se houver desvirtuamento doloso do comando constitucional nesse sentido". [clv]

No âmbito criminal o Pretório Excelso disse que para que se configurasse crime de responsabilidade era necessário que a conduta assumisse *"forma dolosa, traduzida na vontade de não cumprir a ordem judicial e, embora não existam referências quanto ao elemento subjetivo explícito, é imprescindível que se identifique no comportamento omissivo o propósito de desobedecer e de frustrar a administração da Justiça"*[clvi] decidindo em outro caso:

> "[...] a probidade administrativa é o mais importante conteúdo do princípio da moralidade pública. Donde o modo particularmente severo como a Constituição reage à violação dela, probidade administrativa, [...]. É certo que esse regramento constitucional não tem a força de transformar em ilícitos penais práticas que eventualmente ofendam o cumprimento de deveres simplesmente administrativos. Daí por que a incidência da norma penal referida pelo Ministério Público está a depender da presença de um claro elemento subjetivo – **a vontade livre e consciente (dolo)** – de lesar o interesse público. Pois é assim que se garante a distinção, a meu sentir necessária, entre atos próprios do cotidiano político-administrativo (controlados, portanto, administrativa e judicialmente nas instâncias competentes) e atos que revelam o cometimento de ilícitos penais. E de outra forma não pode ser, sob pena de se transferir para a esfera penal a resolução de questões que envolvam a ineficiência, a incompetência gerencial e a responsabilidade político-administrativa. Questões que se resolvem no âmbito das ações de improbidade administrativa, portanto." (AP 409, voto do Rel. Min. Ayres Britto, julgamento em 13-5-2010, Plenário, DJE de 1º-7-2010.) (grifo nosso)

Evidente que nenhum governante em sã consciência quer deixar alguém sem casa e sem oportunidade para compra-la por não receber a indenização da desapropriação, ou pessoas idosas e / ou doentes sem dinheiro para o fim de suas vidas ou para tratar de sua doença, embora sejam credores do Estado, ou mesmo privar quem quer que seja de seus direitos humanos fundamentais.

Mas, ao optar por não pagar os credores do Estado o governante no mínimo assume o risco de fazer todo o mal que faz ocorrendo o dolo eventual para o qual *"não é necessário o consentimento explícito do agente, nem sua consciência reflexiva em relação às circunstâncias do evento. Faz-se imprescindível que o dolo eventual se extraia das circunstâncias do evento, e não da mente do autor, eis que não se exige uma declaração expressa do agente."*[clvii]

O "dolo exige que o agente consinta em causar o resultado, além de considerá-lo como possível. A questão central diz respeito à distinção entre dolo eventual e culpa consciente que, como se sabe, apresentam aspecto comum: a previsão do resultado ilícito."[clviii]

Ora, o mal causado pelo não pagamento de precatórios é mais do que previsível para o governante ou para qualquer pessoa, não se podendo admitir que o governante tenha certeza de que poderá evitar tal mal, agindo assim com culpa consciente, porque ele não tem como impedir a ocorrência do mal. O que ocorre é que o governante não se importa com o resultado de sua conduta omissiva consistente no não pagamento, portanto, ele age no mínimo com dolo eventual.

Novamente a jurisprudência do Supremo Tribunal Federal parece evitar o caminho da necessária punição dizendo no seguinte caso cuja ementa merece repetição:

> "Precatórios judiciais. Não configuração de atuação dolosa e deliberada do Estado de São Paulo com finalidade de não pagamento. **Estado sujeito a quadro de múltiplas obrigações de idêntica hierarquia. Necessidade de garantir eficácia a outras**

normas constitucionais, como, por exemplo, a continuidade de prestação de serviços públicos. A intervenção, como medida extrema, deve atender à máxima da proporcionalidade. **Adoção da chamada relação de precedência condicionada entre princípios constitucionais concorrentes.**" (IF 298, Rel. p/ o ac. Min. Gilmar Mendes, julgamento em 3-2-2003, Plenário, DJ de 27-2-2004.) No mesmo sentido: IF 5.101, IF 5.105, IF 5.106, IF 5.114, rel. min. Cezar Peluso, julgamento em 28-3-2012, Plenário, DJE de 6-9-2012. (grifo nosso)

Realmente, se fosse verdade o mencionado nesse julgado poderia haver a inexigibilidade de conduta diversa, pois, nesse caso, ninguém poderia esperar que o agente atuasse de outra forma[clix] sacrificando o funcionamento dos serviços estatais com prejuízo de toda a comunidade para pagar precatórios, havendo aí um conflito dos bens da vida a serem defendidos,[clx] mas isso teria que ser temporário e por breve período, sob pena de eternizar o não pagamento como tem ocorrido em nossa história, o que se demonstrou no segundo livro desta série.[clxi]

Mas, o próprio Supremo Tribunal Federal vem derrubar essa ideia demonstrando o que realmente ocorre:

Consignou-se que idêntica solução alcançaria os incisos II e III do § 8º do art. 97 do ADCT (...), por malferir os princípios da moralidade, da impessoalidade e da igualdade. Por fim, constatou-se que, para a maioria dos entes federados, **não faltaria dinheiro para o adimplemento dos precatórios, mas sim compromisso dos governantes quanto ao cumprimento de decisões judiciais. Nesse contexto, observou-se que o pagamento de precatórios não se contraporia, de forma inconciliável, à prestação de serviços públicos.** Além disso, arrematou-se que **configuraria atentado à razoabilidade e à proporcionalidade impor aos credores a sobrecarga de novo alongamento temporal do perfil das dívidas estatais** em causa, inclusive mediante leilões, deságios e outros embaraços. (ADI 4.357 e ADI 4.425, rel. p/ o ac. min. Luiz Fux, julgamento em 13 e 14-3-2013, Plenário, Informativo 698.) (grifo nosso)

O que existe, como salientou o Ministro LUIZ FUX, é uma vontade **dolosa** de não cumprir os direitos representados pelos precatórios, não sendo razoável ou proporcional que se exija dos credores a postergação infinita da satisfação do seu direito.

Não se pode acreditar que o Ministro tenha feito tão grave afirmativa de forma leviana, mas sim que ele, como relator para o acórdão da ADI 4.357 e da ADI 4.425, tenha estudado com cuidado todos os dados que lhe foram fornecidos e, assim, chegado a essa conclusão com a responsabilidade e seriedade que se espera do Supremo Tribunal Federal.

A respeito dessa vontade dolosa do Executivo fala César DE Moraes Sabbag em trecho que merece transcrição:

> O orçamento brasileiro encontra-se sob o domínio absoluto do Executivo.
>
> Em todos os campos de atuação estatal, não há instituição, órgão ou repartição pública que não se sujeita, de uma forma ou de outra, **à mão poderosa e controladora do governante, em matéria financeira**.
>
> Na prática, o orçamento **exige que todo o aparelho estatal curve-se ao gestor do recurso público** e termine por assumir, neste ambiente de restrições, postura comodista e tolerante com o estado de coisas.
>
> Não raro, ordenadores de despesas passam o exercício financeiro justificando dados, pleiteando atenção e torcendo para que suas dotações não sofram bloqueios ou contingenciamentos, nem sejam prejudicadas por alterações de última hora.
>
> No modelo atual (que não se distingue dos orçamentos unilaterais do passado, neste aspecto), as restrições financeiras funcionam como **argumento de poder e eficiente artifício de controle político: diferenças entre valores orçados e liberados terminam por expressar preferências pessoais, punições ou reconhecimentos**.
>
> Em última análise, é o governante quem define, com imensa discricionariedade, quanto, onde e como se vai despender o recurso público.
>
> O "cofre" do Estado não pertence ao povo ou ao Legislativo, como sugere o ensinamento tradicional da divisão de poderes: a dinâmica orçamentária é regida pelo Executivo, do começo ao fim.[clxii] (grifo nosso)

Essas afirmações espelham fatos públicos e notórios sendo impossível nessa condição que se vive aqui não reconhecer o dolo pelo menos eventual do Executivo ao desviar verbas de precatórios para os seus fins políticos pessoais.

3.4.6 TEORIAS PARA AMPARAR O INADIMPLEMENTO.

Muitas são as teorias e justificativas apresentadas para que o Estado possa se isentar de cumprir a sua obrigação para com os cidadãos seus credores e aqui se examinam algumas.

3.4.6.1 TEORIA DA IMPOSSIBILIDADE MATERIAL

A Teoria de Impossibilidade Material defendida, por IVES GANDRA MARTINS,[clxiii] significa que não se pode exigir o materialmente impossível de onde vem a regra de que a lei não pode ter um objeto inviável ou a decisão judicial determinar o impossível, carecendo de eficácia se o fizer, não se confundindo com a Teoria da Impossibilidade Circunstancial a qual é apenas momentânea.

Para ele a decisão judicial que determina pagamento fora dos limites orçamentários não é possível de ser executada, cabendo ao Executivo dizer que quer cumprir a decisão, mas está materialmente impossibilitado, pedindo ao juízo que ele encontre no orçamento exibido os meios para satisfação da decisão e vinculando o Legislativo para que forneça recursos extra orçamentários ou inclua a verba necessária para o cumprimento do julgado no ano seguinte.

A restrição mencionada nessa teoria trata de fato da impossibilidade jurídica, pois se baseia nos limites do orçamento, os quais são fixados em lei, e não da impossibilidade física.

Assim sendo, ela não faz sentido quando se lembra que a previsão orçamentária de pagamento dos requisitórios é obrigatória nos termos do art. 100, § 5º, da Constituição da República e, no caso dos precatórios, há até a esdrúxula previsão de um valor exato, portanto, os requisitórios sempre estarão no limite do orçamento, pelo menos com certeza os precatórios.

3.4.6.2 TEORIA DA RESERVA DO POSSÍVEL E DA EXAUSTÃO ORÇAMENTÁRIA OU FINANCEIRA.

O Tribunal Constitucional da Alemanha transladou da expressão da Ciência Econômica *"limite do orçamento"* a expressão jurídica "reserva do possível" significando que todo orçamento tem um limite, o qual deve ser respeitado tendo em vista as necessidades de equilíbrio econômico geral.

Segundo o Tribunal Alemão a *"Reserva do possível"* significa o que o indivíduo pode razoavelmente exigir da comunidade, consideração feita primeiro pelo Legislador, o qual ao elaborar o orçamento deve considerar também outras necessidades coletivas e harmonizá-las.[clxiv]

A Teoria da Reserva do Possível não se refere apenas à existência ou não de recursos financeiros para atendimento a um direito social, mas também na razoabilidade do que é pedido.[clxv]

Ora, é uma expectativa racional e de acordo com o princípio da razoabilidade a do credor de um direito reconhecido em juízo por sentença transitada em julgado que tal direito seja atendido, em outras palavras, que seu requisitório seja pago.

Os precatórios não geram um problema em termos de previsão orçamentária, pois são estabelecidos em um valor certo, mas as RPVs podem ultrapassar a previsão feita, sendo de se questionar, como faz FERNANDO FACURY SCAFF, se é possível *"limitar a efetividade das decisões judiciais por falta de indicação da fonte da receita."* [clxvi]

Esse autor lembra que essa questão gerou grande polêmica na Itália, pois a Constituição Italiana prevê no seu art. 81:

> "As casas aprovarão todos os anos os orçamentos e contas apresentados pelo Governo [...] Qualquer outra lei envolvendo novas despesas ou aumento delas **deve especificar os recursos necessários para seu cumprimento**." [clxvii] (grifo nosso)

O Brasil possui regra semelhante prevista no art. 167, I e II da Constituição da República:

> Art. 167. São vedados:
>
> I - o início de programas ou projetos não incluídos na lei orçamentária anual;
>
> II - a realização de despesas ou a assunção de obrigações diretas que excedam os créditos orçamentários ou adicionais;

Em termos de requisitórios essa regra é cumprida totalmente, pois os precatórios representam um valor certo previsto em orçamento, já as RPVs são previstas no orçamento por meio de estimativa.

EROS GRAU[clxviii] fala de um conflito de princípios: de um lado o princípio da legalidade da despesa pública e, do outro, o da sujeição da Administração às decisões judiciais dizendo que um dos dois deve ceder perante o outro, o que significa perda de vigência, mas sim de eficácia perante o conflito.

Para os requisitórios esse conflito não existe, pois a sentença transitada em julgado reconheceu para o credor o direito como legal e constitucional, por outro lado, a despesa para cumprir essa sentença é prevista em orçamento estabelecido por lei, portanto, não há motivos para não se cumprir as sentenças.

Quando houver inexistência de recursos suficientes para cumprir decisões judiciais nos termos das normas constitucionais, a Administração deve prover-se de créditos orçamentários.

A completa exaustão da capacidade orçamentária ocorre quando inexistem recursos para permitir cumprir a decisão, não havendo disponibilidade de caixa, mesmo afastando-se as regras que conferem concreção ao princípio da legalidade da despesa.

Nesse caso, se fosse a União, ela poderia emitir moeda, mas com consequências sociais perniciosas que importaria na inocuidade do cumprimento das decisões judiciais por meio de moeda, pois a emissão equivaleria a lançar imposto de cem por cento sobre os pagamentos efetuados.

Emitir títulos da dívida pública também não funcionaria, pois quem os compraria e a que taxas de juros? E, igualmente, elevar a tributação não é solução porque não seria aceitável pela população, ainda mais no Brasil onde a carga tributária trava o país.

A situação seria não de conflito de normas, mas da realidade com o Direito, mas nesse caso não bastaria à Administração alegar a exaustão, mas sim provar cabalmente a sua existência e perante o Supremo Tribunal Federal devido à excepcionalidade do fato de se descumprir ordem judicial. Ou seja, a ordem judicial só poderia deixar de ser cumprida por ordem judicial do Supremo Tribunal Federal após prova cabal da real exaustão da capacidade financeira e pelo mínimo de tempo possível.

O Direito necessita se adequar à realidade sob pena de se tornar um obstáculo ao pleno desenvolvimento das forças sociais.

A solução é política, mas "uma ordem jurídica sem o político resulta carente de impulso, morta" posto que "Todas as decisões jurídicas, porque jurídicas, são políticas. Negá-lo [...] equivaleria à entronização do lema *fiat justitia pereat mundus*, o que dispensa qualquer comentário."[clxix]

Nessa linha decidiu o Supremo Tribunal Federal:

É que a realização dos direitos econômicos, sociais e culturais – além de caracterizar-se pela gradualidade de seu processo de concretização – depende, em grande medida, de um inescapável vínculo financeiro subordinado às possibilidades orçamentárias do Estado, de tal modo que, **comprovada, objetivamente, a incapacidade econômico-financeira da pessoa estatal, desta não se poderá razoavelmente exigir, considerada a limitação material referida, a imediata efetivação do comando fundado no texto da Carta Política**.

Não se mostrará lícito, no entanto, ao Poder Público, em tal hipótese – mediante indevida manipulação de sua atividade financeira e/ou político-administrativa – criar obstáculo artificial que revele o ilegítimo, arbitrário e censurável propósito de fraudar, de frustrar e de inviabilizar o estabelecimento e a preservação, em favor da pessoa e dos cidadãos, de condições materiais mínimas de existência.

Cumpre advertir, desse modo, que **a cláusula da "reserva do possível" – ressalvada a ocorrência de justo motivo objetivamente aferível – não pode ser invocada, pelo Estado, com a finalidade de exonerar-se do cumprimento de suas obrigações constitucionais**, notadamente quando, dessa conduta governamental negativa, puder resultar **nulificação ou, até mesmo, aniquilação de direitos constitucionais impregnados de um sentido de essencial fundamentalidade.** (ADPF 45 MC / DF - DISTRITO FEDERAL. MEDIDA CAUTELAR EM ARGÜIÇÃO DE DESCUMPRIMENTO DE PRECEITO FUNDAMENTAL. Relator (a): Min. CELSO DE MELLO. Julgamento: 29/04/2004.

Publicação DJ 04/05/2004 PP-00012. RTJ VOL-00200-01 PP-00191) (grifo nosso)

Dessa decisão se vê que as dificuldades financeiras devem ser reais e cabalmente comprovadas, não bastando a sua tradicional mera alegação, do contrário, como dito pelo Ministro CELSO DE MELLO, os direitos fundamentais previstos na Constituição seriam revogados por simples alegações.

Com base na afirmativa do Ministro Luiz Fux nas ADI 4.357 e ADI 4.425 de que não falta dinheiro e no que dissemos acima não se pode mais aceitar essas tradicionais escusas usadas para perpetuar o inadimplemento estatal.

3.4.7 A EFETIVIDADE DO SISTEMA DE PRECATÓRIOS E OS DIREITOS HUMANOS.

A questão da inadimplência dos precatórios foi levada à Comissão Interamericana de Direitos Humanos da Organização dos Estados Americanos[clxx] e, por três vezes, *"a Comissão Interamericana conclui que* **a legislação brasileira não contempla recursos judiciais efetivos e adequados para assegurar o pagamento dos precatórios** *devidos pelo Estado."*[clxxi] (grifo nosso)

A Comissão entendeu que essa situação caracterizaria violações dos artigos 8.1 e 25 da Convenção Americana, em conjunto com as obrigações gerais constantes dos artigos 1.1 e 2 do mesmo instrumento.[clxxii]

A Convenção Americana Sobre Direitos Humanos assinada em São José, Costa Rica, em 22 de novembro de 1969 prevê no seu art. 8º, 1, o acesso à Justiça, já no art. 25 se garante proteção judicial aos direitos fundamentais, inclusive contra agentes do Estado por meio dos recursos cabíveis ficando assegurado "*o cumprimento, pelas autoridades competentes, de toda decisão em que se tenha considerado procedente o recurso*". (grifo nosso)

No art. 1º os Estados se comprometeram a respeitar os direitos e liberdades dos seres humanos previstas na Convenção, prometendo, no art. 2º, adotar "*as medidas legislativas ou de outra natureza que forem necessárias para tornar **efetivos** tais direitos e liberdades*". (grifo nosso)

Mas, DIETER GRIMM fala em um cansaço com relação aos Direitos Fundamentais. Segundo ele, há os que até os têm considerado culpados pela desintegração inquietante da sociedade ao que ele diz que na verdade ocorre o contrário. Ele então explica que os Direitos Fundamentais ainda "*se constituem em um ponto de referência externo à racionalidade técnica e a partir do qual as relações podem ser submetidas à crítica e o desenvolvimento pode ser remetido a limites comumente suportáveis*". Ele conclui dizendo que esses direitos são mais irrenunciáveis do que nunca.[clxxiii]

INGO WOLFGANG SARLET segue nessa linha dizendo:

> Poderá afirmar-se, portanto, que – no âmbito de uma força jurídica reforçada ao nível da Constituição – os direitos fundamentais possuem, relativamente às demais normas constitucionais, maior aplicabilidade e eficácia, o que, por outro lado [...], não significa que mesmo dentre os direitos fundamentais não possam existir distinções no que concerne à graduação desta aplicabilidade e eficácia, dependendo da forma da positivação, do objeto e da função que cada preceito desempenha. **Negar-se aos direitos fundamentais esta condição privilegiada significaria, em última análise negar-lhes a própria fundamentalidade.** Não por outro motivo – isto é sua especial relevância na Constituição – já se afirmou que, em certo sentido, **os direitos fundamentais** (e a estes poderíamos acrescentar os princípios fundamentais) **governam a ordem constitucional.**[clxxiv]

Não há quem divirja explicita e publicamente da ideia de que os seres humanos têm direitos inalienáveis, irrenunciáveis e que merecem proteção pelo simples fato de serem humanos, independentemente de sua nacionalidade, cor, sexo, raça, religião ou qualquer outra consideração.

O direito à igualdade perante a lei é reconhecido no "caput" do art. 5° da Constituição da República aos nacionais e estrangeiros que aqui residem, tal direito é reconhecido também na Declaração Universal dos Direitos Humanos da Organização das Nações Unidas (ONU) de 1948 (artigo I), na Declaração Americana dos Direitos e Deveres do Homem de 1948 (art. II) e na Convenção Americana sobre Direitos Humanos de 1969 (art. 24).

Reconhece a Constituição da República a inviolabilidade da casa do indivíduo, seu direito de propriedade e de herança (art. 5°, XI, XXII e XXX). Em razão disso ela prevê indenização prévia e justa no caso de desapropriações de imóveis urbanos (Art. 182. § 3°) e, a contrário senso, também de imóveis rurais, se a desapropriação não for para fins de reforma agrária (art. 184).

O direito de propriedade e de não a perder arbitrariamente é previsto na Declaração da ONU (Artigo XVII) e na Declaração Americana (Artigo XXIII), prevendo a Convenção Americana (Artigo 21) também o direito a uma indenização justa.

A Constituição da República exige a razoável duração do processo judicial, o que evidentemente inclui a fase de cumprimento de sentença ou execução, na verdade as fases mais importantes, pois é aí que o direito lesado será recomposto e a promessa da Constituição e da lei passa por um processo de concreção (Art. 5° LXXVIII).

Prevê a declaração da ONU (Artigo VI) que os tribunais nacionais competentes devem fornecer remédio **efetivo** para os atos que violem os direitos fundamentais do ser humano reconhecidos pela constituição ou pela lei.

A Declaração Americana acrescenta que o processo deve ser simples e breve e proteger contra atos de autoridade que violem direitos fundamentais consagrados na Constituição (Artigo XVIII) e a Convenção Americana repete esse direito acrescentando o direito ao juiz natural. (artigo 8, 1).[clxxv]

Por fim, a Constituição da República prevê a separação de Poderes no seu artigo 2º, o que é básico para a existência de uma democracia.

Ocorre que, por todo o exposto, em termos de precatórios nada disso é respeitado, pois as pessoas não são tratadas com igualdade considerando que credores que têm um título judicial têm sido considerados inferiores aos que tiverem outro direito.

A casa, a propriedade, a herança, o processo judicial efetivo e com duração razoável não existem para precatórios, pois o processo não é efetivo, posto que não satisfaz o credor e a execução é praticamente interminável.

A separação de Poderes também é desconhecida em termos de precatórios considerando-se o poder mais que absoluto que o Executivo detém sobre o orçamento, executando-o de acordo com sua exclusiva vontade e conveniência política e olvidando-se de que deve respeito e cumprimento às decisões judiciais.

A mesma atitude caracteriza o Poder Legislativo que tem constantemente criado parcelamentos intermináveis.

CAPÍTULO IV – O REGIME ESPECIAL.

Essa Emenda criou um novo parcelamento unilateral e foi considerada parcialmente inconstitucional pelo Supremo Tribunal Federal no julgamento das Ações Diretas de Inconstitucionalidade 4357 e 4425 no dia 14 de março de 2013.

A inconstitucionalidade foi reconhecida porque o Supremo Tribunal Federal entendeu que o regime especial não respeitava os valores do Estado de Direito e os princípios do devido processo legal, do livre e eficaz acesso ao Poder Judiciário, bem como o da razoável duração do processo.

O Supremo Tribunal Federal, por maioria, salientou que o que se pretendia era um "calote" que feria o princípio da moralidade administrativa, da impessoalidade e igualdade, destinando um percentual muito pequeno da receita para o pagamento devido e forçando assim os credores a aceitarem leilões, acordos e outros prejuízos.

O Excelso Pretório afirmou que não falta dinheiro para pagar os precatórios, mas sim compromisso dos governantes no que tange ao cumprimento das decisões judiciais transitadas em julgado, não havendo prejuízo para a prestação de serviços públicos, sendo um desrespeito à razoabilidade e proporcionalidade exigir dos credores o peso de mais uma postergação no pagamento com leilões, deságios e outras dificuldades. [clxxvi]

Contudo, mesmo sendo reconhecida a inconstitucionalidade, o Ministro LUIZ FUX determinou nos autos da ADI 4425 no dia 11 de abril de 2013 que os Tribunais de Justiça de todos os Estados e do Distrito Federal dessem continuidade aos pagamentos de precatórios no sistema da Emenda 62, pagamentos esses que haviam parado em alguns tribunais.

Disse o Ministro que se deveria respeitar a vinculação de receitas para fins de quitação da dívida pública, sob pena de sequestro, até que o Supremo Tribunal Federal se pronunciasse sobre o preciso alcance da sua decisão de inconstitucionalidade parcial da Emenda 62 por meio da modulação. Essa decisão foi ratificada pelo Pleno no dia 24 de outubro de 2013.

Seguindo a mesma linha, no dia 13 de novembro de 2013, o Ministro TEORI ZAVASCKI deferiu uma liminar na Medida Cautelar da Reclamação 16.745 – SC para determinar o sobrestamento do AI 1.417.464-AgR/RS, em trâmite no Superior Tribunal de Justiça, em que esse Tribunal teria usurpado competência do Supremo Tribunal Federal ao dispor sobre correção monetária em precatório antes da modulação dos efeitos da supracitada declaração de inconstitucionalidade da Emenda 62.

Mais recentemente, ou seja, no dia 19 de dezembro de 2013, o Ministro DIAS TOFFOLI, do Supremo Tribunal Federal, deferiu liminar na qual estabeleceu que uma RPV do Estado do Rio Grande do Sul deveria ser corrigida pela Taxa Referencial, até a decisão final da reclamação, negando aplicação à decisão de inconstitucionalidade da Emenda 62/2009 nesse ponto.

O que se observa dessas decisões é que o regime especial continua funcionando, como também veremos ao tratar da modulação, razão de necessitarmos conhecê-lo, como passamos a fazer.

A princípio, esse "regime especial" deveria ser implantado em noventa dias a contar da publicação da emenda, e é ele que se passa a analisar.

4.1 REGRAS EXCEPCIONADAS.

O novo parcelamento unilateral acrescentou o art. 97 ao ADCT que criou o regime especial de pagamento de precatórios, parecendo excepcionar a aplicação do art. 100 da Constituição, salvo os §§ 2º, 3º, 9º, 10, 11, 12, 13 e 14, os quais continuariam aplicáveis.

Pode-se dizer "parecendo" porque na verdade as regras dos §§ 1º, 4º, 5º, 6º, 7º, 8º, 15º e 16º do art. 100 da Constituição continuam vigendo, em que pese o art. 97 do ADCT dizer que não, além do que, como já dito, há entidades regidas integralmente pelo art. 100, conhecido como regime ordinário.

Mas, mesmo para quem está no regime especial, a definição de débitos alimentícios contida no §1º do art. 100 continua plenamente aplicável, bem como a regra do §4º, que permite à lei fixar valores para as RPVs.

A regra da obrigatoriedade de inclusão das verbas dos precatórios no orçamento prevista no §5º também está em plena vigência, o mesmo ocorrendo com a regra do §6º que determina que os créditos sejam consignados ao Poder Judiciário, fixando competências do Presidente do Tribunal respectivo.

Também o crime de responsabilidade do Presidente do Tribunal previsto no §7º continua vigendo, bem como a vedação de expedição de precatórios suplementares ou complementares, fracionamento, repartição ou quebra do valor da execução para fins de enquadramento de parcela do total na regra das RPVs, conforme prevê o §8º do art. 100 da Constituição da República.

A possibilidade de regramento do sistema de precatórios por lei complementar mencionada no §15 foi considerada inconstitucional pelo Supremo Tribunal Federal, mas a faculdade dada à União de fazer assunção de dívida de precatórios estabelecida no §16 continua válida.

O que se percebe analisando a Emenda é que, além das regras do art. 100 da Constituição, o regime especial criou outras, na verdade sendo mantidas as regras da parte permanente da Constituição.

Por primeiro, convém ver a quem se aplica o regime especial.

4.2 A QUEM SE APLICA O REGIME ESPECIAL.

Tal regime ficou restrito aos Estados, Distrito Federal e Municípios que, na data de publicação da Emenda Constitucional, estivessem em mora na quitação de precatórios vencidos, relativos às suas administrações direta e indireta, ou seja, entes federativos não em mora não poderiam adotar esse regime, já a União não foi mencionada nesse parcelamento unilateral.

A restrição evidentemente incentiva a mora, pois o ente que estivesse em mora teria um benefício, enquanto que o que estivesse em dia com suas obrigações não. Premia-se o errado e pune-se o certo.

4.3 QUAIS PRECATÓRIOS FORAM INCLUÍDOS NO REGIME ESPECIAL.

Os precatórios incluídos no regime especial são todos os vencidos quando da Emenda, bem como os emitidos durante o período da vigência do regime, sendo que a aplicação do regime foi feita sem prejuízo dos acordos de juízos conciliatórios já formalizados na data de promulgação da Emenda.

A inclusão dos precatórios futuros realmente era necessária, pois se não fosse feita ocorreria a formação de uma lista de precatórios paralela e isso faria com que precatórios novos passassem na frente de antigos, fato que quebraria a regra da preferência pela antiguidade, a qual não foi excepcionada e nem poderia ser, em respeito ao princípio da isonomia.

Incluem-se ainda no regime especial os precatórios parcelados e não pagos nos dois casos anteriores de parcelamento unilateral supramencionados, atualizado o valor das parcelas não pagas relativas a cada precatório, bem como o saldo dos acordos judiciais e extrajudiciais anteriores à Emenda.

Igualmente, aí se inclui diferenças de parcelas anteriores entre o que deveria ter sido pago e o que o foi, também pelo respeito à ordem cronológica, devendo essas diferenças entrar em tal ordem na posição em que estava o precatório original incorretamente pago, pois do contrário sofreriam indevida e inconstitucional preterição.

4.4 FORMAS DE PAGAMENTO DO REGIME ESPECIAL.

A Emenda criou para os entes em mora duas opções exercidas por ato do Poder Executivo:

1. A escolha de um prazo; ou
2. A escolha de um percentual sobre a receita corrente líquida.

Em ambos os casos o valor dos precatórios seria depositado em conta especial criada somente para isso e administrada pelo Tribunal de Justiça local, para pagamento de precatórios expedidos pelos tribunais, não podendo tais recursos retornar para Estados, Distrito Federal e Municípios devedores.

O prazo estabelecido foi de quinze anos e caso essa fosse a escolha feita, o valor a ser depositado corresponderia ano a ano ao saldo total dos precatórios devidos, acrescido do índice oficial de remuneração básica da caderneta de poupança e de juros simples no mesmo percentual de juros incidentes sobre a caderneta de poupança para fins de compensação da mora, excluída a incidência de juros compensatórios, diminuído das amortizações e dividido pelo número de anos restantes no regime especial de pagamento.

Recaindo a opção em um percentual o ente devedor deveria depositar mensalmente um doze avos do valor calculado percentualmente sobre as respectivas receitas correntes líquidas, apuradas no segundo mês anterior ao mês de pagamento.

O primeiro regime recebeu o nome de regime anual e o segundo de regime mensal.

Estabeleceram-se percentuais mínimos diferenciados conforme o ente devedor, sendo:

I - para os Estados e para o Distrito Federal:

a) de um inteiro e cinco décimos por cento, para os Estados das regiões Norte, Nordeste e Centro-Oeste, além do Distrito Federal, ou cujo estoque de precatórios pendentes das suas administrações direta e indireta correspondesse a até trinta e cinco por cento do total da receita corrente líquida; http://www.planalto.gov.br/ccivil_03/Constituicao/Emendas/Emc/em c62.htm - art2

b) de dois por cento, para os Estados das regiões Sul e Sudeste, cujo estoque de precatórios pendentes das suas administrações direta e indireta correspondesse a mais de trinta e cinco por cento da receita corrente líquida; http://www.planalto.gov.br/ccivil_03/Constituicao/Emendas/Emc/em c62.htm - art2

II - para Municípios:

a) de um por cento, para Municípios das regiões Norte, Nordeste e Centro-Oeste, ou cujo estoque de precatórios pendentes das suas administrações direta e indireta correspondesse a até trinta e cinco por cento da receita corrente líquida;

b) de um inteiro e cinco décimos por cento, para Municípios das regiões Sul e Sudeste, cujo estoque de precatórios pendentes das suas administrações direta e indireta correspondesse a mais de trinta e cinco por cento da receita corrente líquida.

Tal percentual seria calculado no momento da opção pelo regime e mantido fixo enquanto o valor dos precatórios devidos viesse a ser superior ao valor dos recursos vinculados.

A Emenda chegou ao detalhe de dizer que se entende como receita corrente líquida o somatório das seguintes verbas:

a) Receitas tributárias;
b) Receitas patrimoniais;
c) Receitas industriais;
d) Receitas agropecuárias;
e) Receitas de contribuições;
f) Receitas de serviços;
g) Transferências correntes;
h) Participação no resultado da exploração de petróleo;
i) Participação no resultado da exploração de gás natural;
j) Participação no resultado da exploração de recursos hídricos para fins de geração de energia elétrica;
k) Participação no resultado da exploração de outros recursos minerais; e
l) Outras receitas correntes.

Os itens "h" até "k" poderiam ser explorados no respectivo território, plataforma continental, mar territorial ou zona econômica exclusiva, ou ser uma compensação financeira por essa exploração.

Tais verbas deveriam ser verificadas no período compreendido pelo mês de referência e os onze meses anteriores, excluídas as duplicidades.

Para o cálculo da receita corrente líquida determinou-se as seguintes deduções:

a. Valores repassados pelos Estados aos Municípios por determinação constitucional;
b. Valores das contribuições dos seus servidores para custeio do seu sistema de previdência e assistência social; e
c. Receitas provenientes de compensação financeira entre os regimes de previdência referente à contagem

recíproca do tempo de contribuição na administração para fins de aposentadoria.

4.5 OPÇÕES DE UTILIZAÇÃO DA VERBA OBJETIVANDO O PAGAMENTO DOS PRECATÓRIOS.

A Emenda previu que, independentemente de escolha de prazo ou percentual, apenas metade do valor destinado ao pagamento dos precatórios seria destinada ao pagamento puro e simples.

No caso dessa metade as preferências dividiram-se em duas categorias:

1. Débitos de natureza alimentar sem preferência especial, considerados apenas para os precatórios do mesmo ano; e
2. Débitos de natureza alimentar com preferência especial por idade ou doença grave, considerados para os precatórios de todos os anos.

Na vigência do regime especial de pagamentos gozariam também da preferência aqui mencionada os titulares originais de precatórios que tivessem completado sessenta anos de idade até a data da promulgação da Emenda Constitucional 62/2009, ou seja, 09 de dezembro de 2009.

A Emenda ainda fixou que nos casos em que não se pudesse estabelecer a precedência cronológica entre precatórios, deveriam ser pagos primeiramente o precatório de menor valor. Tais casos podem acontecer porque o pagamento é centralizado no Tribunal de Justiça do Estado e leva em conta também os precatórios dos outros tribunais dessa região.

A outra metade ficou destinada a pagamento por meio de três possibilidades, escolhida por ato do Poder Executivo do ente devedor, isolada ou simultaneamente: leilão, pagamento puro e simples como supramencionado e acordos.

Uma regra de difícil compreensão à primeira vista foi estabelecida no §17 do art. 97 do ADCT:

> § 17. O valor que exceder o limite previsto no § 2° do art. 100 da Constituição Federal será pago, durante a vigência do regime especial, na forma prevista nos §§ 6° e 7° ou nos incisos I, II e III do § 8° deste artigo, devendo os valores dispendidos para o atendimento do disposto no § 2° do art. 100 da Constituição Federal serem computados para efeito do § 6° deste artigo. (Incluído pela Emenda Constitucional n° 62, de 2009)

O que tal regra quer dizer é que no caso dos titulares de precatório alimentício com mais de sessenta anos na data da expedição do precatório ou portadores de doença grave, a preferência deles vai apenas até o montante do triplo do valor da RPV, sendo permitido o fracionamento para essa finalidade.

O restante, durante a vigência do regime especial, seria pago na forma do mencionado regime e os valores gastos para tanto seriam computados nos cinquenta por cento referentes ao pagamento puro e simples supramencionado.

Como se constata, outra regra de utilidade no mínimo duvidosa, pois isso já decorre do artigo 100 da parte permanente.

O pagamento puro e simples já foi explicado acima, sendo conveniente a abertura de itens para melhor explicar o acordo e o leilão.

4.5.1 ACORDOS.

A Emenda dispôs que a entidade devedora poderia realizar acordos diretos com os credores, mas na forma estabelecida por lei própria da entidade devedora, que poderia prever a criação e forma de funcionamento de câmara de conciliação.

A necessidade de lei própria decorre do fato de que o interesse público é indisponível e, por isso, os acordos só são possíveis mediante lei da entidade política respectiva e nos limites estabelecidos por tal lei, o que já se apontou em estudo anterior.[clxxvii]

4.5.2 LEILÕES.

Os leilões deveriam ser realizados por meio de sistema eletrônico administrado por entidade autorizada pela Comissão de Valores Mobiliários ou pelo Banco Central do Brasil.

Os precatórios que participariam do leilão dependeriam de indicação de seu detentor para isso e participariam pelo valor integral ou parcial, mas só poderiam participar aqueles precatórios em relação aos quais não estivesse pendente, no âmbito do Poder Judiciário, recurso ou impugnação de qualquer natureza.

A Emenda facultou ao Poder Executivo, por iniciativa sua, a compensação com débitos líquidos e certos, inscritos ou não em dívida ativa e constituídos contra devedor originário pela Fazenda Pública devedora até a data da expedição do precatório. Ressalvaram-se aqueles cuja exigibilidade estivesse suspensa nos termos da legislação, ou que já tivessem sido objeto de compensação anterior. O credor que tiver o seu precatório nessas condições seria considerado automaticamente habilitado a participar do leilão.

O leilão se daria mediante oferta pública aos credores habilitados do respectivo ente federativo devedor sendo realizados tantas vezes quanto necessário em função do valor disponível.

A emenda é confusa com relação ao critério do leilão, como se vê na transcrição a seguir:

> Art. 97. § 9º Os leilões de que trata o inciso I do § 8º deste artigo:
>
> VII - ocorrerão na modalidade deságio, associado ao maior volume ofertado cumulado ou não com o maior percentual de deságio, pelo maior percentual de deságio, podendo ser fixado valor máximo por credor, ou por outro critério a ser definido em edital;

O inciso diz que o critério seria deságio, tanto associado ao maior volume ofertado (quantidade de dinheiro) ou ao maior percentual de deságio, podendo ser fixado um valor máximo por credor.

A expressão "maior percentual de deságio" parece estar repetida, não fazendo sentido essa repetição.

Aí ele termina dizendo que o critério pode ser definido no edital, ou seja, é livre.

Seja como for, o mecanismo de formação de preço deveria constar nos editais publicados para cada leilão.

A Emenda disse que apenas a quitação parcial dos precatórios seria homologada pelo respectivo Tribunal que o expediu, o que não faz sentido, pois mesmo no caso de quitação total essa deve ser homologada e extinta a execução que ampara o precatório quitado.

4.5.3 LITISCONSÓRCIO.

A Emenda Constitucional 62/2009 criou uma regra um pouco confusa no § 11 do art. 97 do ADCT cuja transcrição se exige para facilitar a compreensão:

> ADCT Art. 97 § 11. No caso de precatórios relativos a diversos credores, em litisconsórcio, admite-se o desmembramento do valor, realizado pelo Tribunal de origem do precatório, por credor, e, por este, a habilitação do valor total a que tem direito, não se aplicando, neste caso, a regra do § 3º do art. 100 da Constituição Federal.

Diz o dispositivo que, mesmo em casos de litisconsórcio, o credor pode habilitar o valor total a que tem direito de forma individual, caso em que não se aplicaria a regra da RPV conforme prevista no §3º do art. 100 da Constituição da República.

A interpretação dada a esse dispositivo, contudo, não pode inviabilizar a aplicação das regras da RPV a quem possui direito a elas. Convém lembrar que as regras da RPV não foram excepcionadas pelo Regime Especial, o que está expressamente dito no "caput" do art. 97 do ADCT.

A exegese possível que concilia o parágrafo a seu *"caput"* é no sentido de que o Tribunal de origem do precatório pode desmembrar o valor de um precatório por credor no caso de litisconsórcio, não considerando assim o valor total originário que incluía todos os credores, de onde se pode concluir que tal regra na verdade é desnecessária e apenas causa confusão, posto que tal possibilidade existiria mesmo sem essa disposição.

4.6 SANÇÕES PELO DESCUMPRIMENTO DO REGIME ESPECIAL.

No Regime Especial a mora se caracteriza automática e simplesmente pela não liberação tempestiva dos recursos necessários para o pagamento, o que deveria ser sempre assim.

Algumas sanções do regime especial já existiam no sistema jurídico pátrio, umas são novidades e outras sofreram algumas modificações.

4.6.1 SEQUESTRO.

O sequestro da quantia devida seria feito por ordem do Presidente do Tribunal de Justiça diretamente nas contas de Estados, Distrito Federal e Municípios devedores, porém apenas até o limite do valor não liberado.

O sequestro tanto no Regime Ordinário do art. 100 da Constituição da República quanto no Regime Especial do art. 97 do ADCT seria feito na forma da Resolução 115/2010 do Conselho Nacional de Justiça, alterada pela Resolução 123/2010 do mesmo Conselho.

O sequestro poderia ocorrer apenas pela não liberação tempestiva dos recursos, o que é dito no §10 e repetido no §13, ambos do art. 97 do ADCT.

Ocorrendo a mora, o Presidente do Tribunal responsável pelo pagamento do precatório criaria e autuaria um processo administrativo com os documentos que comprovassem a não liberação tempestiva dos recursos, oficiando então ao Chefe do Poder Executivo em mora para, em trinta dias, regularizar a situação ou informar.

Com ou sem as informações, se não houvesse regularização da situação, o feito seria encaminhado ao Ministério Público para manifestação em dez dias e, findo tal prazo com ou sem manifestação do MP, o Presidente do Tribunal decidiria, cabendo recurso dessa decisão na forma do Regimento Interno do Tribunal respectivo.

A ordem de sequestro seria cumprida pelo meio eletrônico previsto no convênio com o Banco Central e conhecido como "Bacen Jud".

4.6.2 PODER LIBERATÓRIO PARA PAGAMENTO DE TRIBUTOS.

Como alternativa ao sequestro e apenas para o Regime Especial o Presidente do Tribunal responsável pelo pagamento poderia constituir em favor dos credores de precatórios e em desfavor da entidade devedora a compensação automática com débitos líquidos lançados por esta contra aqueles. Se houvesse saldo em favor do credor, tal saldo teria automaticamente poder liberatório do pagamento de tributos devidos a essas entidades devedoras até onde se compensassem.

A Emenda Constitucional nº 62 determinou que esse fosse um direito líquido e certo, autoaplicável independentemente de regulamentação.

4.6.3 RESPONSABILIDADE FISCAL E IMPROBIDADE ADMINISTRATIVA.

O descumprimento das regras do Regime Especial faria com que o chefe do Poder Executivo respondesse na forma da legislação de responsabilidade fiscal e de improbidade administrativa.

Essas responsabilizações se aplicam tanto ao regime ordinário quanto ao especial por expressa disposição constitucional.

4.6.4 RESTRIÇÕES AO CRÉDITO E AO RECEBIMENTO DE TRANSFERÊNCIAS VOLUNTÁRIAS.

O descumprimento do Regime Especial faria com que a entidade devedora não pudesse contrair empréstimo externo ou interno.

A Resolução 115 do Conselho Nacional de Justiça estabeleceu o controle disso e começou por manter o banco de dados previsto pela Resolução 92, o qual chamou de Sistema de Gestão de Precatórios – SGP, adotando regras de maior transparência, pois determinou que os dados constassem nos portais da Internet dos Tribunais.

O Sistema de Gestão de Precatórios (SGP) possui um banco de dados de caráter nacional, alimentado pelos Tribunais.

No âmbito do SGP a mesma Resolução criou o Cadastro de Entidades Devedoras Inadimplentes (CEDIN) em que constariam as entidades devedoras que não realizassem a liberação tempestiva dos recursos previstos no Regime Especial.

A entidade devedora que constasse no CEDIN seria considerada omissa com suas obrigações do Regime Especial, sendo-lhe vedado contrair empréstimo externo ou interno, receber transferências voluntárias, bem como receber os repasses relativos ao Fundo de Participação dos Estados e do Distrito Federal e ao Fundo de Participação dos Municípios, o que se apresentará logo abaixo.

Os órgãos responsáveis pela elaboração, acompanhamento, execução e controle orçamentário e financeiro teriam acesso ao CEDIN de forma a poder cumprir essas restrições constitucionais.

O SGP foi além de um banco de dados, pois por meio dele os Tribunais poderiam monitorar o pagamento dos precatórios, bem como descumprimentos das normas constitucionais, legais e regulamentares por parte das entidades de Direito Público devedoras para poder tomar as providências cabíveis.

4.6.5 RETENÇÃO DE REPASSES.

No caso de mora os repasses ficariam vedados tanto no que diz respeito a transferências voluntárias quanto aos repasses relativos ao Fundo de Participação dos Estados e do Distrito Federal e ao Fundo de Participação dos Municípios.

Quanto aos fundos de participação a União deveria reter e depositar os valores nas contas especiais destinadas ao cumprimento do Regime Especial, sendo vedado o retorno de tais verbas às entidades em mora.

Todas essas medidas de forte cunho moralizador deveriam constar na parte permanente da Constituição da República, pois com elas o problema do não pagamento dos precatórios estaria bem encaminhado para ser resolvido.

4.7 DURAÇÃO DO REGIME ESPECIAL.

A Emenda 62 menciona um prazo para a duração do regime especial já no *caput* do art. 97 do ADCT quando dá a impressão de que tal regime vigorará até que seja editada a lei complementar de que trata o § 15 do art. 100 da Constituição, ou seja, a lei que poderia estabelecer normas para o regime de precatórios.

Contudo, tanto o §14 do art. 97 do ADCT quanto o art. 4º da própria Emenda Constitucional 62/2009 repetem as mesmas regras para a duração de tal regime, sem menção à referida lei complementar, ou seja:

1. No caso de opção pelo prazo de quinze anos: até o fim de tal prazo; e
2. No caso de opção por um percentual: até que o valor dos precatórios devidos venha a ser inferior ao dos recursos destinados ao seu pagamento.

Como se vê, no primeiro caso há um prazo e no segundo uma condição, sem prazo, o que não faria sentido, tendo havido tentativa de correção pelo Conselho Nacional de Justiça, como se verá abaixo.

4.8 A MODULAÇÃO DOS EFEITOS DO RECONHECIMENTO DA INCONSTITUCIONALIDADE DO REGIME ESPECIAL.

A modulação é prevista na Lei 9.868/1999:

> Art. 27. Ao declarar a inconstitucionalidade de lei ou ato normativo, e tendo em vista razões de segurança jurídica ou de excepcional interesse social, poderá o Supremo Tribunal Federal, por maioria de dois terços de seus membros, restringir os efeitos daquela declaração ou decidir que ela só tenha eficácia a partir de seu trânsito em julgado ou de outro momento que venha a ser fixado.

Da norma se vê que a modulação só se aplica por razões de segurança jurídica ou de excepcional interesse social, mas, no caso da Emenda 62/2009 os requisitos alternativos estão ambos presentes, pois muitos atos foram praticados de 2009 a 2013 e a inconstitucionalidade reconhecida pode abalar a segurança jurídica e, além disso, há excepcional interesse social em satisfazer os precatórios e, ao mesmo tempo, permitir a continuidade administrativa dos devedores.

A maioria qualificada de dois terços demonstra que a modulação é uma decisão de grande seriedade, pois o normal seria que as normas e atos inconstitucionais não produzissem nenhum efeito desde o início de sua criação, o que não ocorre com a aplicação da modulação.

A modulação não significa fazer prevalecer o voto da minoria que decidiu pela constitucionalidade, como bem alertou o Ministro

MARCO AURÉLIO na sessão em que se iniciou a modulação das ADIs 4357 e 4425, mas sim estabelecer um momento no tempo em que a declaração de inconstitucionalidade produzirá efeitos.

Dessa forma, a modulação pode determinar que a declaração só produzisse efeitos a partir do trânsito em julgado ou a partir de outro momento que o Supremo Tribunal Federal entender como sendo o melhor para ser fixado.

Teve-se acesso a cinco petições apresentadas na ADI 4357 tratando da modulação, gentilmente encaminhadas por e-mail pelo Presidente da Comissão Especial de Defesa dos Credores Públicos (Precatórios) da Ordem dos Advogados do Brasil – Conselho Federal, MARCO ANTÔNIO INNOCENTI, posto que as peças não estavam disponíveis na internet.

A primeira, datada de 19 de fevereiro de 2013, foi do Estado do Pará pedindo adiamento do julgamento para buscar informações das Fazendas e atualizar dados estatísticos.

A segunda, de 19 de março de 2013, do mesmo Estado por si e pelos demais Estados por meio da Câmara Técnica do Colégio Nacional dos Procuradores Gerais, foi uma peça mais longa onde se pediu que o julgamento da inconstitucionalidade tivesse eficácia *ex nunc*, considerando-se válidos os fatos praticados com base na Emenda 62/2009, com a manutenção do Regime Especial para os precatórios expedidos até a data do trânsito em julgado das ADIs, inclusive com a manutenção da execução orçamentária de 2013 como vinha sendo feita.

O Município da Capital paulista, um dos maiores devedores, também se fez ouvir por uma petição de 23 de abril de 2013 em que pediu o mesmo que os Estados, apenas acrescentando que na modulação fosse reconhecida a validade de todas as decisões judiciais proferidas com base na citada emenda e que já tivessem transitado em julgado, bem como das decisões administrativas da Presidência do Tribunal proferidas no trâmite dos precatórios.

No dia 15 de maio de 2013, as entidades representativas dos servidores públicos se manifestaram dizendo discordar das propostas do Presidente Nacional da OAB e que como ganhadores das ADIs têm o direito de receber tudo o que lhes é devido integralmente, reconhecendo-se a invalidade de todos os atos que tolheram esse direito, sem exceção.

A manifestação do Conselho Federal da Ordem dos Advogados do Brasil chegou logo em seguida no dia 23 de maio de 2013, propondo a aplicação imediata e efeito *ex tunc* ao reconhecimento do direito de prioridade a todos os que atingissem sessenta anos de idade, independentemente de quando isso ocorresse (art. 100, §2º) e a nulidade da compensação forçada (art. 100, §§ 9º e 10º), bem como da aplicação dos índices da poupança (art. 100, §12º).

No que tange ao Regime Especial a OAB pediu a vigência imediata e com efeito *ex tunc* da forma nova de cálculo de juros e correção.

A OAB pediu ainda que se usasse exclusivamente a ordem cronológica e as preferências, abandonando-se as formas alternativas de pagamento (leilões, ordem crescente de valor e acordos).

A OAB pediu ainda a manutenção do regime sancionatório, bem mais eficiente do que o da parte permanente como se mencionou acima, o reconhecimento da falta dos legisladores do país em produzir leis para dar efetividade ao regime de precatório e que os precatórios que serão pagos a partir de outubro de 2013 o fossem com correção na forma prevista nas sentenças ou acórdãos transitados em julgado, as quais deram origem aos precatórios.

No dia 24 de outubro de 2013 o Pleno do Supremo Tribunal Federal se reuniu para analisar a modulação da declaração de inconstitucionalidade do Regime Especial instituído pela Emenda Constitucional 62/2009 servindo como relator o Ministro LUIZ FUX.

O relator iniciou dizendo que, embora o reconhecimento da inconstitucionalidade importasse em nulidade dos dispositivos inconstitucionais e dos atos praticados com base neles, era certo que de 2010 a 2013 o Regime Especial fora praticado o que fez com que várias situações concretas se consolidassem no tempo.

Lembrou o relator que as entidades devedoras haviam preparado seus orçamentos com a expectativa da permanência do Regime Especial, inclusive o orçamento para o ano de 2014.

O relator propôs então que a preferência por idade não fosse aplicada apenas para os credores que fossem sexagenários na data da expedição do precatório, mas valesse para todos que a qualquer momento atingissem essa condição.

O Ministro entendeu ainda que a compensação unilateral deveria ser considerada nula desde o princípio, pois a Fazenda não poderia se beneficiar da própria torpeza, não havendo riscos para a segurança jurídica ou interesse social em impedir que os que foram lesados por essa regra tivessem seu direito reparado, bastando aos Tribunais somar aos precatórios os valores indevidamente retirados.

A mesma solução foi apontada para o reconhecimento de nulidade da utilização do índice da caderneta de poupança, inclusive quanto ao art. 1º-F da Lei 9.494/97, devendo-se usar os mesmos juros que usa a Fazenda para si e índices que retratem a correção monetária com fidedignidade.

Para o Regime Especial o relator entendeu que deveria haver modulação no tempo porque a satisfação imediata de todos os credores poderia inviabilizar a consecução de outros deveres constitucionais que tem o Poder Público, afetando inúmeros outros cidadãos.

O Ministro Fux defendeu então a manutenção de tal regime por mais cinco anos, considerando-se válidos os pagamentos antes efetuados da declaração de inconstitucionalidade via leilão ou acordo, mas não depois dessa declaração. Ele esclareceu que os novos precatórios que surgissem durante esses cinco anos seriam incluídos no Regime Especial.

Os percentuais mínimos da receita corrente líquida destinados aos precatórios deveriam ser mantidos, impedindo-se o sequestro de valores até o fim de 2018 dos devedores que cumprissem fielmente o regime especial na forma modulada, salvo nos casos previstos no art. 97 do ADCT, bem como podendo ser usada a compensação automática com débitos dos credores da Fazenda para com ela, respondendo o Chefe do Executivo por improbidade administrativa, bem como na forma da LRF.

Todos os devedores deveriam se enquadrar no regime normal previsto no art. 100 da Constituição da República ao final de 2018.

O Ministro Luiz Fux afirmou que o Supremo Tribunal Federal deveria rever sua jurisprudência relativa à intervenção federal no que tange a precatórios para tornar efetiva a sanção existente, sem exigir-se a quase impossível prova do dolo do agente público, devendo-se criar incentivos para o cumprimento da obrigação constitucional de pagar precatórios.

O julgamento foi suspenso devido ao pedido de vista formulado pelo Ministro ROBERTO BARROSO.[clxxviii]

Essa proposta parece que está adequada e de acordo com o espírito da modulação como explanado acima.

Embora não se saiba de onde o Ministro obteve a ideia de cinco anos e não quatro ou seis ou outro número qualquer, o certo é que um prazo precisaria ser dado e o Supremo Tribunal Federal tem sido abastecido com muitos dados, o que permite acreditar que o número de cinco anos seja baseado nessas informações e não apenas em uma decisão arbitrária e aleatória.

Abre-se agora um parêntese para tratar dos efeitos que a Emenda 62/2009 produziu.

4.9 A REESTRUTURAÇÃO DO SISTEMA DE PRECATÓRIOS.

Um dos efeitos positivos da Emenda 62/2009 foi chamar a atenção do Poder Judiciário para a necessidade de reestruturar o sistema de precatórios, finalmente colocado sob o seu controle.

A Corregedoria Nacional do Conselho Nacional de Justiça realizou intenso trabalho para possibilitar essa reestruturação.

A Corregedoria apresentou um relatório de suas atividades de março de 2011 a agosto de 2012, para uniformização de procedimentos na Gestão de Precatórios de acordo com a Emenda

62/2009 e em que alguns Tribunais de Justiça foram visitados e auxiliados mencionando o relatório um total de doze Estados.[clxxix]

Graças a esse trabalho, importantes dados estatísticos e informações foram coletadas que possibilitaram a criação do Sistema de Reestruturação de Precatórios (REESPREC) para fins de registro e controle de todas as atividades desenvolvidas pela Corregedoria Nacional de Justiça e de acompanhamento do pagamento de precatórios no âmbito dos tribunais de Justiça.

Esse trabalho, somado às informações enviadas pelos Tribunais, permitiu criar um panorama nacional dos precatórios nas Justiças dos Estados informando-se quanto se deve em precatório e quem o deve.

No que tange à quantidade de processos de precatório até julho de 2012 apurou-se que a distribuição deles era a seguinte na Justiça Estadual:

1. 44% dos Municípios;
2. 33% dos Estados; e
3. 23% da Administração indireta.

Pode-se constatar que os Municípios apresentam mais processos que os Estados, mas sua dívida é menor, como consta no relatório, porque certamente o valor dos precatórios é menor.

Apurou-se ainda a relação da dívida de precatórios e o PIB de 2009 de cada Estado e constatou-se que o Estado que tinha a maior dívida comparada com seu PIB era Rondônia com 7,55% e a menor era do Mato Grosso com 0,5%.

O Estado de São Paulo ficou em segundo lugar com 4,78 e, em 2009, ele tinha o maior PIB interno do Brasil, representando 33,5% do total brasileiro, já o Estado de Rondônia concentrava apenas 0,6% do PIB nacional,[clxxx] o que demonstra a enormidade da dívida paulista em precatórios.

Em uma comparação nacional vê-se que 54% dos municípios brasileiros deviam precatórios, enquanto que 46% não estavam em mora.

Já, na Justiça do Trabalho, a maior dívida de precatórios era do Estado de São Paulo e seus municípios, menos o Município de Campinas, ou seja, R$1.521.075.458,24, mais de um bilhão e meio, em valores de 2012.

Nessa época a dívida nesta Justiça totalizava R$6.770.074.868,60 (seis bilhões, setecentos e setenta milhões, setenta e quatro mil, oitocentos e sessenta e oito reais e sessenta centavos).

A Justiça do Trabalho tinha mais de cinquenta e três mil precatórios, a maioria já com o prazo vencido, ou seja, mais de trinta mil precatórios, aproximadamente 63% do total.

O resultado dessas visitas foi o seguinte:[clxxxi]

1. Tribunal de Justiça de Alagoas: Os valores repassados, até julho de 2012, pelos entes devedores, aumentaram em 57% comparados com os de 2011;

2. Tribunal de Justiça do Amazonas: 100% dos valores repassados pelos entes devedores foram pagos aos credores;

3. Tribunal de Justiça do Ceará: Os municípios, que antes não estavam realizando os repasses, transferiram mais de R$ 15 milhões para pagamento de precatórios no primeiro semestre de 2012;

4.   Tribunal de Justiça do Mato Grosso: No segundo semestre de 2012 deveria zerar todo estoque de precatórios referentes a 2010 e 2011;

5.   Tribunal de Justiça do Paraná: Os precatórios pagos até julho de 2012 superam em 80% todos os pagamentos realizados em 2011;

6.   Tribunal de Justiça de Pernambuco: Os valores repassados no primeiro semestre de 2012, pelos entes devedores, quase se igualam ao total repassado durante todo ano de 2011. No primeiro semestre de 2012, já quitou mais de 60% dos precatórios referentes a 2011;

7.   Tribunal de Justiça do Piauí: No primeiro semestre de 2012 pagou o percentual de 34,82% referente a 2011, ano de realização da reestruturação. O desempenho de pagamento de precatórios aumentou, em 2012, com realização de audiências de conciliação;

8.   Tribunal de Justiça do Rio de Janeiro: Expressiva redução no valor histórico dos precatórios preferenciais em 2012. Termo de compromisso 01-2012 firmado entre a Corregedoria Nacional de Justiça do Conselho Nacional de Justiça, TJRJ, TRF 2º, TRT 1º e PGE, após a reestruturação para repasse, pelo Executivo Estadual, de mais de R$ 50 milhões que serão destinados para quitação de precatórios preferenciais;

9.   Tribunal de Justiça do Rio Grande do Norte: Regularização da Gestão de Precatórios com implantação integral das sugestões e recomendações da Corregedoria Nacional, durante reestruturação do setor. Desmembramento da lista para pagamento de precatórios com lista autônoma pelo TJRN, TRT 21º TRF 5º;

10.   Tribunal de Justiça de São Paulo: Após Diagnóstico - Portaria 10 de 24 de fevereiro - da

Corregedoria Nacional, constatou-se efetivação de pagamentos de precatórios: Abril – R$162.638.944,53; Maio – R$294.877.144,29; Junho – R$133.851.207,18; Julho – R$164.109.804,87; e

11. Tribunal de Justiça de Tocantins: Os valores repassados até julho de 2012, pelos entes devedores, aumentaram 26% comparados aos de 2011.

Na Bahia a reestruturação não foi concluída porque o Tribunal de Justiça da Bahia não aceitou ou realizou as sugestões feitas pela Corregedoria Nacional de Justiça.

Por tudo que foi dito está demonstrado que o sistema de precatórios foi aprimorado por influência da Emenda Constitucional 62/2009, possibilitando um controle nacional deles e a reestruturação nos Estados com ganhos evidentes para todos.

CAPÍTULO V – REQUISITÓRIOS NO ORÇAMENTO PÚBLICO.

5.1 O SISTEMA ORÇAMENTÁRIO BRASILEIRO.

O sistema orçamentário nacional é composto por três tipos de leis, todas de iniciativa privativa do Poder Executivo:

1. O plano plurianual (PPA);
2. A Lei de diretrizes orçamentárias (LDO); e
3. A Lei do orçamento anual (LOA).

No âmbito federal, os projetos dessas leis são apreciados pelas duas casas do Congresso Nacional na forma do regimento comum, cabendo à Comissão Mista Permanente de Senadores e Deputados examinar e emitir pareceres sobre tais projetos e sobre as contas anualmente apresentadas pelo Presidente da República, bem como exercer o acompanhamento e fiscalização orçamentária.

Mesmo em se tratando de projeto de iniciativa privativa do Executivo, os membros do Legislativo podem apresentar emendas, prerrogativa constitucional que eles possuem, desde que respeitados os limites constitucionais.[clxxxii] Tais emendas são apresentadas à Comissão Mista citada, a qual emitirá parecer para apreciação do Plenário do Congresso Nacional em reunião das duas Casas.[clxxxiii]

Os projetos enviados pelo Executivo podem ter alteração proposta por ele mesmo por meio de mensagem ao Legislativo, desde que não iniciada a votação na Comissão Mista da parte que se pretende alterar.

5.2 O PLANO PLURIANUAL.

5.2.1 CONCEITO E FUNÇÕES.

O Plano Plurianual é uma lei de iniciativa do Executivo em que consta o plano de governo pelo qual se estabelece regionalmente as diretrizes, objetivos e metas da administração pública. Igualmente nesse plano se orienta a forma como serão realizadas as despesas de capital e outros gastos que advierem desses dispêndios e para aquelas relacionadas aos programas cuja duração seja continuada.

Essa é uma lei de alta relevância, pois os projetos de lei de diretrizes orçamentárias e de lei orçamentária devem compatibilidade a ela, bem como suas emendas.

Outra determinação constitucional que ilustra a importância do PPA é a que prevê que para se iniciar um investimento que ultrapasse um exercício financeiro é necessária sua prévia inclusão no plano plurianual ou que seja feita uma lei para realizar a inclusão, sob pena de crime de responsabilidade.

O PPA é posto pela Constituição como o ápice do planejamento, pois todos os planos e programas nacionais, regionais e setoriais previstos nela devem ser feitos de acordo com ele.

Já a Lei de Responsabilidade Fiscal (LRF) afirma que a criação de despesa ou assunção de obrigação se considerarão não autorizadas, irregulares e lesivas ao patrimônio público se o ordenador da despesa não declarar a compatibilidade dessas ações com o PPA, a LDO e a LOA.

Evidentemente que essa compatibilidade deve existir de fato, o que não consta na LRF, mas decorre logicamente dela, pois a simples declaração é mera formalidade sem sentido. O desrespeito a essa regra configurará improbidade administrativa, além de outras sanções cabíveis.

Segundo a LRF uma despesa para ser considerada compatível com o PPA e a LDO precisa se conformar com as diretrizes, objetivos, prioridades e metas dessas leis e não desrespeitar nenhuma de suas determinações.

As despesas obrigatórias de caráter continuado também devem estar de acordo com o PPA conforme determinação da LRF. Tais despesas são aquelas que forem criadas por lei, medida provisória ou ato administrativo normativo e que estabeleçam para o ente a obrigação legal de executá-la por um período maior do que dois exercícios.

Igualmente, não se pode consignar na lei orçamentária dotação para investimento com duração superior a um exercício financeiro, salvo se previsto no PPA ou incluído nele por lei.

Para uma avaliação de como todo esse sistema ocorre se analisarão as leis do Estado de São Paulo, em decorrência da imponência econômica desse Estado e o montante de sua dívida, ambas as maiores do Brasil, bem como da União, por afetar todo o território nacional, tendo uma importância evidente.

5.2.2 PLANO PLURIANUAL DO ESTADO DE SÃO PAULO PARA OS QUADRIÊNIOS DE 2008 A 2011 E 2012 A 2015

A Lei Paulista nº 13.123 de oito de julho de 2008 instituiu o Plano Plurianual para o período de 2008/2011, constituindo o plano em si um anexo que a integra, determinando a lei que as codificações de programas do Plano sejam observadas nas leis de diretrizes orçamentárias e nas leis orçamentárias.

Os precatórios são mencionados no Capítulo 1 (o Estado de São Paulo e o contexto macroeconômico); e no item 1.6 (Desempenho das finanças públicas do Estado de São Paulo) parte em que se dá ênfase ao esforço de ajuste fiscal com a busca de um orçamento equilibrado, sendo registrado que o Estado em 1996 apresentava pequenos superávits orçamentários. Os precatórios apresentaram-se como um desafio na busca do equacionamento da dívida pública.

No quadro de Programas e Ações dessa lei o pagamento dos precatórios é mencionado em todas as secretarias e demais subdivisões do Governo do Estado.

Em todas elas consta o Programa como sendo "0 Encargos Gerais" e os valores do programa no período com indicação dos recursos orçamentários correntes e de capital, bem como demais recursos.

Prevê-se como objetivo:

"Alocar recursos orçamentários destinados ao pagamento de despesas do serviço da dívida pública estadual, precatórios, ações trabalhistas, ações indenizatórias de pequeno valor e de outros encargos de responsabilidade dos órgãos da administração direta e indireta do estado".

Já a justificativa é:

As despesas com o pagamento de juros, encargos e amortização da dívida pública interna e externa, precatórios, decorrentes de decisão judicial, ações indenizatórias de pequeno valor e outros encargos de responsabilidade dos órgãos da administração direta e indireta do estado, não estão relacionadas direta ou indiretamente com a execução de nenhum programa finalístico ou de manutenção dos mesmos.

O Público Alvo são os órgãos da Administração, com abrangência espacial em todo o estado.

As ações constam como sendo:

1. Pagamento de ações indenizatórias - administração indireta;
2. Pagamento da dívida pública interna;
3. Pagamento da dívida da Companhia Paulista de Trens Metropolitanos – CPTM; e
4. Pagamento de ações indenizatórias de pequeno valor.

A Lei Paulista nº 14.676, de vinte e oito de dezembro de 2011 instituiu o Plano Plurianual para o quadriênio 2012-2015 e ela também determina que as codificações de programas do Plano sejam observadas nas leis de diretrizes orçamentárias e nas leis orçamentárias.

Essa lei possui dois volumes de anexos e neles não há menção expressa a precatórios havendo apenas uma menção indireta à dívida do Estado com o objetivo de manter o equilíbrio orçamentário alcançado e melhora do perfil da dívida.

Provavelmente essa exclusão dos precatórios se deve ao fato de que, com a aplicação do Regime Especial da Emenda 62/2009, do ponto de vista do Estado a questão estava equacionada.

5.2.3 PLANO PLURIANUAL DA UNIÃO PARA OS QUADRIÊNIOS DE 2008 A 2011 E DE 2012 A 2015

A Lei 11.653/2008, a qual instituiu o PPA para 2008 a 2011, foi alterada pelas Leis 11.973/2009 e 12.352/2010, mas nem ela nem suas alterações ou anexos mencionaram os requisitórios.

O PPA apenas determinou que a gestão fiscal e orçamentária e a legislação correlata deveriam levar em conta como diretriz da política fiscal a preservação de resultados fiscais de forma a reduzir os encargos da dívida pública.

Igualmente, não há uma menção direta aos precatórios na Lei nº 12.593, de 18 de janeiro de 2012 a qual apresentou o Plano Plurianual com o nome de "Plano Mais Brasil" fazendo uma menção indireta ao dizer que *"verificou-se uma trajetória declinante da dívida líquida do setor público, que passou de 55% do PIB em 2003 para 40% do PIB em 2010."*

A União está em dia com seus requisitórios, não consistindo eles um problema para ela hoje em dia.

5.3 – AS LEIS DE DIRETRIZES ORÇAMENTÁRIAS.

5.3.1 GENERALIDADES.

A Lei de Diretrizes Orçamentárias (LDO) é uma lei cujo objetivo é estabelecer metas e prioridades da administração pública.

Nela se devem incluir as despesas de capital para o exercício financeiro seguinte, bem como ela serve de orientação para a elaboração da lei orçamentária anual.

Ela também deve tratar das alterações nas leis tributárias, estabelecendo ainda a política de aplicação a ser seguida pelas agências financeiras oficiais de fomento.

Como esclarece o Supremo Tribunal Federal, por "legislação tributária" que deve tratar a LDO se entende a lei em sentido formal, bem como qualquer ato normativo de acordo com o princípio da legalidade que venha a criar, majorar ou alterar alíquota ou base de cálculo, bem como extinguir tributo. Ela também inclui as isenções, anistia ou remissão e outras formas de renúncia fiscal.[clxxxiv]

Cabe ao Poder Executivo a iniciativa da Lei de Diretrizes Orçamentárias e a ela devem obediência o projeto de lei orçamentária em si, bem como as emendas a ele e os projetos que modifiquem a LOA.

A Lei de Responsabilidade Fiscal acrescentou que cabe à LDO tratar a respeito do equilíbrio entre receitas e despesas e também de critérios e forma de limitação de empenho.

Tal limitação deve ocorrer quando, ao final de um bimestre, notar-se que a realização da receita não será suficiente para cumprir as metas de resultado primário ou nominal estabelecidos no Anexo de Metas Fiscais. A limitação igualmente deve ocorrer se a dívida consolidada do ente federativo ultrapassar o respectivo limite ao final de cada quadrimestre.

A LDO deve trazer normas relacionadas ao controle dos custos e à avaliação dos programas que forem financiados com recursos orçamentários e os demais requisitos e exigências para transferência de recursos de entidades públicas e privadas.

Cabe à LDO estabelecer normas pelas quais o Banco Central do Brasil fará demonstrações trimestrais do impacto e custo fiscal das operações que ele realizar.

A LDO poderá fixar percentuais para a entrega dos recursos financeiros correspondentes à despesa total com pessoal por Poder e órgão e também prever casos em que a contratação de hora extra seja autorizada, mesmo quando a despesa total com pessoal exceder a noventa e cinco por cento do limite estabelecido na LRF.

Ela também pode estabelecer exigências para a realização de transferências voluntárias e condições para a destinação de recursos para cobrir necessidades de pessoas físicas ou déficits de pessoas jurídicas, direta ou indiretamente.

Novos projetos relacionados ao patrimônio público só poderão ser acrescidos à lei orçamentária ou às de crédito adicionais após o atendimento adequado dos que estiverem em andamento e a previsão de despesas para a conservação do patrimônio público, conforme o que reger a LDO.

5.3.1.1 ANEXO DE METAS FISCAIS.

A LDO deve vir acompanhada do Anexo de Metas Fiscais.

O anexo deve tratar de metas anuais de receitas, despesas, resultados nominal e primário, bem como do montante da dívida pública, em valores correntes e constantes, para três exercícios: o seguinte e mais dois. A avaliação do cumprimento das metas é feita no anexo da LDO do ano seguinte.

As metas do anexo devem ser estabelecidas de forma criteriosa, devendo ele trazer a memória e a metodologia do cálculo de forma a justificar os resultados que se pretende atingir. Tais metas devem ser comparadas no anexo com as fixadas nos três anos anteriores e o anexo deve demonstrar que as metas seguem as premissas e os objetivos da política econômica nacional.

No anexo virá a evolução do patrimônio líquido da entidade federativa nos últimos três anos, demonstrando-se a origem dos recursos e como foram aplicados os recursos obtidos com alienação de ativos.

A avaliação da situação financeira e atuarial dos regimes de previdência social e dos fundos e programas estatais de natureza atuarial deve igualmente constar no anexo.

O anexo deve trazer um demonstrativo da estimativa e compensação da renúncia de receita e da margem de expansão das despesas obrigatórias de caráter continuado.

5.3.1.2 ANEXO DE RISCOS FISCAIS.

A Lei de Responsabilidade Fiscal também prevê que a lei de diretrizes orçamentárias conterá um Anexo de Riscos Fiscais, em que serão avaliados os passivos contingentes e outros riscos capazes de afetar as contas públicas, informando as providências a serem tomadas, caso se concretizem.

Se entendermos que os riscos são fatos futuros e impossíveis de determinar os quais poderão ser convertidos em obrigações[clxxxv] concluímos que os precatórios não se enquadram nesse conceito, pois não se converterão em obrigação no futuro, mas são obrigações já estabelecidas.

Porém, como se viu acima, a LRF manda incluir em tal anexo os passivos contingentes e entre os passivos contingentes devem ser enquadradas as demandas judiciais.[clxxxvi]

Assim é por que tais demandas, se desfavoráveis à Fazenda, podem resultar em requisitórios e assim podem elas ser consideradas passivos contingentes, devendo entrar no Anexo de Riscos Fiscais.

Porém, os precatórios não pagos ainda são sim um tipo de risco fiscal, pois, teoricamente, todos seriam exigíveis de pronto, o que representaria um risco grande para a entidade pública.

Tenta-se contornar o risco criando os parcelamentos unilaterais, mas se o Supremo Tribunal Federal os reconhecesse como inconstitucionais e não fizesse uma modulação o problema seria muito grande.

Devido à irresponsabilidade dos governantes, há um estoque imenso de precatórios não pagos em várias entidades da federação, os quais terão que ser pagos um dia e, com isso, impactarão negativamente as contas públicas e podem ser aumentados pelas demandas pendentes.

Tanto é assim que, a título de exemplo, a Lei Paulista 15.109/2013, LDO para 2014, incluiu os precatórios no anexo de riscos fiscais, o mesmo fazendo a Lei Federal 12.919/2013, LDO para 2014.

5.3.1.3 ANEXO DAS POLÍTICAS MONETÁRIA, CREDITÍCIA E CAMBIAL, ALÉM DE METAS DE INFLAÇÃO.

O último anexo exigido pela LRF é um específico para tratar dos objetivos das políticas monetária, creditícia e cambial, bem como os parâmetros e as projeções para seus principais agregados e variáveis, e ainda as metas de inflação, para o exercício que segue.

5.3.1.4 EMENDA, REJEIÇÃO E FALTA DE DELIBERAÇÃO DA LDO.

A LDO poderá ser emendada, mas só poderão ser aprovadas as emendas compatíveis com o PPA.

Por outro lado, a Lei de Diretrizes Orçamentárias não poderá ser rejeitada, pois a Constituição exige sua aprovação como se vê no art. 57, § 2º, *"A sessão legislativa **não será interrompida sem a aprovação** do projeto de lei de diretrizes orçamentárias."*[clxxxvii] (grifo nosso).

A Constituição Paulista acrescentou que também impede a interrupção da sessão legislativa a falta de deliberação sobre o projeto de lei do orçamento e sobre as contas prestadas pelo Governador, referentes ao exercício anterior. Como a expressão usada é *"deliberação"* percebe-se que aí não há impedimento de ocorrer rejeição como acontece com a LDO.

5.3.1.5 AUMENTO DE DESPESA E ASSUNÇÃO DE OBRIGAÇÃO.

Uma despesa, assunção de obrigação, criação, expansão ou aperfeiçoamento de ação governamental que acarrete aumento de despesa só serão considerados autorizados se o ordenador da despesa declarar que estão compatíveis com a LDO e isso for verdade.

Essa compatibilidade será considerada ocorrida se tais gastos estiverem de acordo com as diretrizes, objetivos, prioridades e metas previstos na LDO e não infrinja qualquer de suas disposições.

A LDO pode dispensar algumas despesas desses rigores considerando-as irrelevantes.

Submetem-se às mesmas determinações o empenho para a licitação de serviços, fornecimento de bens ou execução de obras, bem como a desapropriação de imóveis urbanos.

5.3.2 REGRAS EXTRAÍDAS DE UMA DÉCADA DE LDOs.

Em busca das regras que norteiam a elaboração do orçamento em relação a requisitórios compararam-se as leis de diretrizes orçamentárias da União em um período de dez anos, ou seja, de 2004 a 2014.[clxxxviii]

Deixa-se de deter nas leis paulistas como se fez acima porque nas que se analisou[clxxxix] só houve um artigo tratando do tema em 2006 e 2007, depois nenhum artigo disse nada, em que pese o anexo de riscos prever os precatórios como risco.

A Lei Paulista 15.109/2013, LDO para 2014 também mencionou os precatórios no anexo de riscos, externando o receio de a Emenda 62/2009 ser julgada inconstitucional e como seria feita sua modulação, prevendo-se um passivo contingente para o aumento dessa dívida decorrente da alteração de critérios de correção monetária e juros.

Dito isso, passa-se à análise das LDOs da União.

5.3.2.1 CATEGORIAS DE PROGRAMAÇÃO.

A primeira ideia que se repete em todas as leis é a determinação de que a lei orçamentária discrimine em categorias de programação específicas as dotações destinadas a pagamento de precatórios e débitos judiciais em geral, inclusive as RPVs.

Apenas as leis para a LDO de 2004 a 2009 apresentaram uma peculiaridade relativamente a RPVs decorrentes dos Juizados Especiais Federais. Nesse caso os débitos deveriam constar da programação de trabalho dos respectivos tribunais ou, se fossem benefícios previdenciários, deveriam constar da programação do Fundo do Regime Geral de Previdência Social, sendo que, se houvesse insuficiência orçamentária, deveria ser aplicado o art. 17 da Lei nº 10.259, de 12 de julho de 2001.

A Lei nº 10.259, de 12 de julho de 2001 é a que estabeleceu o Juizado Federal e seu artigo 17 prevê que o pagamento seria feito em sessenta dias, independentemente de precatórios, o que não precisa constar na LDO, pois já consta nessa lei, provável razão de essa regra não ter sido repetida. Contudo nem esse artigo 17 e nem seus parágrafos falam nada a respeito de "insuficiência orçamentária", parecendo que essa referência foi um equívoco do legislador, o qual só foi abandonado na LDO para 2010.

5.3.2.2 EXCLUSÃO DOS VALORES DE REQUISITÓRIOS.

Houve previsão de exclusão do conjunto das dotações das propostas orçamentárias do Legislativo, do Judiciário e do Ministério Público dos valores referentes a precatórios e RPVs.

A partir da LDO para o ano de 2011 tal exclusão não foi mais prevista, o que não significa que agora esses valores devam ser incluídos nas dotações, pois são valores de terceiros credores da Fazenda e não do Judiciário, Legislativo ou Ministério Público, não havendo necessidade, portanto, da exclusão expressa que se fazia antes.

5.3.2.3 EXIGÊNCIA DO TRÂNSITO EM JULGADO.

As leis previram uma seção ou subseção para tratar apenas dos débitos judiciais de precatórios ou RPVS e foram unânimes ao determinar que só fossem incluídas nas leis orçamentárias dotações para pagamentos de precatórios que apresentassem certidão de trânsito em julgado, bem como certidão de trânsito em julgado de eventuais embargos à execução ou certidão de que os cálculos não foram impugnados.

5.3.2.4 O PARCELAMENTO DO ART. 78 DO ADCT E O FIM DA MORA DA UNIÃO.

As leis para 2004 a 2011 previram dotações destinadas ao pagamento do parcelamento realizado pelo art. 78 do ADCT incluído pela Emenda Constitucional nº 30 de 2000.

As leis para 2012 a 2014 não previram o mesmo, em que pese o projeto de lei oriundo do Poder Executivo o fizesse para a LDO de 2012.[cxc] A razão disso decorre do fato de que o Supremo Tribunal Federal concedeu liminar nas Ações Diretas de Inconstitucionalidade 2356/DF e 2362/DF suspendendo a aplicação do disposto no art. 78 do ADCT.

Tal decisão fez com que a Comissão Mista de Planos, Orçamentos Públicos e Fiscalização do Congresso Nacional desse parecer para excluir da LDO para 2012 a referência ao parcelamento conforme mencionado no parecer do relator, Deputado MÁRCIO REINALDO MOREIRA.[cxci]

Conforme o parecer, o Poder Executivo informou que na época a soma das parcelas de precatórios referentes aos exercícios de 2003 a 2011 pendentes de pagamento conforme a moratória atingia o valor de R$ 9,052 bilhões, sem levar em conta juros ou correção monetária e nem os precatórios expedidos entre dois de julho de 2010 e 1º de julho de 2011. Todos esses valores foram considerados no projeto de lei orçamentária de 2012 e tudo foi pago.

Essa atitude corajosa do Congresso Nacional de exigir o pagamento dos precatórios permitiu que a União ficasse absolutamente em dia com eles, como noticiou FERNANDO FACURY SCAFF.[cxcii]

5.3.2.5. RELAÇÃO DE DÉBITOS PARA ÓRGÃOS DE CONTROLE.

As leis têm exigido que o Poder Judiciário encaminhe relação dos débitos constantes de precatórios judiciários a serem incluídos na proposta orçamentária, discriminada por órgão da administração pública direta, autarquia e fundação, e por grupo de natureza de despesa para um número crescente de órgãos à medida que os anos passam, sendo que na LDO para 2014 constaram os seguintes órgãos:

1. Comissão Mista do Orçamento do Congresso Nacional;
2. Secretaria de Orçamento Federal do Ministério do Planejamento, Orçamento e Gestão;
3. Advocacia-Geral da União;
4. Órgãos e entidades devedores; e
5. Procuradoria-Geral da Fazenda Nacional.

Tal relação deve ser feita com uma riqueza bem grande de detalhes.[cxciii]

Com a informatização tais relações ficam mais fáceis de serem elaboradas, pois as informações começaram a vir da vara de origem, sendo acrescidos os detalhes conforme ocorrerem, contudo, o exagero burocrático salta aos olhos.

As relações devem ser encaminhadas até 20 de julho do ano corrente ou dez dias úteis após a publicação da LDO, prevalecendo o que ocorrer por último, na forma de banco de dados, por intermédio dos seus respectivos órgãos centrais de planejamento e orçamento, ou equivalentes dos Tribunais.

Os Tribunais Estaduais e do Distrito Federal também devem encaminhar relações aos órgãos mencionados, mas apenas as relativas a precatórios acidentários devidos pelo Instituto Nacional do Seguro Social – INSS, os quais são de sua competência jurisdicional. Nesse caso deverá haver um campo para conter a sigla da unidade da Federação a que se referir.

Os devedores devem comunicar eventuais divergências entre a relação e os processos que deram origem aos precatórios recebidos, no prazo máximo de dez dias, contados do recebimento da relação, sob pena de seu titular ou dirigente responder solidariamente com o órgão ou entidade devedora, o que é uma pena severa, presumindo-se nos casos de falta de comunicação que não existem divergências.

5.3.2.6 JUROS E CORREÇÃO.

As leis possuem também previsão relativa a juros e correção, sendo que nas LDOs de 2004 a 2011 a correção era feita com base no Índice de Preços ao Consumidor Amplo - Especial - Nacional (IPCA-E), divulgado pela Fundação Instituto Brasileiro de Geografia e Estatística (IBGE).

Nas LDOs para 2012 e 2013 isso foi alterado para se determinar que a atualização fosse calculada na forma do § 12 do art. 100 da Constituição, inclusive em relação às causas trabalhistas, previdenciárias e de acidente do trabalho, ou seja, seria feita conforme a remuneração básica das cadernetas de poupança para as requisições expedidas a partir de dois de julho de 2009.

A LDO para 2014 retornou à previsão de que a correção deveria ser feita pela variação do Índice Nacional de Preços ao Consumidor Amplo - Especial - IPCA-E do IBGE.

Essa mudança para 2014 decorre evidentemente da declaração de inconstitucionalidade parcial da Emenda 62/2009 a que nos referimos antes. Mas chama a atenção que a liminar concedida pelo Supremo Tribunal Federal no sentido de manter os cálculos com base na forma da Emenda 62/2009 não foi respeitada pela LDO. Embora nos pareça mais justa a correção como determinada pela LDO, um eventual pedido poderia sustar a aplicação desse dispositivo pelo Supremo Tribunal Federal.

5.3.2.7 DESCENTRALIZAÇÃO DAS DOTAÇÕES.

A princípio foi previsto que as dotações orçamentárias para pagamento dos precatórios das autarquias e fundações públicas seriam descentralizadas para os Tribunais que proferiram as decisões exequendas, salvo as causas processadas pela Justiça comum.

A partir da LDO para 2010 tal descentralização generalizou-se, não se prevendo mais que a regra valeria apenas para autarquias e fundações públicas. A descentralização deve ser feita automaticamente pelo órgão central do Sistema de Administração Financeira Federal em seguida à publicação da lei orçamentária e dos créditos adicionais.

Havendo insuficiência do valor descentralizado, o Tribunal deve providenciar a complementação da dotação perante a Secretaria de Orçamento Federal do Ministério do Planejamento, Orçamento e Gestão, dando ciência aos órgãos ou entidades descentralizadoras.

Por outro lado, a partir de 2010 estabeleceu-se que se houver sobra na dotação o Tribunal deve devolver os valores que sobejarem, dando ciência aos órgãos ou entidades descentralizadoras e à Secretaria de Orçamento Federal do Ministério do Planejamento, Orçamento e Gestão e ao Ministério da Fazenda.

A partir de 2012 até a LDO para 2014 convencionou-se que tal regra não se aplicaria se houvesse necessidade de abertura de créditos adicionais para o pagamento de requisitórios. Isso não precisaria ser dito, pois se há necessidade de créditos adicionais é sinal de que os recursos não foram suficientes e, assim, não há valores sobrando para devolver.

5.3.2.8 LIBERAÇÃO DE RECURSOS.

Os recursos financeiros referentes a essas dotações são liberados diretamente ao órgão setorial de programação financeira das unidades orçamentárias responsáveis pelo pagamento do débito, de acordo com as regras de liberação para os órgãos do Poder Judiciário previstas na LDO.

A partir da LDO de 2013 surgiu a novidade de que os beneficiários devem ser informados de tal liberação pela vara em que estiver a execução.

O art. 8º da Lei de Responsabilidade Fiscal determina que o Poder Executivo deve estabelecer uma programação financeira e cronograma de execução mensal de desembolso no prazo de até trinta dias a contar da publicação da Lei Orçamentária Anual.

Pesquisando-se cinco anos desses decretos federais nenhum deles mencionou os precatórios[cxciv] e isso ocorre porque, como já mencionado, a administração dos recursos de precatórios cabe ao Judiciário, não podendo haver interferência dos outros poderes.

Ao Executivo cabe apenas transferir os recursos previstos na LOA para o Judiciário.

No caso das RPVs pode haver depósito direto, mas a ordem será a cronológica de apresentação e não a estabelecida nos decretos referidos.

5.3.2.9 INFORMAÇÕES AO SIAFI.

Também, no mesmo prazo, a contar da publicação da Lei Orçamentária e dos créditos adicionais, cabe às unidades orçamentárias do Poder Judiciário discriminar no Sistema Integrado de Administração Financeira do Governo Federal (SIAFI) a relação dos precatórios que disserem respeito às dotações que forem descentralizadas para elas, devendo especificar a ordem cronológica dos pagamentos, os valores a serem pagos e o órgão ou entidade em que o débito se originou.

O SIAFI é o meio mais importante para registro, acompanhamento e controle da execução orçamentária, financeira e patrimonial por parte do Governo Federal.[cxcv]

A obrigação de prestar informações ao SIAFI por parte do Poder Judiciário também ocorre no caso das RPVs e, até a LDO de 2011, isso deveria ser feito em sessenta dias contados do trânsito em julgado da decisão judicial que fixou a respectiva obrigação, mas, a partir da LDO de 2012 o *dies a quo* foi alterado para o dia da sua autuação no tribunal.

Observa-se que no Tribunal de Justiça do Estado de São Paulo a RPV não é autuada no Tribunal, mas encaminhada diretamente pelo juiz à entidade devedora, contudo, o juiz deve comunicar à Diretoria de Execução de Precatórios (DEPRE) tanto a expedição quanto o pagamento da RPV.[cxcvi]

5.3.2.10 ANÁLISE PELA AGU.

Cabe aos órgãos e entidades da administração pública federal direta e indireta, antes de atenderem a ordem judicial, submeterem os processos relativos ao pagamento de precatórios para análise por parte da Advocacia-Geral da União (AGU), pelo prazo de noventa dias, com o objetivo de controle, centralização e acompanhamento, conforme as regras da AGU. Sem prejuízo disso, o Advogado-Geral da União pode determinar que os departamentos jurídicos das autarquias e fundações públicas que lhe são vinculados procedam ao exame de tais processos relativos a essas entidades.

5.3.2.11 CRÉDITOS ADICIONAIS.

Os créditos adicionais, suplementares ou especiais foram tratados longamente nas LDOs, sendo a nomenclatura "adicional" abandonada a partir de 2009 e retomada na LDO para 2014.

Os pedidos de tais créditos são feitos por projetos de lei e a partir de 2006 começou-se a usar áreas temáticas. A partir de 2008 tais áreas foram previstas na Resolução nº 1/2006 do Congresso Nacional.

A LDO de 2004 dispensou os projetos de lei relativos a precatórios e RPVs de se referirem a áreas temáticas, mas, a partir de 2006 se exigiu que esses créditos só pudessem ser estabelecidos mediante lei específica, ou seja, que trate só desse assunto.

Todas as LDOs exigiram que os projetos de lei relativos a esses créditos fossem acompanhados de exposição de motivos circunstanciadas que os justificassem e indicassem as consequências dos cancelamentos de dotações que fossem feitos para permitir a abertura desses créditos.

Tais créditos, quando aprovados pelo Congresso Nacional, são considerados automaticamente abertos a partir da sanção e publicação da respectiva lei.

5.3.2.12 SUBMISSÃO A METAS DE RESULTADO PRIMÁRIO ANUAL.

Todas as LDOs exigiram que os projetos de abertura de créditos para despesas primárias contivessem um demonstrativo de que não afetariam o resultado primário anual previsto no anexo de metas fiscais das LDOs ou indicando compensações, sendo que essa última exigência não foi prevista em 2009.

Os precatórios e RPVs são considerados despesas primárias,[cxcvii] ou seja, "aquelas que pressionam o resultado primário, alterando o endividamento líquido do Governo (setor público não financeiro) no exercício financeiro correspondente."[cxcviii]

Já resultado primário anual "corresponde ao resultado líquido do total das receitas primárias do Governo Central, deduzidas suas despesas primárias. Valores positivos indicam superávit e valores negativos déficit."[cxcix]

Contudo, a mencionada norma das LDOs não teria muita relevância no caso dos precatórios, pois como eles são um valor fixo e determinado ano a ano não faria sentido com relação a eles projetos de lei de créditos suplementares e especiais.

Mas, para as RPVs há sim a possibilidade de a previsão orçamentária não ser suficiente e, então, haver necessidade de encaminhar tais projetos, os quais, conforme se disse supra, devem conter o demonstrativo de que não afetarão o resultado primário anual previsto no anexo de metas fiscais das LDOs ou indicar compensações.

Procurando jurisprudência sobre essa questão encontrou-se no Supremo Tribunal Federal apenas a ADI 2535-0 do Estado do Mato Grosso da relatoria do Ministro SEPÚLVEDA PERTENCE.

Tal ADI discutiu a LDO daquele estado onde havia uma norma prevendo que as parcelas da moratória do art. 78 do ADCT só seriam incluídas no orçamento se respeitassem a meta de resultado primário fixado no anexo de metas fiscais da LDO estadual, ou seja, uma questão praticamente igual à que discutimos aqui.

Em seu voto o Ministro SEPÚLVEDA PERTENCE disse que essa norma soava *"de patente excentricidade constitucional"* e infringia a regra da obrigatoriedade de inclusão no orçamento da verba necessária para pagamento dos precatórios. Essa regra era prevista no art. 100, § 1º, da Constituição da República quando do acórdão, ou seja, dia 19 de dezembro de 2001, e hoje consta no § 5º do mesmo artigo com redação igual. Nos debates ele acrescentou: *"Poucas vezes vi uma norma tão desaforadamente inconstitucional."*

Disse ele ainda que essa regra era uma afronta ao dogma da independência dos Poderes e imporia aos credores sacrifícios acima dos já impostos pela moratória e, por tudo isso, ele deferiu a cautelar suspendendo a vigência daquela norma.

Por ocasião da reunião do Pleno, o Ministro NELSON JOBIM chamou essa regra de *curiosa* e que destoava da regra da Constituição, razão de acompanhar o relator estabelecendo que o ônus deve ser distribuído por outras rubricas orçamentárias.

Pelos Ministros ILMAR GALVÃO e MOREIRA ALVES não se conheceria da ação, mas foram vencidos nesse ponto, e o Pleno, por unanimidade acompanhou o voto do relator.

O julgado se refere a precatórios, sendo necessário questionar se as RPVs se submeteriam a limites de metas de resultado primário, pois isso é até mais relevante com relação a elas que podem precisar de créditos suplementares como dito.

A resposta é negativa. Como visto desde o início deste livro, as RPVs ontologicamente têm a mesma essência que os precatórios e, assim o pagamento delas é uma exigência constitucional e a restrição dos seus créditos adicionais ou de sua dotação com o objetivo de atingir metas de resultado primário ou qualquer outro ofende o princípio da separação de Poderes, bem como o da coisa julgada e do direito adquirido, entre outros. Se necessário, deve-se reduzir a dotação de outras rubricas orçamentárias para se atingir tais metas como mencionado no julgado.

5.3.2.13 EXCLUSÃO DOS DUODÉCIMOS.

Todas as LDOs excluíram os requisitórios da regra do repasse por duodécimo prevista no art. 168 da Constituição da República, evidentemente porque, como já se disse, os requisitórios são verba de terceiros e não do Poder Judiciário. [cc]

5.3.2.14 CANCELAMENTO DE DOTAÇÕES DESTINADAS AO PAGAMENTO DE REQUISITÓRIOS.

Constou nas LDOs que os recursos alocados na lei orçamentária anual para pagamento de requisitórios somente poderiam ser cancelados para o fim de abrir créditos suplementares ou especiais para finalidades diversas apenas se houvesse autorização específica do Congresso Nacional.

Ocorre que essa possibilidade de cancelamento de recursos alocados afronta diretamente o disposto no art. 100, § 5º da Constituição da República, bem como os princípios que exigem o pagamento dos requisitórios.

Ora, evidente que incluir verba no orçamento para pagar precatórios e depois cancelá-la é uma forma bem simples de não cumprir a determinação constitucional de destinar recursos para pagamento dos débitos oriundos das sentenças transitadas em julgado.

Mas, como bem alertou o Supremo Tribunal Federal, nenhum direito é absoluto:

"Os direitos e garantias individuais não têm caráter absoluto. **Não há, no sistema constitucional brasileiro, direitos ou garantias que se revistam de caráter absoluto,** mesmo porque razões de relevante interesse público ou exigências derivadas do princípio de convivência das liberdades legitimam, ainda que excepcionalmente, a adoção, por parte dos órgãos estatais, de medidas restritivas das prerrogativas individuais ou coletivas, desde que respeitados os termos estabelecidos pela própria Constituição. O estatuto constitucional das liberdades públicas, ao delinear o regime jurídico a que estas estão sujeitas — e considerado o substrato ético que as informa — **permite que sobre elas incidam limitações de ordem jurídica, destinadas, de um lado, a proteger a integridade do interesse social e, de outro, a assegurar a coexistência harmoniosa das liberdades, pois nenhum direito ou garantia pode ser exercido em detrimento da ordem pública ou com desrespeito aos direitos e garantias de terceiros.**" (MS 23.452, Rel. Min. Celso de Mello, julgamento em 16-9-99, DJ de 12-5-00) (grifo nosso)

Dessa forma, mesmo o direito a receber requisitórios se submete ao princípio da cedência recíproca, ou seja, em havendo outros direitos cuja proteção é mais urgente no momento o direito aos requisitórios deve ceder.

Isso ocorreria em casos em que a ordem pública estivesse ameaçada, bem como os direitos e garantias de terceiros. Pode-se exemplificar com guerras, calamidades públicas, comoção interna e outras situações de natureza também extremamente graves, como prevê a própria Constituição da República:

Art. 167. § 3º - A abertura de crédito extraordinário somente será admitida para atender a despesas imprevisíveis e urgentes, como as decorrentes de guerra, comoção interna ou calamidade pública, observado o disposto no art. 62.

A referência ao art. 62 diz respeito à possibilidade de uso de medidas provisórias nesses casos, como previsto no art. 62, § 1º, I, "d", da Constituição da República.

As LDOs dizem que a possibilidade de cancelamento de recursos destinados a precatórios para finalidades diversas seria para abrir créditos suplementares ou especiais, não extraordinários.

A respeito disso, dispõe a Lei 4.320/1964:

> Art. 41. Os créditos adicionais classificam-se em:
>
> I – suplementares, os destinados a reforço de dotação orçamentária;
>
> II – especiais, os destinados a despesas para as quais não haja dotação orçamentária específica;
>
> III – extraordinários, os destinados a despesas urgentes e imprevistas, em caso de guerra, comoção intestina ou calamidade pública.

Os créditos adicionais suplementares são usados quando uma dotação se mostrou insuficiente. Isso pode ocorrer porque houve uma falha na previsão, ou um aumento de custos ou a dotação tenha sido anulada ou diminuída para suplementar outra. Tal fato pode ocorrer com dotações corriqueiras, como no exemplo fornecido por ROGÉRIO SANDOLI DE OLIVEIRA[cci] de suplementação de dotação para compra de hortifrutigranjeiros para a merenda escolar.

Os especiais, por sua vez, destinam-se a despesas não previstas no orçamento, como, no exemplo do mesmo autor, um cumprimento de um termo de ajustamento de conduta com o Ministério Público para recuperar degradação ambiental.

Nenhum desses dois tipos de créditos mencionados na LDO justificaria um cancelamento de dotação para fins de pagamento de requisitórios, pois esse último embasa-se em princípios constitucionais de magna grandeza como, por exemplo, a separação de Poderes, a coisa julgada e o direito adquirido, só o justificando a abertura de créditos extraordinários, os quais podem exigir *"medidas singulares e extraordinárias"*, como decidido pelo Supremo Tribunal Federal:

> "Limites constitucionais à atividade legislativa excepcional do Poder Executivo na edição de medidas provisórias para abertura de crédito extraordinário. Interpretação do art. 167, § 3º c/c o art. 62, § 1º, inciso I, alínea d, da Constituição. Além dos requisitos de relevância e urgência (art. 62), a Constituição exige que a abertura do crédito extraordinário seja feita apenas para atender a despesas imprevisíveis

e urgentes. Ao contrário do que ocorre em relação aos **requisitos de relevância e urgência** (art. 62), que se submetem a uma **ampla margem de discricionariedade** por parte do Presidente da República, os **requisitos de imprevisibilidade e urgência** (art. 167, § 3º) **recebem densificação normativa da Constituição.** Os conteúdos semânticos das expressões 'guerra', 'comoção interna' e 'calamidade pública' constituem vetores para a interpretação/aplicação do art. 167, § 3º c/c o art. 62, § 1º, I, alínea d, da Constituição. 'Guerra', 'comoção interna' e 'calamidade pública' são conceitos que representam **realidades ou situações fáticas de extrema gravidade e de consequências imprevisíveis para a ordem pública e a paz social**, e que dessa forma **requerem**, com a devida urgência, a **adoção de medidas singulares e extraordinárias.** [...]." (ADI 4.048-MC, Rel. Min. Gilmar Mendes, julgamento em 14-5-2008, Plenário, DJE de 22-8-2008.) No mesmo sentido: ADI 4.049-MC, Rel. Min. Ayres Britto, julgamento em 5-11-2008, Plenário, DJE de 8-5-2009.[ccii] (grifo nosso)

Além disso, haveria burla ao art. 100, § 5º, da Constituição da República, pois colocar os requisitórios no orçamento para depois cancelar à vontade seria o mesmo que não colocar.

Portanto, somente para fins de crédito extraordinário e com a satisfação das exigências constitucionais é que seria constitucionalmente aceitável um cancelamento de dotações de requisitórios.

Mas, na verdade, não seria um cancelamento propriamente dito, pois mais cedo ou mais tarde tais créditos teriam que ser pagos, sendo mais correto falar-se em uma suspensão do pagamento de requisitórios, pois o cancelamento puro e simples não é viável perante a Constituição.

5.3.3.15. SUBMISSÃO AOS PRINCÍPIOS DA PUBLICIDADE, CLAREZA E TRANSPARÊNCIA.

Todas as LDOs estabeleceram que tanto a elaboração, quanto a aprovação e execução da lei orçamentária anual deveriam ser feitas com reverência aos princípios da publicidade, clareza e transparência, com amplo acesso da sociedade a essas informações. A partir de 2008, igual exigência foi feita com relação a créditos adicionais.

Nessa questão da publicidade a LDO para 2013 trouxe uma novidade ao determinar que a Comissão Mista de Planos, Orçamentos Públicos e Fiscalização, mais conhecida como Comissão Mista do Orçamento (CMO) do Congresso Nacional deveria divulgar na internet a relação dos precatórios e RPVs constantes da lei orçamentária de 2013 no prazo de até trinta dias a contar da publicação de tal lei, o que está sendo feito também para o orçamento de 2014.[cciii]

O Deputado SILAS CÂMARA preocupou-se com essa publicidade por entender que poderia facilitar a venda indevida de precatórios, o que deu origem ao parecer encomendado pelo Presidente da CMO e denominado "Publicidade, pela CMO, das dotações destinadas ao pagamento de precatórios constantes das leis orçamentárias."[cciv] O parecer concluiu que não havia óbice legal a tal divulgação e hoje com a denominada "Lei da Transparência", Lei Federal 12.527/2011, a questão está totalmente superada.

O que chama a atenção é a LDO falar em "relação" de RPV da lei orçamentária, pois a rigor isso não existiria, considerando-se que as RPVs entram no orçamento como uma previsão e a sua individualização normalmente ocorre depois da publicação da lei orçamentária no momento da execução do orçamento.

Elaborada a LDO o próximo passo é a Lei Orçamentária Anual (LOA) o que se abordará na sequência.

5.4 – AS LEIS ORÇAMENTÁRIAS ANUAIS.

5.4.1 CONCEITO E FUNÇÕES.

A Lei Orçamentária Anual (LOA) é uma lei de iniciativa exclusiva[ccv] do Poder Executivo, como as anteriormente estudadas.

O Supremo Tribunal Federal tem recusado reconhecer constitucionalidade de leis propostas pelo Judiciário[ccvi] e pelo Legislativo,[ccvii] mesmo quando disciplinem apenas pequenos aspectos orçamentários ou façam transposição de dotação orçamentária de um órgão para outro[ccviii] ou causem qualquer repercussão orçamentária.[ccix]

Nem mesmo a Constituição do Estado pode alterar essa competência exclusiva.[ccx]

A lei orçamentária anual, em respeito aos princípios da unidade e da universalidade, deve trazer dentro de si vários orçamentos, ou seja:

1. O orçamento fiscal referente aos Poderes da União, seus fundos que existirem por lei antes do projeto de lei orçamentária,[ccxi] órgãos e entidades da administração direta e indireta, inclusive fundações instituídas e mantidas pelo Poder Público;
2. O orçamento de investimento das empresas em que a União, direta ou indiretamente, detenha a maioria do capital social com direito a voto; e
3. O orçamento da seguridade social, abrangendo todas as entidades e órgãos a ela vinculados, da administração

direta ou indireta, bem como os fundos e fundações instituídos e mantidos pelo Poder Público, inclusive as universidades públicas, independentemente de seu estatuto de formação jurídica.[ccxii]

O projeto de lei do orçamento deve vir acompanhado de um demonstrativo regionalizado do efeito sobre as rendas e gastos decorrente de renúncias fiscais, tais como isenções, anistias, remissões, subsídios e benefícios de natureza financeira, tributária e creditícia, estando entre as funções constitucionais do orçamento a redução das desigualdades sociais.

A lei orçamentária anual deve conter exclusivamente regras sobre a previsão da receita e fixação da despesa, incluindo-se aí autorização para abertura de créditos suplementares e contratação de operações de crédito, mesmo que por antecipação de receita, sempre de acordo com a lei.

A Constituição somente permite o início de programas e projetos que estejam incluídos na LOA, o mesmo ocorrendo com a realização de despesas ou assunção de obrigações diretas, as quais não podem exceder os créditos orçamentários ou adicionais autorizados pelo Legislativo. Esses créditos nunca podem ser concedidos de forma ilimitada.

Conforme a LRF uma despesa será considerada adequada com a LOA desde que tenha sido prevista nela de forma específica ou genérica e não ultrapasse os limites estabelecidos.

No caso de despesas genéricas é a soma delas que deve se adequar aos limites previstos.

Da mesma forma, recursos estabelecidos pela LOA para uma categoria de programação só podem sofrer transposição, remanejamento ou transferência com prévia autorização legislativa, como dispõe a Constituição da República.

A Lei 4320/1964 também estabelece vedação para dotações globais, salvo no caso dos programas especiais de trabalho que, por sua natureza, não possam cumprir-se de forma subordinada às normas gerais de execução da despesa, determinando que todas as receitas e despesas devem constar da LOA, vedadas deduções.

A inclusão dos precatórios na proposta orçamentária e, posteriormente, na lei orçamentária anual é essencial como já apontou o Supremo Tribunal Federal:

> "Os precatórios judiciais, apresentados até 1º de julho, e nesta data atualizados, devem ser incluídos na proposta orçamentária que, submetida ao crivo do Poder Legislativo (art. 48, II, e 166 da CF), transformar-se-á na lei orçamentária do exercício seguinte. **Somente se nela estiverem previstas dotações orçamentárias para tal fim é que os requisitórios poderão ser pagos; pois é vedada a realização de qualquer despesa sem que haja previsão no orçamento** (art. 167, II, CF)." (ADI 225, Rel. Min. Paulo Brossard, julgamento em 31-8-1994, Plenário, DJ de 25-5-2001.) (grifo nosso)

Realizada essa pequena incursão nas regras gerais do orçamento, ver-se-á em seguida como especificamente os requisitórios são tratados nele.

5.4.2 A TRAMITAÇÃO INICIAL NO JUDICIÁRIO.

5.4.2.1 REGULAMENTAÇÃO DOS REQUISITÓRIOS NO PODER JUDICIÁRIO PELO CONSELHO NACIONAL DE JUSTIÇA.

5.4.2.1.1 A CONSTITUCIONALIDADE DESSA REGULAMENTAÇÃO PELO CONSELHO NACIONAL DE JUSTIÇA.

A Resolução 115 do Conselho Nacional de Justiça (CNJ) se propôs a regulamentar o sistema de precatórios de maneira uniforme em todo o Brasil na verdade regulamentando a Emenda Constitucional 62/2009.

O Supremo Tribunal Federal suspendeu o art. 22, §1º, da Resolução 115 na Ação Direta de Inconstitucionalidade (ADIN) 4465 proposta pela Governadora do Estado do Pará onde se vê a seguinte decisão do Ministro MARCO AURÉLIO proferida no dia 17 de dezembro de 2010 na qual a liminar foi deferida:

> [...] Ao Conselho Nacional de Justiça compete o controle da atuação administrativa e financeira do Poder Judiciário. **Não tem ele poder normativo. Não tem ele a incumbência de regular texto constitucional, como fez relativamente à Emenda nº 62/09**, lançando, até mesmo, como premissa do ato atacado, como premissa da Resolução nº 115/2010, a necessidade "de regulamentar aspectos procedimentais referentes à Emenda Constitucional nº 62/09" (folha 17).
>
> Em síntese, o Conselho adentrou campo próprio à execução de débito da Fazenda retratado em título judicial, olvidando a área que lhe está reservada constitucionalmente. Com isso, atropelou mecanismo que já vinha sendo observado nos Estados, dispondo sobre a obrigatoriedade de depósito, até dezembro de 2010, a corresponder ao total da mora atualizada, dividida pelo número de anos necessários à liquidação, revelando-a passível de ocorrer em quinze anos. Previu, mais, no § 1º do artigo 22 da citada Resolução – também atacado nesta ação –, que o montante de cada parcela não poderá ser inferior ao valor provisionado na lei orçamentária promulgada em 2008, em atenção ao sistema do artigo 100 da Carta Federal.
>
> O que contido no mencionado artigo 22 ganha contornos normativos impróprios porque emanado de atuação dita administrativa do Conselho, tumultuando, inclusive, o sistema adotado em várias

unidades da Federação. Implicações referentes à observância da Emenda Constitucional nº 62/09 não podem ser definidas, em tese, pelo Conselho.

3. Defiro a medida acauteladora para suspender, até o julgamento final desta ação direta de inconstitucionalidade, a eficácia do artigo 22 da Resolução nº 115/2010 do Conselho Nacional de Justiça. Ao referendo do Plenário. [...]

A última notícia que se tem dessa ADIN é que o Ministro AYRES BRITO, ora aposentado, pediu vista por entender que as ADINs que tratam da inconstitucionalidade em si da Emenda Constitucional 62/2009 de sua relatoria seriam mais abrangentes que a ADIN 4465.[ccxiii]

Reza o artigo 22 da Resolução 115/2010 do Conselho Nacional de Justiça:

Art. 22. A entidade devedora que optar pelo regime especial anual, promoverá o depósito até dezembro de 2010, correspondente ao total da mora atualizada, dividido pelo número de anos necessários à liquidação, que poderá ser de até 15 anos.

§ 1º O montante de cada parcela não poderá ser inferior ao valor provisionado na lei orçamentária promulgada em 2008, em atenção ao sistema do art. 100 da Constituição Federal.

§ 2º No cálculo do valor das demais parcelas anuais, o Tribunal de Justiça competente, considerará o total do valor em mora remanescente, somando-o ao valor dos precatórios apresentados até 1º de julho do ano em curso, dividido pelo número de anos faltantes.

Igualmente o Estado do Paraná impugnou o art. 20 e seus parágrafos da Resolução 115 do CNJ por meio da ADIN 4558 no ponto em que ela impõe o prazo de quinze anos também para as entidades que optarem pelo percentual e não pelo prazo, alegando da mesma forma que o CNJ foi além de seu poder normativo.[ccxiv]

Essa questão do poder normativo do CNJ foi discutida na ADC 12 – DF em que foi relator o Ministro CARLOS BRITO na qual o Supremo Tribunal Federal entendeu que o CNJ teria poder normativo primário, ou seja, poderia inovar expedindo ato com força de lei.

A EC 45/2004 previu a competência do Conselho dizendo que cabe a ele o controle da atuação administrativa e financeira do Poder Judiciário e do cumprimento dos deveres funcionais dos juízes podendo expedir atos regulamentares, no âmbito de sua competência.

Dessa norma constitucional e do decidido na ADC 12 supramencionada o que se percebe é que o CNJ tem competência para expedir atos regulamentares para controle da atuação administrativa e financeira **do Poder Judiciário** e do cumprimento dos deveres funcionais dos **juízes**, ou seja, se o ato regulamentar ultrapassar o âmbito dos juízes e do Poder Judiciário ele não será válido.

Claro, nesse ponto, o voto do Ministro MENEZES DIREITO proferido na mencionada ADC 12:

> "[...] sim, é da competência do Conselho Nacional de Justiça fazer a disciplinação dos princípios insculpidos na Constituição **no que tange ao poder administrativo que detém no âmbito do Poder Judiciário**." (grifo nosso)

Portanto, o Conselho Nacional de Justiça só pode regulamentar a atuação do Poder Judiciário e dos magistrados, não podendo ultrapassar esses limites constitucionais.

5.4.2.2 A TRAMITAÇÃO DA RPV NO JUDICIÁRIO.

No que tange à RPV não há participação direta do Judiciário na definição da dotação orçamentária a ela destinada, posto que o que se faz é uma estimativa por parte do Poder Executivo como ocorre normalmente com as demais despesas,[ccxv] salvo os precatórios.

O que o Judiciário faz é expedir a RPV após o trânsito em julgado da sentença ou acórdão que a embasa.

5.4.2.2.1 AS NORMAS DO CONSELHO NACIONAL DE JUSTIÇA RELATIVAS À RPV.

A Recomendação nº 39 de oito de junho de 2012 do CNJ propôs que os Tribunais tivessem um juiz auxiliar convocado de forma especial para ajudar na condução dos feitos relativos a precatórios e RPVs. Essa recomendação insiste na ideia da centralização das RPVs no Tribunal, como ocorre com os precatórios o que está equivocado como visto.

Em 29 de junho de 2010 veio a Resolução 115 que criou o Sistema de Gestão de Precatórios instituído no âmbito do Poder Judiciário, gerido pelo Conselho Nacional de Justiça e tendo por base banco de dados de caráter nacional, alimentado pelos Tribunais. Depois ela foi alterada pelas Resoluções 123/2010 e 145/2012.

Essa resolução menciona a RPV para dizer que ela não estava incluída no Sistema de Gestão de Precatórios (SGP) e nada mais disse sobre o assunto.

A Corregedoria Nacional da Justiça do Conselho Nacional de Justiça elaborou um documento chamado "Racionalização de Procedimentos".

Nesse trabalho ficou recomendado que se houvesse irregularidade no preenchimento do ofício do juízo da execução não deveria ser feita a autuação da RPV, devendo a respectiva Secretaria da Coordenação de Precatórios devolvê-la à origem, o que também vale para precatórios.

Também aí foi recomendado que os ofícios de RPV fossem assinados pelos Presidentes dos Tribunais, o que já se examinou acima e se constatou não ser necessário, podendo ser feito pelo juiz de Primeiro Grau, o que está muito mais de acordo com o princípio da duração razoável do processo.

5.4.2.2.2 A TRAMITAÇÃO DA RPV NO TRIBUNAL DE JUSTIÇA DE SÃO PAULO.

No âmbito paulista a Resolução nº. 199/2005 do Órgão Especial do Tribunal de Justiça de São Paulo[ccxvi] foi a primeira norma que se registrou sobre o assunto e ela estabeleceu valores de RPVs, o que já foi superado como se mencionou anteriormente. Ela permitiu ainda a expedição de RPV se o credor renunciasse ao valor superior aos limites estabelecidos.

Ela determina que, em caso de litisconsórcio, o valor a ser considerado é o devido a cada litisconsorte para o fim de se determinar a expedição de RPV ou precatório, vedando-se o fracionamento, repartição ou quebra do valor devido a um mesmo beneficiário. O advogado foi considerado beneficiário no que tange a seus honorários, os quais devem ser considerados como parcela integrante do valor devido a cada credor para fins de classificação do requisitório como de pequeno valor.

A resolução estabeleceu ainda aspectos formais da RPV, tais como número de vias e conteúdo.

O artigo 5º previu que os ofícios relativos a RPV fossem assinados e encaminhados pelos próprios juízes de Primeiro Grau que presidem a execução, mesmo em casos que não fossem do Sistema de Juizados. Tal forma de proceder encontrava amparo na jurisprudência do Supremo Tribunal Federal.[ccxvii]

Como mencionado anteriormente, o Tribunal de Justiça de São Paulo possui uma Diretoria de Execução de Precatórios (DEPRE) criada em 1995 e comandada por um Desembargador Coordenador o qual expediu a Ordem de Serviço nº 03/2010 para regular o funcionamento dessa Diretoria.

Em tal ordem ficou esclarecido que as RPVs deveriam ser liquidadas com recursos orçamentários da Unidade Pública Devedora, mas diversos dos destinados aos precatórios, constando que, salvo determinação judicial diversa, as RPVs não se submetem ao regime dos precatórios inclusive a controle orçamentário vinculado e a padrões cronológicos, pois tem limites temporais de 90 dias. Essa ordem tinha caráter didático, não vinculando além da própria DEPRE, como é óbvio.

A parte que diz que poderia haver ordem judicial prevendo que a RPV seguisse o sistema de precatórios não está correta, pois uma ordem judicial nesse sentido encontraria barreira no art. 100, § 3º, da Constituição da República que exclui a RPV desse sistema.

O prazo de 90 dias, por sua vez, em termos de Juizado, conflita com o art. 13, I, da Lei Federal 12.153/2009, a qual estabeleceu o prazo de 60 dias para pagamento.

Não se submeter a controle orçamentário vinculado deve ser entendido no sentido de que a RPV não tem uma previsão específica no orçamento, mas sim estimada, como já dito.

5.4.2.2.3 A TRAMITAÇÃO DA RPV NA JUSTIÇA FEDERAL.

No âmbito federal a norma interna dos Tribunais que rege as RPVs e os precatórios é a Resolução nº 168 de 05 de dezembro de 2011 do Conselho da Justiça Federal.

No que tange à RPV o procedimento federal difere do paulista, pois a resolução prevê duas situações:

1. RPV de responsabilidade da Fazenda estadual, da distrital, da municipal e de suas respectivas autarquias e fundações, bem assim dos conselhos de fiscalização profissional e da Empresa Brasileira de Correios e Telégrafos – ECT; e
2. RPV em que for devedora a União e suas autarquias e fundações.

No primeiro caso as requisições seriam encaminhadas pelo juízo da execução ao próprio devedor, fixando-se o prazo de 60 dias para o respectivo depósito diretamente na vara de origem, como ocorre na Justiça Paulista.

No segundo caso o sistema previsto era quase totalmente igual ao do precatório, pois o juiz deveria expedir ofício requisitório ao Presidente do Tribunal Regional Federal correspondente, caso em que o tribunal organizaria mensalmente a relação das requisições em ordem cronológica, com os valores por beneficiário, encaminhando-a à Secretaria de Planejamento, Orçamento e Finanças do Conselho da Justiça Federal e ao representante legal da entidade devedora.

Tanto no caso de RPVs quanto no de precatórios o juiz da execução deveria intimar as partes do teor do ofício requisitório.

A mencionada resolução estabeleceu um grande número de exigências para o teor do ofício requisitório e dispôs que se faltar qualquer dado o ofício seria desconsiderado para todos os efeitos e devolvido à origem.

Ela também estabeleceu que em se tratando de RPV em que houve renúncia, o valor devido ao beneficiário somado aos honorários contratuais não poderiam ultrapassar o valor máximo estipulado para tal modalidade de requisição, autorizando o destaque de honorários contratuais de advogado, mas dispondo que esse destaque não alteraria a modalidade do crédito comum para alimentar ou de precatório para RPV.

Em se tratando de pagamentos parciais, complementares ou suplementares de qualquer valor, se o valor fosse superior ao da RPV seria expedido precatório, portanto, a contrário senso, se fosse igual ou inferior ao valor da RPV essa é que seria expedida.

Havendo litisconsórcio a definição de o que se deveria expedir, RPV ou precatório, seria considerada conforme o valor devido a cada litisconsorte individualmente. Contudo, a cessão parcial de créditos e os honorários contratuais deveriam ser somados ao valor que deveria receber o beneficiário original.

O sistema de RPV federal relativo à União, autarquias ou fundações de direito público previsto nessa resolução era tão semelhante ao de precatórios que ela previu que, nesses casos, o tribunal deveria organizar todo mês uma relação das RPVs.

Tal relação deveria ser feita em ordem cronológica e com os valores definidos por beneficiário, ela seria então encaminhada à Secretaria de Planejamento, Orçamento e Finanças do Conselho da Justiça Federal e ao representante legal da entidade devedora.

Como já dito, esse sistema quase igual ao do precatório não condiz com a ideia de RPV e não é legalmente aplicável ao Juizado Federal.

Por todo o exposto pode-se afirmar que a Resolução não está seguindo o melhor sistema, pois o mecanismo da RPV não pode ser igual ao de precatório por determinação constitucional, devendo ser muito mais simples e desburocratizado.

5.4.2.3 A TRAMITAÇÃO DO PRECATÓRIO NO JUDICIÁRIO.

O Desembargador PEDRO CAUBY PIRES DE ARAÚJO, quando coordenador da DEPRE do Tribunal de Justiça de São Paulo, disse em palestra na Associação Paulista de Magistrados[ccxviii] que a Emenda 62/2009 trouxe alguns avanços e, entre eles, a entrega ao Poder Judiciário da obrigação de cuidar dos precatórios. Ele informou que antes não havia qualquer controle e a ordem cronológica era a ordem do Prefeito, ensejando muitos abusos.

Como mencionado, curiosamente esse controle pelo Judiciário não deveria ser uma novidade, pois as Constituições de 1934 para cá têm todas previsto que os créditos, dotações orçamentárias ou verbas relativas aos precatórios deveriam ser consignados ao Poder Judiciário, cabendo ao Presidente do Tribunal respectivo determinar o pagamento.[ccxix] Portanto, desde 1934 os Tribunais deveriam ter o controle total dos precatórios, mas, isso só começou a ocorrer após a Emenda 62/2009.

Essa responsabilidade do Poder Judiciário se tornou extremamente evidente com a Emenda 30/2000, a qual previu um crime de responsabilidade para o Presidente do Tribunal competente que retardasse ou tentasse frustrar a liquidação regular de precatórios, por ato comissivo ou omissivo.

Assim, o trâmite dos precatórios deve continuar nas mãos dos tribunais, independentemente do fim do regime especial, com as formações das listas de credores, ordem cronológica, mapas orçamentários de credores e todos os demais atos necessários à inclusão dos precatórios na lei orçamentária, bem como a execução dessa lei com o pagamento ao credor.

Os precatórios devem ter a sua dotação orçamentária originada no Poder Judiciário, pois se trata de um valor exato que é incluído no orçamento decorrente das informações que o Judiciário fornece.

5.4.2.3.1 A TRAMITAÇÃO DOS PRECATÓRIOS CONFORME O CONSELHO NACIONAL DE JUSTIÇA.

Aqui serão examinadas apenas as normas relacionadas com orçamento e precatórios conforme previstas pelo Conselho Nacional de Justiça.

A Resolução nº 115 de 29 de junho de 2010 esmiúça os dados que o juiz da execução deve informar, estabelecendo que mesmo quando houver litisconsórcio os precatórios devem ser expedidos individualmente por credor, podendo os precatórios ser remetidos por meio digital.

5.4.2.3.1.1 HONORÁRIOS DE ADVOGADO.

O advogado é considerado beneficiário do precatório no que tange os seus honorários e se eles forem contratuais o contrato deve ser apresentado antes da expedição do precatório ou da RPV.

Essa regra da Resolução encontra amparo no Estatuto da Ordem dos Advogados do Brasil (OAB), Lei 8.906/1994:

> Art. 22. § 4º Se o advogado fizer juntar aos autos o seu contrato de honorários **antes** de expedir-se o mandado de levantamento ou precatório, o juiz deve determinar que lhe sejam pagos diretamente, por dedução da quantia a ser recebida pelo constituinte, salvo se este provar que já os pagou. (grifo nosso)

A jurisprudência tem entendido que o não atendimento dessa exigência faz ocorrer preclusão.[ccxx] Isso não significa que o advogado não vá receber de seu cliente, seja em outro processo, seja amigavelmente, mas apenas que naquele processo em que ele deixou de atender ao requisito mencionado não poderá mais pleitear o cumprimento do contrato.

5.4.2.3.1.2 PADRONIZAÇÃO DE FORMULÁRIOS.

A determinação de que os Tribunais devam padronizar os formulários para a expedição de precatórios facilita muito a prática diária e o controle.

Esses formulários deveriam indicar, para fins de enquadramento nos fluxos orçamentários e financeiros das Fazendas Públicas, o valor integral do crédito, informações detalhadas dos débitos compensados e o valor a ser pago aos beneficiários por meio do precatório.

5.4.2.3.1.3 MOMENTO EM QUE SE CONSIDERA COMO SENDO O DA APRESENTAÇÃO DO PRECATÓRIO PARA O FIM DE ESTABELECER A ORDEM CRONOLÓGICA.

A Resolução nº 115/2010 trata ainda de uma questão da mais alta relevância que é a determinação do momento em que se considera como sendo o da apresentação do precatório para o fim de estabelecer a ordem cronológica nos termos do art. 100.

Ela estabelece que esse momento ocorre quando é recebido perante o Tribunal o ofício do juízo da execução solicitando a ordem de pagamento, ou seja, a data e hora do protocolo da entrada de tal ofício no órgão do Tribunal encarregado de administrar os protocolos.

A Resolução estabelece que se ocorrer devolução do ofício por falta de dados ou documentos a data passa a ser aquela do protocolo do ofício com as informações e documentação completas.

A questão parece simples, mas foi possível encontrar três posições na jurisprudência a respeito de qual seria o momento de apresentação para os fins do estabelecimento da *"ordem cronológica de apresentação dos precatórios"* (art. 100, "caput", da CF, grifo nosso):

1. A apresentação ocorre na data do protocolo feito no órgão fazendário da entidade devedora;[ccxxi]
2. A apresentação ocorre na data de expedição do ofício-requisitório pelo Presidente do respectivo Tribunal;[ccxxii] e

3. A apresentação ocorre na data da entrega do precatório no protocolo do Tribunal.[ccxxiii]

Não se conseguiu encontrar a posição do Supremo Tribunal Federal a respeito dessa questão de qual data que se deve considerar como sendo a da *"apresentação"* mencionada no texto constitucional, analisar-se-ão, então, as posições encontradas.

As decisões da primeira posição são anteriores à Emenda 62/2009. Elas se baseiam na alegação de que o departamento do Poder Executivo responsável por receber os precatórios seria o encarregado de administrar o sistema de controle de precatórios judiciais, o que deixou de ocorrer com o advento da Emenda 62, pois daí para frente o controle passou ao Poder Judiciário, por isso hoje essa posição não mais se sustenta.

O argumento da segunda vertente é que o precatório pode chegar incompleto ou com defeitos no Tribunal, razão de valer a data de sua saída do Tribunal e não de sua entrada. Ocorre que a parte não pode ser prejudicada por equívocos cometidos pelo cartório ou por seu advogado, tendo direito adquirido ao respeito à ordem cronológica no momento em que seu precatório é recebido no protocolo do tribunal.

A terceira corrente, por fim, é a mais condizente com o sistema atual e constitucional em que a administração e controle dos precatórios finalmente estão nas mãos do Poder Judiciário, bem como é a que respeita o direito adquirido citado acima.

5.4.2.3.1.4 PRECATÓRIOS PREFERENCIAIS LIQUIDADOS PARCIALMENTE.

A mesma Resolução dispõe que os precatórios preferenciais liquidados parcialmente manterão a posição original na ordem cronológica. Concorda-se com essa regra porque a ordem cronológica não deve ser mudada, sendo a sua mudança até motivo de sequestro como prevê a Constituição.

5.4.2.3.1.5 CESSÃO DE CRÉDITO.

A Resolução determina que no caso de cessão de crédito o cessionário sofrerá duas restrições: não se beneficiará das preferências dos idosos e doentes e nem daquela dada à RPV.

A primeira restrição se baseia na ideia de que a admissão do cessionário na ordem de preferência prejudicaria os verdadeiramente idosos ou doentes. Contudo, o que ocorre, é que os idosos e doentes perdem com essa regra um valor que existe devido à preferência, a qual, se fosse mantida no caso de cessão, permitiria um maior valor de mercado para os precatórios dos doentes e idosos.

A restrição à RPV também não faz sentido, pois o que caracteriza um requisitório como RPV é o seu valor, o qual não se altera no caso da cessão.

Mas a Resolução permite que o cessionário continue na fila de preferência dos débitos de natureza alimentícia dos não idosos ou doentes, o que sana em parte o problema supracitado.

5.4.2.3.1.6 MOMENTO DA REQUISIÇÃO PARA FINS DE INCLUSÃO NO ORÇAMENTO.

Ainda conforme a Resolução, para a inclusão no orçamento da entidade devedora é considerado como momento da requisição a data de 1º de julho, para os precatórios apresentados ao Tribunal entre 02 de julho do ano anterior e 1º de julho do ano de elaboração da proposta orçamentária.

Para inclusão na proposta orçamentária do ano seguinte o Tribunal deve mandar ofício à entidade devedora até 20 de julho com a informação dos precatórios requisitados até 1º de julho, com cópia deles de forma a ser possível identificar sua data de recebimento. Esse ofício pode ser feito por meio eletrônico.

5.4.2.3.1.7 GESTÃO DAS CONTAS DO REGIME ESPECIAL – CONVÊNIO ENTRE TRIBUNAIS.

A gestão das contas do regime especial ficou a cargo do Presidente do Tribunal de Justiça de cada Estado, centralizando nesse Tribunal os valores relativos à Justiça Federal e à Justiça do Trabalho realizando-se convênio entre os Tribunais.

Nesse mister o Presidente pode ser auxiliado por um comitê gestor formado por magistrados de cada tribunal com jurisdição no Estado-membro.

O objetivo desse convênio seria partilhar entre os tribunais os valores que as entidades em regime especial depositassem, cabendo ao Tribunal de Justiça a administração da conta e a distribuição dos valores aos demais tribunais de acordo com a parte cabível para cada um.

No cumprimento desse convênio, como os precatórios são apresentados em tribunais diversos, pode haver dúvidas a respeito da precedência cronológica. Nesse caso a resolução optou pela priorização do pagamento do de menor valor.

Mas não há previsão do que fazer se ocorrer coincidência de valores, caso em que se pode optar por pagar primeiro aquele cujo direito tenha sido reconhecido primeiro, considerando-se para isso a data do trânsito em julgado da sentença ou acórdão que fez esse reconhecimento. Essa opção atingiria a função teleológica dos precatórios de se respeitar uma ordem objetiva nos pagamentos considerando-se quando o direito da pessoa foi reconhecido.

A Resolução menciona a regra do § 5º do artigo 97 do ADCT a qual determina que os recursos retidos e depositados nas contas especiais não retornarão para os Estados, Distrito Federal e Municípios.

Mesmo quando chegar ao fim o regime especial, tal regra deve continuar a ser aplicada porque os valores depositados nas contas judiciais para pagar precatórios não pertencem às entidades devedoras, mas aos credores, assim elas não têm legitimidade jurídica para pedir restituição do que não é delas.

Em virtude da Emenda 62 e da Resolução 115 os tribunais tiveram que fazer listas de entidades devedoras, com os seus detalhes, bem como lista de credores, com toda a sua qualificação, valores a receber e outros dados. Esse hercúleo trabalho foi o que permitiu finalmente dar aos tribunais o controle dos precatórios que sempre deveria ter sido deles.

5.4.2.3.2 A TRAMITAÇÃO NO JUDICIÁRIO PAULISTA.

Conforme apurado pelo CNJ no Estado de São Paulo, em julho de 2012, a maior parte da dívida de precatórios se concentrava nos Municípios que representavam 51,92% do total, certamente por causa da enorme dívida da Capital, já o Estado devia 47,17%, enquanto que a Administração Indireta devia 0,92%, totalizando a dívida em R$51.895.259.437,41.[ccxxiv]

Nesse Estado o regramento dos requisitórios no Tribunal de Justiça inicia-se pelo Regimento Interno do Tribunal, cuja compilação foi aprovada pelo Órgão Especial em sessão realizada no dia 25 de setembro de 2013.[ccxxv]

O Regimento começa pelos detalhes exigidos na confecção e instrução dos precatórios pelo juízo da execução e em seguida determina que os precatórios sejam recebidos no protocolo do Tribunal e enviados à DEPRE que os autuará, conferirá sua regularidade formal e, se for o caso, determinará sua regularização.

Nessa fase inicial o Regimento chama esses autos de requisitório, considerando-o precatório quando expedido para constar em relação em ordem cronológica, denominação não muito adequada como se assinalou supra.

O Regimento considera que o período anual de recebimento dos precatórios se encerra todo dia primeiro de julho, quando então a DEPRE deve calcular e atualizar os valores a serem pagos, comunicando a cada entidade devedora o débito total apurado referente a ela. A comunicação é apenas do débito total ou geral em respeito à regra constitucional de que é proibida a designação de casos ou de pessoas em respeito aos princípios da impessoalidade e moralidade administrativa.

A DEPRE também processa os valores para pagamento, observando sempre a ordem de apresentação e as preferências constitucionais, bem como as atualizações devidas, encaminhando o valor cabível para pagamento ao juízo da execução que o entregará ao credor.

A partir daí a DEPRE considerará o precatório como pago, mas aguardará eventual comunicação de insuficiência, pelo mesmo juízo, pelo prazo de cento e oitenta dias, sendo que, no silêncio, o pagamento será computado como feito de forma definitiva e será dada baixa no precatório.

Mas, se houver impugnação tempestiva ao valor do depósito, a DEPRE aguardará a decisão do juízo da execução e, se houver diferença, essa será requisitada para pagamento em noventa dias. Realizada complementação do pagamento, novamente os valores serão transmitidos ao juízo da execução prosseguindo-se na mesma forma, permanecendo o precatório em aberto até o pagamento completo.

O Regimento confere ao Presidente do Tribunal de Justiça várias atribuições, cabendo a ele:

1. Expedir instruções necessárias à regular tramitação dos precatórios;
2. Determinar as diligências para a regularização dos processos;
3. Ordenar, de ofício ou a requerimento das partes, a correção de inexatidões materiais do cálculo;

4. Mandar atualizar, a partir de dois de julho, os valores dos precatórios apresentados até o dia anterior;

5. Resolver as questões relativas ao cumprimento dos precatórios, inclusive a determinação para que se refaça o cálculo da atualização monetária, se houver alteração de indexador monetário;

6. Manter em aberto os precatórios, conservando a precedência até o integral cumprimento;

7. Requisitar das entidades devedoras a complementação de depósitos insuficientes, no prazo de noventa dias, determinando vista aos interessados, no caso de desobediência;

8. Determinar a apresentação dos autos originais, quando necessário.

O Presidente não poderá delegar sua competência relativa ao sequestro de rendas, contudo as demais ele poderá, mas sempre a desembargador e de preferência componente do Órgão Especial.

No caso de ele determinar sequestro não caberá agravo regimental, mas outros meios processuais de combate a essa decisão podem ser usados como, por exemplo, o mandado de segurança e isso devido ao entendimento de que a sua atividade aqui é administrativa e não jurisdicional.

Por sua vez, as Normas de Serviço da Corregedoria Geral da Justiça do Estado de São Paulo quase nada preveem sobre o assunto, dizendo apenas que os precatórios não receberão número do mesmo modo que os demais ofícios.[ccxxvi]

Na forma da Ordem de Serviço nº 03 da DEPRE, as entidades do regime ordinário devem cumprir o disposto no art. 100 da Constituição realizando, até dezembro do ano subsequente, o depósito do total requisitado devidamente atualizado, à disposição do TJSP, em conta bancária judicial junto ao Banco do Brasil.

O Tribunal criou uma lista de unidades públicas devedoras. Para isso determinou que elas preenchessem os dados relativos aos seus precatórios protocolados até primeiro de julho de 2008. Esse preenchimento foi feito no Sistema de Controle de Pagamento de Precatórios vinculado à DEPRE, o qual foi disponibilizado a partir do dia primeiro de setembro de 2010.

Criou-se então um Sistema de Cadastramento de Precatórios a ser realizado pelas entidades devedoras via internet.[ccxxvii]

A elas cabia preencher antes de tudo um cadastro individual para fins de credenciamento junto à DEPRE.

Tal cadastramento não foi feito com facilidade, inclusive por falta de colaboração, chegando o Tribunal de Justiça de São Paulo a publicar uma lista com 447 municípios que não cumpriam sua obrigação.[ccxxviii] Como o Estado de São Paulo possui 645 municípios,[ccxxix] isso significa que quase setenta por cento dos municípios paulistas não estava colaborando.

O sistema antigo de depósito direto nos respectivos processos foi mantido para as entidades do regime ordinário até que fosse feita a implantação integral do Sistema de Controle de Pagamento de Precatórios. Esse sistema anterior evidentemente não permitia o controle dos precatórios por parte do Tribunal como hoje existe.

Como se sabe, as entidades do regime especial puderam optar pelo depósito mensal de uma porcentagem ou pelo prazo de quinze anos com depósitos anuais, conforme o art. 97, § 1º do ADCT.

Essa opção foi feita por decreto do Executivo e, segundo a DEPRE, 55,6% dos municípios expediram decretos e 44,13% não.

O que se observa é que quase metade das devedoras nem se importaram em fazer um decreto de opção, evidenciando o descaso com a questão dos precatórios, mesmo diante de uma benesse como foi o regime especial.

Entre as opções feitas encontram-se:

1. 43,66% pelo especial anual;
2. 32,7% pelo ordinário; e
3. 23,62% pelo especial mensal.

Dessas opções a DEPRE teve que mudar 25,33% para adequar à realidade da seguinte forma:

1. 60,44% para o regime ordinário;
2. 38,8% para o regime especial anual; e
3. 0,74% para o regime especial mensal.

O que chama a atenção nesses números é a enormidade das mudanças feitas para o regime ordinário. Tal alteração significa que várias das prefeituras que fizeram opção como se fossem beneficiárias do parcelamento unilateral não o eram e, por isso, não tinham direito ao regime especial, mas tentaram se autofavorecer indevidamente mesmo assim demonstrando pouco apego ao princípio da moralidade.

A mudança para o regime anual foi feita com relação às unidades devedoras que tenham deixado de formalizar qualquer opção até julho de 2010 ou com relação às optantes pelo regime mensal que não fizeram depósitos mensais até o final de julho de 2010.

Para ter direito ao regime mensal, além da opção por esse regime, as unidades devedoras deveriam efetuar os pagamentos mensais em valores aptos a liquidar a dívida em 15 anos na forma da

Resolução 115 do Conselho Nacional de Justiça, a qual, como visto acima, extrapolaria nesse ponto o poder do Conselho Nacional, embora fosse uma regra totalmente de acordo com a razão.

No caso da opção pelo regime mensal também a unidade devedora deveria fazer depósitos em duas contas do Tribunal de Justiça de São Paulo abertas no Banco do Brasil para esse fim.

As contas seriam duas porque metade do valor mensal seria destinado ao pagamento na ordem cronológica e a outra metade de acordo com a opção que fizesse a devedora nos termos do art. 97, § 6º, do ADCT.[ccxxx]

Caso a opção não fosse feita, a totalidade seria destinada à ordem cronológica de apresentação e preferências. Tal opção deveria ser refeita anualmente até fevereiro de cada ano e, no silêncio, seria mantida a opção anterior.

A alíquota mínima utilizada pela devedora deveria ser apta à integral quitação do débito no prazo de quinze anos, devendo as devedoras elaborar um plano integral de liquidação, prevendo, ano a ano, os mecanismos (leilões/acordos) que seriam utilizados e o deságio médio que seria empregado.

O plano poderia contemplar ajuda Federal, a dação de imóveis, e outras possibilidades e seria subscrito no TJSP com a ciência do Ministério Público, sendo remetido para fiscalização pelo Tribunal de Contas.

Caso a comprovação da eficiência da alíquota não fosse feita a unidade passaria a ser enquadrada no regime anual, com as sanções respectivas.

Esse regime anual seria adotado por opção ou enquadramento cabendo à devedora promover o depósito até dezembro de 2010, correspondente ao total da mora atualizada até 30 de dezembro de 2010, dividida pelo número de anos necessários à liquidação, que poderia ser de até 15 anos. Nesse total estariam englobados os precatórios de todos os Tribunais participantes do acordo supracitado.

Cabe à DEPRE conferir os cálculos dos precatórios, salvo quando o credor entender insuficiente o depósito, caso em que a questão seria discutida no juízo da execução. Se fosse verificada real insuficiência do depósito, uma nova conta deveria ser mandada à DEPRE a qual aditaria o precatório primitivo, mantendo-se a cronologia original do credor. A DEPRE também pode de ofício corrigir erros materiais, comunicando ao juízo da execução.

No caso de novo precatório para cobrança de saldo devedor, há a possibilidade de eles entrarem na ordem cronológica primitiva. Para que isso ocorra é necessário que o juízo da execução determine o cancelamento da última requisição e a realização de aditamento do saldo devedor.

Ao juízo da execução também cabe decidir os pedidos de aditamento por insuficiência de depósito. Esses pedidos só integrarão a parcela anual a ser depositada pelo devedor depois do envio à DEPRE da conta aditiva com a prova do trânsito em julgado.

A DEPRE organiza todas as listas de credores, com as ordens de preferência e explicita a ordem cronológica. A preferência dos créditos alimentares é considerada dentre os precatórios do exercício anual em que expedidos, já a dos idosos e portadores de doenças graves envolvem a totalidade da mora.

As listas estão disponíveis na Internet e são as seguintes:

1. Gestão de precatórios;[ccxxxi]

2. Lista de pagamentos disponibilizados;[ccxxxii]
3. Precatórios pendentes de pagamento;[ccxxxiii]
4. Lista de precatórios;[ccxxxiv] e
5. Mapas orçamentários de credores.[ccxxxv]

Na Gestão de Precatórios encontram-se quadros demonstrativos "[d]os valores depositados pela Entidade, os valores repassados aos demais Tribunais e ao Tribunal de Justiça e os valores disponibilizados pela DEPRE às Varas de Origem, para fins de levantamento."[ccxxxvi]

A DEPRE, de ofício, reconhece as prioridades, desde que haja dados e documentos em seu sistema de pagamento, sem prejuízo de a parte também requerer o que entender devido.

A ordem cronológica somente poderá ser mudada se for comprovada a existência de pendência anterior não indicada pela Unidade Pública Devedora.

Para fins de estabelecimento da ordem cronológica a DEPRE considera a data do protocolo perante ela, sendo esse procedimento correto como apontado acima. No estabelecimento dessa ordem a DEPRE agrupa os créditos por ano, colocando primeiro os alimentares e, depois os comuns.

Na lista de alimentares a DEPRE destaca as preferências de idosos e doentes graves para pagamento até três vezes o valor da RPV da entidade devedora. O remanescente retorna à sua posição cronológica original, após o recebimento do pagamento parcial preferencial.

O cadastro da DEPRE poderá sofrer alterações relativas à inclusão, exclusão ou habilitação de credores dos precatórios ou dos procuradores dos credores. Tais alterações serão feitas somente mediante comunicação por ofício do Juízo da Execução, exceto, nos casos de substabelecimento, desde que requerido pelo advogado, devidamente constituído por procuração juntada por cópia ou original no processo de precatório.

A DEPRE recebe o ofício requisitório do juízo da execução constando a natureza do crédito, se alimentar ou comum, com a documentação exigida pelo Regimento Interno do Tribunal de Justiça de São Paulo autenticada pelo próprio advogado.

Caso na procuração conste mais que um advogado, eles devem esclarecer se preferem receber como pessoa física ou jurídica, indicando o CPF ou o CNPJ, conforme o caso.

A DEPRE somente autuará os documentos e peças obrigatórias, as quais formarão os autos do precatório (EP), devolvendo o que sobejar.

As novas parcelas, as retificações a maior e o saldo devedor deverão ser objeto de requisição nos termos do artigo 100, para inclusão orçamentária e obtenção de ordem cronológica.

No caso do regime especial a documentação que deve acompanhar o ofício requisitório é um pouco diversa daquela prevista para o regime ordinário.[ccxxxvii]

Nos dois regimes a DEPRE não receberá ofícios não instruídos com os documentos essenciais, determinando a regularização em quinze dias, sob pena de devolução ao juízo de origem. Contudo, se as peças e formalidades que faltarem não impedirem o processamento o precatório será expedido e o juízo de origem notificado para determinar que o interessado complete o que faltar, sob pena de cancelamento da ordem cronológica obtida.

Com o recebimento do ofício, a DEPRE conferirá os cálculos corrigindo erros materiais e consultando ao juízo da execução se aprova ou rejeita o cálculo de retificação.

Tudo estando correto, a DEPRE elaborará o Mapa Orçamentário dos Credores (MOC) com valores atualizados até dia 1º de julho e a ordem do MOC será estabelecida de acordo com a natureza do crédito (alimentar ou comum), relativo ao período requisitado.

O MOC existe para cumprir a proibição constitucional de haver designação de casos ou de pessoas nas dotações orçamentárias e nos créditos adicionais abertos para esse fim, por isso ele engloba todos os precatórios do período em valores gerais.

Com base no MOC a unidade pública devedora que estiver no regime ordinário fará a inclusão orçamentária de seus débitos. O valor do MOC deve ser colocado integralmente no orçamento acrescido de previsão do valor de atualização monetária.

Já para as devedoras do regime especial o MOC serve de controle do débito geral delas, sendo usado inclusive para compor a base de cálculo da parcela do ano em curso no caso de opção pelo sistema anual de pagamento.

Essas últimas devedoras devem indicar à DEPRE o valor da parcela anual correspondente ao total da mora atualizada, dividida pelo número de anos necessários à liquidação. Convém lembrar que o prazo máximo é de quinze anos. Alternativamente esse valor da parcela anual deverá ser o valor da soma das doze parcelas mensais.

Todas as devedoras indistintamente devem fornecer à DEPRE cópia da Lei Orçamentária, acompanhada de certidão da respectiva inclusão orçamentária específica. O não atendimento dessa obrigação fará com que a DEPRE dê ciência do fato ao Ministério Público e ao Tribunal de Contas, pois isso é forte indício de que não houve a inclusão orçamentária exigida pela Constituição da República.

No regime especial o Tribunal de Justiça de São Paulo remete a cada Tribunal participante do acordo de cooperação o montante proporcional dos depósitos, para administração e controle de cada Corte, até o décimo dia útil após a ocorrência e comprovação de depósito.

O percentual de tal rateio é calculado pela DEPRE com base nas informações fornecidas pelos Tribunais, quanto aos débitos de precatórios atualizados a 1º de julho, relativo a cada unidade pública devedora, submetendo à aprovação do Comitê Gestor do acordo, no mês de agosto, podendo, para tanto, solicitar aos Tribunais a atualização do débito.

A DEPRE somente cuida dos precatórios das Fazendas do Estado de São Paulo, de seus municípios, respectivas autarquias e fundações, bem como do INSS (créditos acidentários) e excepcionalmente dos da Fazenda Federal conforme a competência delegada. Se houver mais que uma devedora no mesmo caso a DEPRE desmembrará o EP para facilitar a requisição e respectiva expedição, relativamente a cada crédito.

Por fim, a Ordem de Serviço nº 03/2010 estabeleceu que os precatórios relativos a entidades de economia mista deveriam ser encaminhados diretamente à devedora pelo Juízo do feito. Essa regra é inconstitucional, pois o § 6º do art. 100 da Constituição da República determina que cabe *"ao Presidente do Tribunal que proferir a decisão exequenda determinar o pagamento integral"*, por isso o juiz do feito não tem competência para encaminhar precatórios diretamente. Também essa regra inviabiliza o controle dos precatórios que tão salutarmente se iniciou com a Emenda 62.

Passa-se a ver o que ocorre no Judiciário Federal.

5.4.2.3.3 A TRAMITAÇÃO NO JUDICIÁRIO DA UNIÃO.

A Resolução nº 168/2010 é a base do sistema de precatórios na Justiça Federal, a qual se aplica aos seus Primeiro e Segundo graus, bem como aos juízos de Primeiro Grau das Justiças Estaduais que exerçam competência delegada.

A Resolução inicia dizendo que cabe ao Presidente de cada Tribunal Regional Federal (TRF) averiguar a regularidade formal dos requisitórios e assegurar a obediência à ordem de preferência de pagamentos estabelecidos na Constituição da República.

No caso da RPV a resolução diz que o juiz deve expedir um ofício requisitório ao Presidente do TRF ao qual ele se subordina quando a devedora for federal, cabendo ao Presidente determinar a organização mensal da relação de RPVs, em ordem cronológica, com os valores por beneficiário, encaminhando-a à Secretaria de Planejamento, Orçamento e Finanças do Conselho da Justiça Federal e ao representante legal da entidade devedora.

Caso a devedora seja a Fazenda estadual, distrital, municipal ou uma de suas respectivas autarquias e fundações, bem assim dos conselhos de fiscalização profissional e da Empresa Brasileira de Correios e Telégrafos as RPVs serão encaminhadas diretamente pelo juízo da execução. O prazo para depósito é de sessenta dias e deve ser feito diretamente na vara de origem.

Os créditos que ultrapassarem o limite do valor da RPV serão requisitados via precatório, salvo se houver desistência da diferença pelo credor. Também será usado precatório para os pagamentos parciais, complementares ou suplementares de qualquer valor, quando a importância total do crédito executado, por beneficiário, for superior ao valor da RPV.

No caso de litisconsórcio os valores serão considerados individualmente expedindo-se RPV ou precatório conforme o caso, salvo a cessão parcial de créditos e os honorários contratuais, que deverão ser somados ao valor devido ao beneficiário original.

O ofício requisitório muda de detalhes se for precatório ou RPV, mas, em qualquer caso, o juiz deve intimar as partes do teor do ofício antes de enviá-lo ao tribunal, pois caso falte qualquer informação o ofício não surtirá nenhum efeito e o tribunal o devolverá à origem.

A resolução tratou das prioridades determinando que o doente grave pode pedir a preferência a qualquer momento, cabendo ao juízo da execução a decisão a esse respeito, bem como a comunicação ao presidente do tribunal para ajustar a ordem de pagamento, caso a preferência seja deferida.

No caso da idade se considerará a informação prestada pelo juiz no ofício requisitório.

A resolução diz que para a definição da preferência de pagamento com prioridade, serão consideradas as condições pessoais do beneficiário no momento da expedição do precatório. Essa regra se aplica apenas ao caso da idade, pois com relação à doença grave, como visto, o pedido pode ser feito a qualquer tempo. Além disso, como já mencionado, a preferência por idade na data de expedição do precatório foi julgada inconstitucional pelo Supremo Tribunal Federal o qual entendeu que a preferência deve ser estendida a todos os credores que completem sessenta anos de idade na pendência do pagamento do precatório alimentar.[ccxxxviii]

Em havendo sucessão *causa mortis* após a expedição do precatório a preferência do credor originário passa para seu sucessor, o que não ocorre com o cessionário.

O advogado tem a qualidade de beneficiário com relação aos honorários, sejam eles sucumbenciais ou contratuais.

Os honorários sucumbenciais não são considerados parcela integrante do valor devido ao credor para fins de classificação como RPV, expedindo-se requisição própria para o advogado nesse caso.

Por outro lado, a Resolução considera os honorários contratuais parcela integrante do valor devido. Assim, eles seriam computados para se saber se cabível RPV e devem ser contados juntos com o crédito principal, mesmo que se pretenda renunciar valores para não se cair na fila do precatório.

Se o advogado desejar destacar do montante da condenação o que lhe cabe por força de honorários contratuais ele deve juntar aos autos o contrato antes da elaboração do requisitório, sob pena de preclusão, como já visto.

Pelas regras da resolução, esse contrato não obriga a Fazenda a antecipar o pagamento e nem transforma em alimentar um crédito comum, bem como não muda um precatório para RPV.

O presidente do tribunal deve rever os cálculos de ofício, sem prejuízo de haver pedido de revisão, mesmo se esse pedido for feito após a expedição do precatório.

Havendo pedido, ele será feito ao presidente do tribunal se a questão for relativa a critérios de atualização monetária aplicados no tribunal ou ao juízo da execução quando o que se discute for o critério do cálculo judicial.

Se a revisão dos cálculos pelo juízo resultar em aumento dos valores originais será expedido ofício requisitório suplementar. Mas, se houver diminuição de valores o ofício será retificado, sem necessidade de cancelamento, mantida a ordem cronológica original. O juízo solicitará ao presidente do tribunal as retificações de valores ou o cancelamento, conforme o caso, nessa última situação outro precatório será expedido a requerimento do interessado.

Em havendo erro material no tribunal o presidente dele decidirá e determinará as providências necessárias para a regularização de acordo com a disponibilidade orçamentária. Contudo, a alteração no tribunal não pode implicar em aumento de despesa orçamentária ou modificação da natureza do crédito, devendo a requisição ser cancelada e expedida outra.

No caso de regime especial aplicável a precatórios estaduais, distritais e municipais de entidades optantes por esse regime a ordem cronológica será obedecida de acordo com a data em que o ofício requisitório foi apresentado ao respectivo TRF.

Até o dia 20 de julho de cada ano, o TRF comunicará à entidade devedora para que inclua na sua proposta orçamentária seguinte os precatórios requisitados até o dia 1º de julho daquele ano.

Também no mesmo prazo, o tribunal regional informará ao TJ com jurisdição na sede da devedora a relação de precatórios requisitados.

Nos casos de adoção de lista única mediante acordo entre tribunais os cálculos serão feitos pelo respectivo TJ e os valores que forem repassados ao TRF pelo TJ deverão ser consignados nos sistemas próprios.

Com isso termina a tramitação no Judiciário e pode-se passar a conhecer como funciona no Executivo.

5.4.3 A TRAMITAÇÃO DO PROJETO DE LEI ORÇAMENTÁRIA NO PODER EXECUTIVO.

De forma geral, as regras mais importantes relativas à elaboração da proposta orçamentária que o Poder Executivo encaminha ao Poder Legislativo encontram-se na Lei 4320/1964 e na Lei Complementar 101/2000 (Lei de Responsabilidade Fiscal).

A Lei 4.320/1964 começa tratando do conteúdo e da forma da proposta orçamentária a qual deve ter uma mensagem do Poder Executivo contendo uma exposição detalhada da condição econômica e financeira.

Tal mensagem deve ir documentada com demonstrativos da dívida fundada bem como da flutuante, saldos e créditos especiais, compromissos financeiros exigíveis, explicação fundamentada da política econômica e financeira do governo, bem como justificação da receita e da despesa.

Acompanhando essa mensagem vai o projeto de lei orçamentária anual, tabelas explicativas de receita e despesa, especificação dos programas especiais de trabalho mantidos por dotações globais, indicação das metas desejadas e justificativa econômica, financeira, social e administrativa.

Há uma previsão trienal para despesas e receitas de capital realizada por decreto do Poder Executivo e uma previsão anual de despesas formadas pelas propostas que cada unidade administrativa faz, já as receitas são mensalmente previstas pelos órgãos de contabilidade ou de arrecadação e remetidas ao órgão central de orçamento, quando houver.

As receitas são estimadas considerando o que aconteceu pelo menos nos últimos três exercícios e a conjuntura que estiver ocorrendo que possa afetar as fontes de receita, sendo que as propostas de despesas devem ser revistas e coordenadas numa proposta geral que considere a projeção das receitas.

A Lei de Responsabilidade Fiscal exige a compatibilidade do projeto orçamentário anual com o PPA, a LDO e as normas da própria LRF, devendo ter um anexo que demostre que a programação dos orçamentos é compatível com os objetivos e metas do Anexo de Metas Fiscais da LDO.

Junto com o projeto a LRF exige que seja apresentado um demonstrativo regionalizado do efeito sobre as receitas e despesas causado pelas isenções, anistias, remissões, subsídios e benefícios de natureza financeira, tributária e creditícia. Devem ser apresentadas também as medidas de compensação a renúncias de receita e ao aumento de despesas obrigatórias de caráter continuado.

A LRF determina que haja uma reserva de contingência para atender passivos contingentes e outros riscos e eventos fiscais imprevistos, reserva essa que será utilizada como estabelecer a LDO, a qual deverá definir um montante com base na receita corrente líquida.

O que for gasto com o pagamento da dívida pública mobiliária, ou seja, a decorrente de títulos emitidos pela esfera de governo respectiva, bem como a contratual deve vir constando no projeto com indicação das receitas que serão usadas para tal fim, constando separadamente eventual refinanciamento da dívida pública, mesmo quando se tratar de crédito adicional.

A correção monetária do principal da dívida pública refinanciada sofre um limite máximo de variação de índice de preços previsto na LDO ou em lei específica.

Há uma proibição expressa na LRF de existência de crédito cuja finalidade seja imprecisa ou de dotação ilimitada, bem como dotação para investimento que supere um exercício financeiro salvo, nesse último caso, se tal investimento estiver previsto no PPA ou incluído nele por lei, sob pena de crime de responsabilidade.

O projeto da LOA deve conter apenas os precatórios do exercício financeiro de que ele trata, mesmo se não houver sido feito pagamentos nos exercícios anteriores e isso por força do art. 30, § 7º, da LRF que determina que o que não houver sido pago passa a integrar a dívida consolidada, para fins de aplicação dos limites como se verá melhor no capítulo em que se tratará dos requisitórios e a dívida pública.

Outra questão é se os precatórios não pagos devem ser considerados como restos a pagar incluídos na mensagem que encaminha o projeto de orçamento, o que se analisará mais para frente, pois isso está relacionado com a execução do orçamento.

A citada mensagem deve vir acompanhada da demonstração da dívida fundada, na forma do disposto na Lei 4.320/1964, art. 22, a qual contém também os precatórios como se verá no item 6.2 abaixo.

Nos termos do art. 100, § 5º, da Constituição da República o Poder Executivo não pode realizar cortes na proposta de pagamento de precatórios encaminhada pelo Judiciário.

O texto constitucional não deixa dúvida a esse respeito, pois fala em verba necessária ao pagamento de precatórios, o que só pode ser entendido como verba total para satisfação integral da dívida de precatórios daquele ano, determinando a Constituição da República a obrigatoriedade da sua inclusão no orçamento, sem qualquer ressalva e isso não ocorreria se houvesse cortes.

5.4.3.1 O PODER EXECUTIVO PAULISTA.

O Estado de São Paulo possui um orçamento simples em relação a precatórios, pois apenas tem que prever a parte do Regime Especial que deve pagar no respectivo ano, o qual seria mantido por um tempo devido à modulação já mencionada.

A formação do orçamento no Estado de São Paulo inicia-se por uma proposta feita em cada unidade orçamentária existente nos órgãos dos três Poderes. Essa proposta é encaminhada à Secretaria de Estado de Planejamento e Desenvolvimento Regional. A Secretaria então organiza e compatibiliza as propostas com a LDO e o PPA, posto que ela é responsável pelo orçamento do Estado.

No caso dos precatórios o Tribunal de Justiça de São Paulo por meio da DEPRE encaminha os mapas orçamentários de credores.

Em seguida a Secretaria encaminha um rascunho de projeto de LOA ao Governador do Estado que o aprova ou modifica, e o Governador depois o encaminha à Assembleia Legislativa do Estado para análise pelos Deputados e apresentação de emendas com o objetivo de aperfeiçoar o projeto. ccxxxix

Passa-se para a área federal onde a complexidade é maior e serve para ilustrar como funciona o regime ordinário.

5.4.3.2 O PODER EXECUTIVO FEDERAL.

A Lei 10.180/2001 organizou no âmbito federal os Sistemas de Planejamento e de Orçamento, de Administração Financeira, de Contabilidade e de Controle Interno do Poder Executivo.

Tal lei previu que o Sistema de Planejamento e de Orçamento Federal teria por finalidade realizar o planejamento nacional, setorial e regional, bem como o PPA, a LDO e a LOA, gerenciando o planejamento e o orçamento federal articulado com as outras entidades da federação de forma a compatibilizar as normas e tarefas afins dos vários sistemas.

Esse sistema tem como órgão central o Ministério do Planejamento, Orçamento e Gestão, órgãos setoriais (as unidades de planejamento e orçamento dos Ministérios, da Advocacia-Geral da União, da Vice-Presidência e da Casa Civil da Presidência da República) e órgãos específicos (aqueles vinculados ou subordinados ao órgão central do Sistema).

Os órgãos setoriais e específicos devem respeito à orientação normativa e à supervisão técnica do órgão central do Sistema, sem prejuízo da subordinação ao órgão em cuja estrutura administrativa estiverem integrados, o mesmo ocorrendo com as unidades de planejamento e orçamento das entidades vinculadas ou subordinadas aos Ministérios e órgãos setoriais.

Além disso, a orientação normativa do órgão central do Sistema vincula as unidades responsáveis pelos orçamentos do Legislativo e do Judiciário, sem prejuízo das competências constitucionais e legais de ambos. Também os órgãos integrantes do Sistema de Planejamento e de Orçamento Federal e as unidades responsáveis pelo planejamento e orçamento dos demais Poderes realizarão o acompanhamento e a avaliação dos planos e programas respectivos.

O Decreto n° 7.675, de 20 de janeiro de 2012, amparado no art. 8° da Lei n° 10.180, de 2001, previu que a Secretaria de Orçamento Federal (SOF), pudesse, por meio de portaria, disciplinar o funcionamento do orçamento federal no âmbito do Poder Executivo.

Para a elaboração da proposta de orçamento há um sistema de informação do Ministério do Planejamento, Orçamento e Gestão denominado Sistema Integrado de Planejamento e Orçamento (SIOP)[ccxl] onde os órgãos setoriais devem detalhar a sua proposta orçamentária setorial.[ccxli]

Tal não se dá com o detalhamento da proposta orçamentária relativa a despesas com precatórios, pois isso é feito pela SOF e não pelo SIOP. A SOF coleta as informações necessárias perante os Tribunais Superiores e órgãos setoriais, [ccxlii] pois, cabe ao Judiciário a importante tarefa de coleta de dados como se disse acima.

O projeto de lei orçamentária passa por três etapas:

1. **Preliminar:** O Ministério do Planejamento, Orçamento e Gestão fixa as diretrizes e regras gerais para que o orçamento seja feito. Calcula-se a receita, mantem-se os gastos anteriores e

justificam-se os aumentos de despesa presentes no novo orçamento;

2.   **Intermediária:** Com base no que foi feito na etapa anterior, elaboram-se as propostas orçamentárias setoriais, adequando-se o programa do setor e as necessidades de alterações e coordenando-se as propostas das unidades orçamentárias, o que é feito pelo órgão setorial o qual encaminha a proposta setorial ao órgão central; e

3.   **Final:** a SOF consolida e formaliza a proposta orçamentária enviando-a ao Presidente da República que determina alterações ou a aprova e a encaminha ao Legislativo.[ccxliii]

5.4.4 A TRAMITAÇÃO NO PODER LEGISLATIVO.

Conforme a Constituição da República caberá a uma Comissão mista permanente de Senadores e Deputados examinar e emitir parecer sobre o projeto de lei do orçamento anual, devendo as emendas serem apresentadas a ela que emitirá parecer.

Durante a tramitação da LOA no Congresso o Presidente da República poderá enviar mensagem ao Legislativo para propor modificação no projeto, mas desde que não tenha sido iniciada a votação, na Comissão mista, da parte cuja alteração é proposta.

Caso sobejem recursos decorrentes de veto, emenda ou rejeição do projeto de lei orçamentária anual eles poderão ser utilizados, conforme o caso, mediante créditos especiais ou suplementares, desde que haja prévia e específica autorização legislativa.

A apreciação do projeto e emendas é feita pelo Plenário das duas Casas do Congresso Nacional.

5.4.4.1 – O PODER DE EMENDAR DO LEGISLATIVO EM RELAÇÃO A VERBAS DE REQUISITÓRIOS NA LEI DE ORÇAMENTO ANUAL.

Muito além do problema da emenda, uma questão prévia muito pertinente seria perguntar por qual motivo o Legislativo precisa aprovar na Lei de Orçamento Anual as verbas para requisitórios se o Judiciário já decidiu que tais verbas são devidas e tal decisão está coberta pelo manto da coisa julgada.

A resposta reside no fato de que todas as despesas precisam ter previsão orçamentária, como exige o art. 167, II, da Constituição da República.

O motivo dessa exigência está na própria essência e origem da democracia atual: o orçamento público não se trata de simples técnica ou meio de planejamento, mas também e principalmente ele é a semente e a seiva da democracia.

A ideia de orçamento não foi sempre aceita tendo surgido na Inglaterra onde se usa a palavra "*budget*", derivada do francês antigo "*bouge, bougette*" e significando "pequena sacola" por se referir à sacola do rei e ao tesouro real que nela estava contido.

Desde 1215 se estabeleceu com a Carta Magna do Rei João Sem Terra o princípio que é considerado como uma das leis fundamentais da Inglaterra, ou seja, o princípio do "*no taxation without representation*" o qual significa que nenhum tributo pode ser cobrado sem o consentimento do povo representado pelo Parlamento.

A princípio o rei mantinha as suas despesas com as receitas advindas de sua propriedade, mas havia despesas extraordinárias, normalmente decorrentes de guerras, que faziam com que o rei tivesse que pedir dinheiro a seus súditos e ele o fazia reunindo o Parlamento que votava a cobrança ou não do tributo.

Num longo e difícil embate entre o Poder do Rei e o Poder do Parlamento prevaleceu esse último, o qual pegou para si também o direito de decidir a respeito das despesas do reino e não apenas das receitas, de onde surgiu o orçamento e, com ele, a democracia representativa.[ccxliv]

Qualquer país do mundo que se considere minimamente democrático terá um orçamento votado pelos representantes do povo, proibindo-se gastos não autorizados pelo povo, esse sim o soberano e dono do dinheiro público.

Por isso, também os requisitórios têm que ser submetidos ao Legislativo, mas, considerando a questão inicial deste ponto, deve-se indagar qual poder de emenda que há no caso.

O poder de emenda em geral é grande, mas, como todos os poderes, sofre restrições,[ccxlv] pois o poder sem limites não é poder, mas tirania. Por essa razão, o poder de emendar o projeto da LOA que tem o Legislativo é submetido a uma série de freios.

Para iniciar convém lembrar que a Constituição, no art. 63, I, veda emendas que possam aumentar despesas em projetos de iniciativa exclusiva do Poder Executivo.[ccxlvi]

A esse respeito decidiu o Supremo Tribunal Federal:

O poder de emendar projetos de lei – que se reveste de natureza eminentemente constitucional – qualifica-se como **prerrogativa de ordem político-jurídica inerente ao exercício da atividade legislativa**. Essa prerrogativa institucional, precisamente por não traduzir corolário do poder de iniciar o processo de formação das leis (RTJ 36/382, 385 – RTJ 37/113 – RDA 102/261), **pode ser legitimamente exercida pelos membros do Legislativo, ainda que se cuide de proposições constitucionalmente sujeitas à cláusula de reserva de iniciativa** (ADI 865/MA, Rel. Min. Celso de Mello), desde que – **respeitadas as limitações estabelecidas na Constituição da República – as emendas parlamentares (a) não importem em aumento da despesa prevista no projeto de lei, (b) guardem afinidade lógica (relação de pertinência) com a proposição original e (c) tratando-se de projetos orçamentários (CF, art. 165, I, II e III), observem as restrições fixadas no art. 166, § 3º e § 4º da Carta Política.** (ADI 1.050-MC, Rel. Min. Celso de Mello, julgamento em 21-9-1994, Plenário, DJ de 23-4-2004.)ccxlvii (grifo nosso)

No art. 63, I, da Constituição da República consta referência ao art. 166, §§ 3º e 4º como ressalva, o que significa que, se a emenda estiver de acordo com o PPA e a LDO e indicar despesas para anular, ela pode ser aprovada, conforme a decisão do Supremo Tribunal Federal supra.

Mas, a possibilidade de anulação de despesa também não é irrestrita, pois algumas anulações são proibidas pela Constituição, como é o caso do serviço da dívida, o que já representa uma restrição à possiblidade de emenda no que tange a requisitórios, posto que eles são dívida pública como se estudará com mais detalhes mais para frente.

Outra restrição que parece integral a emendas no caso de precatórios está no art. 100, § 5º, da Constituição da República o qual estabelece a obrigatoriedade da inclusão no orçamento de verbas para o pagamento deles, como já mencionado.

Parece integral porque o Ministro PAULO BROSSARD do Supremo Tribunal Federal deu a entender que a função do

Legislativo não é apenas formal em termos de análise de requisitórios:

> **"Os precatórios judiciais**, apresentados até 1º de julho, e nesta data atualizados, devem ser incluídos na **proposta orçamentária que, submetida ao crivo do Poder Legislativo** (art. 48, II, e 166 da CF), transformar-se-á na lei orçamentária do exercício seguinte. Somente se nela estiverem previstas dotações orçamentárias para tal fim é que os requisitórios poderão ser pagos; pois é vedada a realização de qualquer despesa sem que haja previsão no orçamento (art. 167, II, CF)." (ADI 225, Rel. Min. Paulo Brossard, julgamento em 31-8-1994, Plenário, DJ de 25-5-2001.) (grifo nosso)

Quando se fala em *"submetida ao crivo do Poder Legislativo"* há que se entender que cabe ao Legislativo uma análise verdadeira do que vai ser incluído em termos de requisitórios.

Porém, em virtude do art. 100, § 5º, não cabem emendas que restrinjam os valores de requisitórios.

Mas, o projeto da LOA é sim *"submetida ao crivo do Poder Legislativo"* inclusive no que tange a requisitórios, mesmo que com os limites mencionados, pois, por exemplo, a emenda pode estar relacionada a correção de erros ou omissões ou com os dispositivos do texto do projeto de lei.

Portanto, o Legislativo pode-deve averiguar se as quantias estão corretas, se todos os passos foram dados para a sua inclusão no projeto da LOA, avaliando criteriosamente a adequação da proposta orçamentária sobre requisitórios e não apenas sobre o aspecto formal, mas não lhe cabe rediscutir aquilo que tem o apanágio da coisa julgada.

5.4.4.2 A TRAMITAÇÃO NO PODER LEGISLATIVO PAULISTA.

A Constituição Bandeirante permite a ocorrência de emendas à LOA pelo Legislativo, mas faz as mesmas exigências da Constituição da República mencionadas acima.

Da mesma forma que o Presidente da República, o Governador pode propor modificações, desde que a votação da parte que se pretende alterar não tenha sido iniciada.

Também a esse projeto aplicam-se as regras normais do processo legislativo e se sobrar recursos em virtude de veto, emenda ou rejeição do projeto de lei orçamentária anual, esses poderão ser usados na forma de créditos especiais ou suplementares, mas sempre com prévia e específica autorização da Assembleia.

O Regimento Interno da Assembleia Legislativa Paulista estabelece que entre as comissões permanentes haja uma com onze membros a qual será responsável por Finanças, Orçamento e Planejamento.

Tal comissão deve opinar a respeito de todas as proposições e assuntos que possam aumentar ou diminuir tanto a despesa quanto a receita pública, inclusive no que tange a abertura de crédito, mesmo os que sejam de competência de outras comissões, bem como sobre o projeto da LOA, da LDO e do PPA.

Cabe-lhe ainda, entre outras atribuições, fiscalizar a execução orçamentária e também dar o seu parecer quando haja comunicação do Tribunal de Contas a respeito de irregularidade de despesas decorrente de contrato.

Quando o projeto de orçamento chega à Assembleia o presidente dela comunica essa ocorrência ao Plenário e determina a publicação imediata do projeto.

Na sessão logo após a publicação, o projeto passa a ficar em pauta por quinze sessões de forma que os Deputados possam conhecê-lo e oferecer emendas, as quais são publicadas e enviadas à Comissão de Finanças supracitada.

O projeto de orçamento e medidas a ele complementares tramitarão em regime de prioridade, devendo o parecer da Comissão de Finanças ser oferecido em trinta dias, cabendo a ela ainda a redação do projeto vencedor, diversamente do que normalmente ocorre com os demais projetos que são redigidos pela Comissão de Constituição, Justiça e Redação.

5.4.4.3 A TRAMITAÇÃO NO PODER LEGISLATIVO FEDERAL.

O Regimento Interno do Congresso Nacional prevê que a Mensagem do Presidente da República encaminhando o projeto de lei orçamentária será recebida e lida em sessão conjunta, especialmente convocada para esse fim, a realizar-se dentro de quarenta e oito horas de sua entrega ao Presidente do Senado.

O Regimento prevê que o projeto da LOA seja analisado por uma Comissão Mista, a qual deverá contar com a ajuda das Comissões Permanentes das duas Casas do Congresso Nacional.

Essa Comissão Mista é regida atualmente pela Resolução 01/2006 do Congresso Nacional e é denominada Comissão Mista de Planos, Orçamentos Públicos e Fiscalização – CMO.

Essa Resolução prevê que a CMO compor-se-á de quarenta membros titulares, sendo trinta Deputados e dez Senadores, com igual número de suplentes, observada a proporcionalidade partidária, número que foi ampliado em dez por cento pela Resolução 01/2012 do Congresso Nacional.

A CMO tem um Presidente e três Vice-presidentes, eleitos por seus pares, com mandato anual, bem como relatores, comitês permanentes e comitês de assessoramento.

O orçamento anual é dividido em dez áreas temáticas a cargo dos relatores setoriais.

À CMO cabe dar parecer sobre o projeto do PPA, da LDO e da LOA, contudo, se ela não apresentar o seu parecer no prazo, o Presidente do Senado, feita a publicação das emendas, convocará sessão conjunta para a apreciação da matéria, quando designará Relator que proferirá parecer oral nos termos do Regimento Interno do Congresso Nacional.

O Senado e a Câmara têm cada um uma Consultoria de Orçamento e Fiscalização Financeira com atribuições de assessoramento.

A tramitação do projeto da LOA no Congresso Nacional obedece aos seguintes passos:

1) Leitura em Sessão do Senado Federal da Mensagem Presidencial;
2) Publicação e distribuição de avulsos;
3) Realização de audiências públicas;
4) Apresentação de emendas à Receita e de Renúncia de Receitas;
5) Publicação e distribuição de avulsos das emendas à Receita e de Renúncia de Receitas;
6) Apresentação, publicação e distribuição do Relatório da Receita;
7) Votação do Relatório da Receita e suas emendas;
8) Apresentação, publicação e distribuição do Relatório Preliminar;

9) Apresentação de emendas ao Relatório Preliminar;

10) Votação do Relatório Preliminar e suas emendas;

11) Apresentação de emendas ao Projeto de Lei;

12) Publicação e distribuição de avulsos das emendas;

13) Apresentação, publicação, distribuição e votação dos Relatórios Setoriais;

14) Apresentação, publicação, distribuição e votação do Relatório Final do Relator-Geral;

15) Encaminhamento do Parecer da CMO à Mesa do Congresso Nacional; e

16) Implantação das decisões do Plenário do Congresso Nacional e geração de Autógrafos, o qual é um documento oficial assinado pelo Presidente do Congresso Nacional que contém a versão final do projeto da LOA aprovado pelo Congresso.

5.4.5 PRAZOS DE TRAMITAÇÃO.

Os prazos de tramitação da legislação orçamentária deveriam ser estabelecidos em Lei Complementar a qual ainda não foi editada, razão pela qual continua valendo o art. 35, § 2.º, III do Ato das Disposições Constitucionais Transitórias.[ccxlviii]

Por tal norma o projeto de PPA deve ser encaminhado ao Legislativo até quatro meses antes do encerramento do primeiro exercício financeiro do mandato do Presidente da República e devolvido para sanção até o encerramento da sessão legislativa e tendo vigência até o final do primeiro exercício financeiro do mandato presidencial subsequente.

O projeto da LDO deve ser levado ao Congresso no prazo de até oito meses e meio antes do encerramento do exercício financeiro e retornar para sanção até o encerramento do primeiro período da sessão legislativa.

Já o projeto de lei orçamentária da União deve ser enviado ao Congresso até quatro meses antes do encerramento do exercício financeiro e devolvido para sanção até o encerramento da sessão legislativa.

Cabe aos Estados e aos Municípios fixarem seus próprios prazos e a Constituição Paulista, por exemplo, prevê que o Governador enviará à Assembleia Legislativa até 15 de agosto do primeiro ano do mandato do Governador eleito, o projeto de lei dispondo sobre o plano plurianual; até 30 de abril, anualmente, o projeto de lei de diretrizes orçamentárias; e até 30 de setembro, de cada ano, o projeto de lei da proposta orçamentária para o exercício subsequente.

A não apresentação da lei orçamentária nos prazos previstos constitui crime de responsabilidade conforme previsto pelo art. 10 da Lei 1.079/1950 ou, no caso dos Municípios, pelo Decreto-lei 201/1967, art. 4.º, V.

5.4.6 REJEIÇÃO DO PROJETO DA LEI ORÇAMENTÁRIA ANUAL.

A atual Constituição não conservou a mesma regra das constituições anteriores pela qual no caso de rejeição do projeto seria executado o orçamento anterior, afirmando ALEXANDRE DE MORAES que tal rejeição não é possível porque paralisaria a máquina estatal.[ccxlix]

Entretanto, o § 8º do art. 166 da Constituição da República se refere literalmente à hipótese de rejeição, razão pela qual se pode afirmar que ela existe.[ccl]

Uma solução para o problema da rejeição poderia ser o exame caso a caso,[ccli] contudo o próprio art. 166, § 8º, da Constituição da República traz a solução quando determina que caso ocorra veto, emenda ou rejeição do projeto de lei orçamentária anual, os recursos que daí restarem sem despesas correspondentes poderão ser usados, conforme a situação, mediante créditos especiais ou suplementares, sempre com prévia e específica autorização legal.

Cumpridas as etapas no Legislativo há o encaminhamento ao Presidente da República para sancionar ou vetar o projeto da LOA como se estuda a seguir.

5.4.7 A SANÇÃO OU VETO DO PODER EXECUTIVO.

Conforme dispõe a Constituição da República, caso o Presidente da República considere um projeto, no todo ou em parte, inconstitucional ou contrário ao interesse público, poderá vetá-lo parcial ou integralmente, desde que o faça no prazo de quinze dias úteis, contados da data do recebimento, pois o silêncio é considerado sanção.

Caso vete, o Presidente da República deve comunicar o fato, dentro de quarenta e oito horas, ao Presidente do Senado Federal expondo os motivos do veto.

As duas Casas então se reúnem em sessão conjunta para conhecer e deliberar sobre o veto podendo rejeitá-lo por maioria absoluta dos Deputados e Senadores, em escrutínio secreto, caso em que o projeto será enviado para promulgação pelo Presidente da República e, se ele não promulgar em quarenta e oito horas, o

Presidente do Senado a promulgará, e, se este não o fizer em igual prazo, caberá ao Vice-Presidente do Senado fazê-lo.

Porém, em termos de requisitórios não poderá haver veto que comprometa seu pagamento, conforme o disposto no art. 100, § 5º, da Constituição da República insistentemente mencionado de propósito, pois não faz sentido obrigar-se incluir a verba no orçamento e depois vetá-la, o que equivale a uma não inclusão, bem como um desrespeito às decisões do Poder Judiciário.

O aqui exposto vale também para os Estados-membros, Municípios e Distrito Federal.

5.4.8 – UM EXEMPLO DE COMO OS PRECATÓRIOS CONSTARAM EM UMA LOA.

A título de exemplo se verá como os requisitórios foram apresentados na LOA de 2013, lembrando que é nos anexos da mencionada lei que se encontra o que se pretende gastar e arrecadar com seus detalhes.

Cada anexo é chamado de volume nessa lei e em todos eles consta que a verba para o pagamento dos requisitórios é oriunda de recursos de todas as fontes do governo.

Os requisitórios já surgem no Volume I, que trata dos quadros orçamentários consolidados com detalhamento da receita, inclusive legislação, bem como da despesa.

Eles são mencionados no Quadro 5, que trata das despesas, órgãos, unidades orçamentárias, fontes de recursos e grupos de natureza de despesa. Aí eles aparecem como encargos financeiros da União – pagamento de sentenças judiciais com o código 71103.

Os requisitórios surgem novamente no Quadro 6C, onde se encontram as despesas por programa. Aí vê-se que o programa é "Operações Especiais: Cumprimento de Sentenças Judiciais" com o código 0901.

Eles aparecem mais uma vez no Volume II, que trata da Consolidação dos Programas de Governo. O programa é o mesmo, ou seja, "Operações Especiais: Cumprimento de Sentenças Judiciais" com o código 0901, mas começa a haver um detalhamento.

Exemplificar-se-á com o Ministério da Previdência Social porque nele há despesas de todas as Justiças, não se mencionando a tabela toda, mas apenas o que for mais relevante ao presente tema.

A tabela menciona:

1. Órgão: código 3300 Ministério da Previdência Social;
2. Ação: código 0005 Cumprimento de Sentença Judicial Transitada em Julgado (Precatórios):
   a) código 0482 Cumprimento de Sentença Judicial Transitada em Julgado de Pequeno Valor oriunda da Justiça Comum Estadual;
   b) código 0486 Cumprimento de Sentença Judicial Transitada em Julgado (Precatórios) oriunda da Justiça Comum Estadual;
   c) código 0625 Cumprimento de Sentença Judicial Transitada em Julgado de Pequeno Valor;
3. Unidade Orçamentária: código 33904 – Fundo do Regime Geral da Previdência Social; e
4. Valor em reais.

O Volume III traz o detalhamento dos créditos orçamentários dos órgãos do Legislativo e do Judiciário, bem como do Tribunal de Contas da União e do Ministério Público da União.

Exemplificar-se-á agora com a Câmara dos Deputados, a qual aparece em primeiro no volume.

No Quadro Síntese há indicação de que as verbas vêm de recursos de todas as fontes e menção ao órgão (código 01000 Câmara dos Deputados) e a unidade (código 01101 Câmara dos Deputados).

Também se encontra aí a execução orçamentária de 2011, bem como a previsão da LOA de 2012 e 2013. Aparecem então os programas em que se vê o código 0901 Operações Especiais: Cumprimento de Sentenças Judiciais. Depois se vê a função, a subfunção, o grupo de despesa e a fonte, mas sem novas referências aos requisitórios.

O volume IV trata do detalhamento dos créditos orçamentários dos órgãos do Poder Executivo, salvo o Ministério da Educação que tem um volume próprio.

Para dar exemplo desse volume novamente utilizar-se-á o Ministério da Previdência Social, cujo código de órgão é 33000 e no quadro síntese também aparece a execução orçamentária de 2011 e as LOAs de 2012 e 2013. Em seguida vêm os programas onde consta o código 0901 referente a Operações Especiais: Cumprimento de Sentenças Judiciais.

No quadro síntese da unidade código 33904 (Fundo do Regime Geral da Previdência Social) há mais detalhes com relação aos requisitórios, constando a Programática, Programa, Ação, Produto, Localização, Funcional, Esfera (Esf), Grupo de Natureza de

Despesa (GND), Resultado Primário (RP), Modalidade de Aplicação (Mod), Identificador de Uso (Iduso ou IU), Fonte (Fte) e Valor.

A dimensão financeira tem os seguintes classificadores:

A. Item da Estrutura Grupo de Natureza de Despesa: *"Em qual classe de gasto será realizada a despesa?"*

B. Item da Estrutura Modalidade de Aplicação: *"De que forma serão aplicados os recursos?"*

C. Item da Estrutura Identificador de Uso: "Os recursos são destinados para contrapartida?"

D. Item da Estrutura Fonte: "De onde virão os recursos para realizar a despesa?"

E. Resultado Primário: "Qual o efeito da despesa sobre o Resultado Primário da União?"

F. Item da Estrutura Valor ou Dotação: *"Qual o montante alocado?"*

Por fim temos a localização. Essa parte serve para identificar a localização geográfica da despesa. Ela é um atributo do Subtítulo, o qual é parte do Título, um dos atributos das ações orçamentárias, as quais se incluem dentro do Programa e esse dentro da Estrutura Programática.

Voltando ao exemplo escolhido, nele há precatórios e RPVs federais e estaduais, mudando entre eles apenas o número da programática, assim, se analisará apenas o primeiro caso, por ser suficiente.

Esses são os códigos usados e seus significados:

a) 0901 Programática: Operações Especiais: Cumprimento de Sentenças Judiciais;

b) 0901.0005 Programática: Cumprimento de Sentença Judicial Transitada em Julgado (Precatórios);

c) 0901.0005.0001 Programa/Ação/Produto/Localização: Cumprimento de Sentença Judicial Transitada em Julgado (Precatórios) – Nacional;
d) Funcional: 28.846 (28: Encargos Especiais; 846: Outros Encargos Especiais);
e) Esf (Esfera): Seguridade Social[cclii]
f) GND (Grupo de Natureza de Despesa): 3-ODC (3: pensões; ODC: Outras Despesas Correntes)
g) RP (Resultado Primário): 1 (obrigatória)
h) Mod (Modalidade de Aplicação): 90 (aplicação direta)
i) IU (Identificador de Uso): 0 (recursos não destinados à contrapartida)
j) Fte (Fonte): 153 (1: Recursos do Tesouro - Exercício Corrente; 53: Contribuição para o Financiamento da Seguridade Social – COFINS)[ccliii]
k) Valor ou Dotação: R$ 2.855.264.046

Vejamos o que ocorre se houver anomia orçamentária.

5.4.9 ANOMIA ORÇAMENTÁRIA.

Pode ocorrer de a Lei Orçamentária Anual não ser sancionada antes do início do exercício que deve reger o que gera uma *"anomia orçamentária"* na expressão de JOSÉ MAURÍCIO CONTI.[ccliv]

A seguir menciona-se algumas situações em que isso pode ocorrer.

5.4.9.1 O CHEFE DO EXECUTIVO NÃO ENCAMINHA O PROJETO DE LEI ORÇAMENTÁRIA

Nessa situação aplica-se o art. 32 da Lei 4.320/64 que diz:

"Se não receber a proposta orçamentária no prazo fixado nas Constituições ou nas Leis Orgânicas dos Municípios, o Poder Legislativo **considerará como proposta a Lei de Orçamento vigente**." (grifo nosso)

Em termos de precatórios essa solução não satisfaz, posto que os precatórios mudam de titularidade e valor ano a ano. Nesse caso a melhor solução para o Poder Legislativo é diretamente coletar informações atualizadas pelo Poder Judiciário.

5.4.9.2. O PODER LEGISLATIVO NÃO DEVOLVE O PROJETO OU O EXECUTIVO NÃO SANCIONA A LEI A TEMPO.

Em ambas as situações não há lei orçamentária e a Constituição de 1988, diversamente das anteriores, nada disse sobre isso.

O assunto tem sido tratado nas leis de diretrizes orçamentárias, sendo regulado na LDO Federal para 2014 no art. 53, e na LDO Paulista para 2014 no art. 46.

A solução paulista prevê o caso do não encaminhamento do autógrafo e a solução que dá é autorizar o Poder Executivo a realizar a proposta orçamentária até a sua conversão em lei, na base de um doze avos em cada mês. Não há menção à possibilidade de falta de sanção.

A solução federal ao contrário deixa de mencionar o não encaminhamento do autógrafo tratando apenas da ausência de sanção caso em que autoriza que a programação constante no Projeto de Lei Orçamentária de 2014 possa ser executada para o atendimento de casos previstos no citado artigo 53, interessando-nos em especial o inciso I que menciona as *"despesas com obrigações constitucionais ou legais da União relacionadas no Anexo III, inclusive daquelas a que se refere o anexo específico previsto no art. 80 desta Lei"*.

A solução paulista não impede a execução dos créditos referentes a requisitórios.

Já, com relação à União, os requisitórios se encaixariam como despesas com obrigações constitucionais ou legais da União relacionadas no Anexo III. Esse anexo prevê as despesas que não serão objeto de limitação de empenho, nos termos do art. 9º, § 2º, da LRF e, entre elas prevê corretamente o pagamento das sentenças judiciais, inclusive as consideradas de pequeno valor e débitos periódicos vincendos.

Por analogia, dentro da respectiva esfera de governo, as soluções apresentadas podem ser usadas para as situações omitidas.

5.4.9.3. REJEIÇÃO DO PROJETO DE LEI ORÇAMENTÁRIA.

Esse caso é mais raro como informa JOSÉ MAURÍCIO CONTI e ocorre quando o Poder Legislativo rejeita integralmente o projeto de lei orçamentária encaminhado pelo Poder Executivo.

Há solução constitucional expressa para o problema:

> Art. 166 § 8º - Os recursos que, em decorrência de veto, emenda ou **rejeição do projeto de lei orçamentária anual**, ficarem sem despesas correspondentes poderão ser utilizados, conforme o caso, mediante **créditos especiais ou suplementares, com prévia e específica autorização legislativa.** (grifo nosso)

Portanto, em havendo a rejeição integral do projeto pelo Legislativo as despesas poderão continuar a serem realizadas mediante créditos especiais ou suplementares autorizados em lei específica.

Analisando alguns casos paulistas, observa-se que o Tribunal de Justiça do Estado de São Paulo julgou inconstitucional o art. 121 da Lei Orgânica do Município de Colina. [cclv] Esse artigo determinava a prorrogação do orçamento anterior atualizado quando a Câmara Municipal rejeitasse o projeto de lei orçamentária encaminhado. O Tribunal entendeu que aí havia desrespeito ao art. 175, § 5º, da Constituição Bandeirante, o qual tem redação igual ao art. 166, § 8º, da Constituição da República que assim dispõe:

> Art. 166 § 8º Os recursos que, em decorrência de veto, emenda ou rejeição do projeto de lei orçamentária anual, ficarem sem despesas correspondentes poderão ser utilizados, conforme o caso, mediante créditos especiais ou suplementares, com prévia e específica autorização legislativa.

Esse Tribunal igualmente não aceitou a atitude do Prefeito do Município de São Miguel Arcanjo o qual promulgou a LOA sem participação do Legislativo, seja porque o Legislativo tenha rejeitado o projeto de LOA do Executivo ou porque deixou de votá-lo, esclarecendo que se deve fazer uso de leis de abertura de crédito nessa situação. [cclvi]

Contudo, o mesmo Tribunal confirmou a sentença que determinou a execução de projeto de LOA para o exercício de 2012 porque o Legislativo do Município de Arapeí não motivara a rejeição e essa arbitrariedade e abuso foram considerados como ferindo o princípio da separação de Poderes, por tornar inviável o funcionamento do Executivo. [cclvii]

Situação igual foi julgada em outra apelação e nela a solução dada foi determinar à Câmara Municipal a aprovação do Projeto de Lei Orçamentária Anual ou a apresentação dos motivos da rejeição.[cclviii]

O mesmo raciocínio se pode aplicar se houver recusa de aprovação não só da LOA, mas também de leis de abertura de crédito, pois aí também ficaria impossível o funcionamento do Executivo.

5.4.9.4. PROMULGAÇÃO DE LEI ORÇAMENTÁRIA PELO EXECUTIVO COM TEXTO DIVERSO DO QUE CONSTA NO AUTÓGRAFO.

Tal fato se deu no Município de Itapira e o Tribunal de Justiça do Estado de São Paulo concedeu liminar em Ação Direta de Inconstitucionalidade por entender, com acerto, que essa atitude feria o processo legislativo e o princípio da separação de Poderes.[cclix]

Essa atitude equivale a um veto total e a solução seria a mesma do item seguinte.

5.4.9.5 VETO INTEGRAL AO PROJETO DE LEI ORÇAMENTÁRIA.

Novamente há previsão constitucional no art. 166, § 8º, que determina que em caso de veto as despesas serão realizadas por meio de créditos especiais ou suplementares, com prévia e específica autorização legislativa como visto acima.

Os três casos supramencionados, ou seja, rejeição do projeto de lei, promulgação de lei pelo Executivo com texto diverso do que consta no autógrafo e veto integral do projeto de lei em termos de requisitórios ficam também bem solucionados pelo previsto no art. 166, § 8º, da Constituição da República.

5.4.10 A EXECUÇÃO DA LEI ORÇAMENTÁRIA ANUAL.

5.4.10.1 DECRETO REGULANDO A EXECUÇÃO ORÇAMENTÁRIA E FINANCEIRA ANUAL.

A Lei 4.320/1964 diz que imediatamente após a promulgação da LOA e com base nela o Poder Executivo deve aprovar por decreto um quadro de cotas trimestrais da despesa de que cada unidade orçamentária pode usar, considerando também os créditos adicionais e as operações extra orçamentarias.

A Lei de Responsabilidade Fiscal dá o prazo de trinta dias para a elaboração desse decreto acrescentando a obediência à LDO e alterando a programação de trimestral para mensal.

A LRF determina ainda que os recursos vinculados a um objetivo específico devem ser usados exclusivamente nele, mesmo que o exercício do ingresso da receita não coincida com o da despesa.

Os objetivos desse decreto são esclarecidos pelo art. 48 da Lei 4.320/1964 como sendo os seguintes:

i.   Garantir que as unidades orçamentárias recebam as verbas necessárias para a consecução otimizada de seus programas anuais de trabalho; e

ii.   Esforçar-se para equilibrar a receita arrecadada e a despesa realizada, de modo a minimizar eventuais insuficiências de tesouraria.

No ano de 2013 o Poder Executivo federal expediu o Decreto 7.995/2013 e o Poder Executivo do Estado de São Paulo expediu o Decreto Paulista 58.841/2013.

Esses dois decretos se aplicam aos respectivos Judiciários, o que é explicitado no decreto paulista no art. 21 e implícito no federal quando ele dá determinações relativas ao Sistema Integrado de Administração Financeira do Governo Federal (SIAFI), pois todos os Órgãos da Administração Direta Federal (Poderes Legislativo, Executivo e Judiciário) fazem parte do SIAFI.

Os dois decretos não tratam de requisitórios porque o regramento deles nesse ponto é constitucional conforme previsto no art. 100, § 6º, da Constituição da República o qual determina que as dotações orçamentárias e os créditos abertos sejam consignados diretamente ao Poder Judiciário, a quem cabe a sua execução orçamentária.

A expressão *"consignar diretamente"* deixa claro que as dotações e os créditos passam para o Judiciário o qual tem o poder de controla-los sem interferência do Executivo, o que vem ocorrendo desde a Emenda Constitucional 62/2009.

A parte permanente da Constituição não explicita como essa consignação direta deve ser feita, mas o ADCT no art. 97 acrescido pela Emenda Constitucional 62/2009 fala em depósito em conta especial criada para o fim de consignar as dotações e créditos de precatórios diretamente ao Poder Judiciário.

O fato de esse artigo ter sido considerado inconstitucional não afeta a ideia nele contida a qual realiza bem o disposto no art. 100, §6°, da parte permanente da Constituição da República.

No Estado de São Paulo tais dotações e créditos têm sido depositados no Sistema Integrado de Administração Financeira para Estados e Municípios - SIAFEM/SP, o qual foi instituído pelo Decreto Paulista n°. 40.566 de 21 de dezembro de 1995, e possibilita processar, em tempo real, a execução orçamentária, financeira, patrimonial e contábil das Entidades da Administração Estadual Direta e Indireta.

O SIAFEM é um sistema baseado no Sistema Integrado de Administração Financeira do Governo Federal (SIAFI), customizado para atender os estados e municípios. Ele é um aplicativo cuja finalidade é a gestão da execução financeira e contábil pelo seu usuário, fornecendo todos os relatórios necessários e permitindo atuar no mercado financeiro com remuneração atrelada ao Certificado de Depósito Interbancário (CDI), remuneração essa que é superior à obtida pelas contas de depósito judicial.

Quando se trata de precatórios, esses recursos no SIAFEM são de controle exclusivo do Judiciário, como informou ao CNJ o Presidente do Tribunal de Justiça do Estado de São Paulo, Desembargador JOSÉ ROBERTO BEDRAN no pedido de providências da OAB/SP.[cclx]

Esse pedido de providências ganhou o número 0004414-85.2011.2.00.0000 no CNJ e foi relatado pelo Conselheiro JOSÉ LÚCIO MUNHOZ, sendo requerente a Ordem dos Advogados do

Brasil-seção de São Paulo e requerido o Tribunal de Justiça do Estado de São Paulo.

No pedido a OAB argumentava que os recursos dos precatórios deveriam ficar numa conta especial do Banco do Brasil, como exigia o ADCT, e não no SIAFEM sob controle da Secretaria da Fazenda, temendo a OAB que se a Emenda Constitucional 62 fosse julgada inconstitucional o Executivo recuperasse os recursos transferidos e os credores dos precatórios não fossem pagos.

O Conselheiro decidiu monocraticamente que não há dúvidas de que os valores depositados no SIAFEM estejam à disposição exclusiva do Judiciário, não sendo possível ingerências do Executivo, considerando a Nota Técnica Conjunta nº 01/2011, emitida pela Secretaria da Fazenda do Estado de São Paulo.

Em tal nota constou que as unidades gestoras dos códigos 030051 e 030052 são específicas e destacadas no SIAFEM para uso exclusivo dos funcionários definidos pelo Tribunal de Justiça do Estado de São Paulo, e apenas esses estão autorizados a efetivar as movimentações necessárias, pois o SIAFEM tem uma estrutura de segurança baseada no uso de perfis de usuário, atrelados a senhas de acesso e à unidade de trabalho do responsável.

A nota esclarece que o Tesouro do Estado tem somente a função de emitir o documento de transferência financeira dos valores a serem pagos a título de precatórios.

Nela se afirmou que se esses valores fossem para contas judiciais não haveria como realizar o acompanhamento, controle e auditoria da movimentação financeira dessas verbas, dificultando também a contabilização do que foi pago, bem como a baixa das obrigações na origem.

Também se confirmou que a remuneração é superior à de um depósito judicial, aumentando o montante disponível para pagamento dos precatórios.

Por tudo isso o Conselheiro não acolheu o pedido de providências da Ordem dos Advogados do Brasil.[cclxi]

Essa decisão tem amparo na Lei de Responsabilidade Fiscal cujo art. 10 prevê que "*a execução orçamentária e financeira identificará os beneficiários de pagamento de sentenças judiciais*" e que isso seria feito por meio de sistema de contabilidade e administração financeira, para controle da ordem cronológica conforme o art. 100 da Constituição e tais sistemas são o SIAFI, no âmbito federal, e o SIAFEM, no âmbito estadual e municipal.

Essa decisão esclarece um ponto importante deste estudo, ou seja, que ao Poder Executivo cabe, por meio de seu Tesouro apenas realizar uma transferência das dotações e créditos de precatórios para o controle do Poder Judiciário daí para frente, como se disse acima.

5.4.10.2 REALIZAÇÃO DA DESPESA COM PRECATÓRIOS.

A Lei 4320/1964 dispõe em seu art. 60 que "*É vedada a realização de despesa sem prévio empenho*" e mesmo a legislação específica pode dispensar apenas a emissão da nota de empenho, mas não o empenho em si.

O empenho, segundo a mesma lei, é um ato advindo de autoridade competente que faz surgir para o Estado uma obrigação de pagamento com ou sem a ocorrência de condição, tratando-se de uma autorização para realização do gasto público.

Por meio do empenho a autoridade competente realiza uma reserva de dotação orçamentária para atingir um objetivo, no presente caso o pagamento de um precatório.

A autoridade competente é chamada de "ordenador da despesa" nos termos do disposto no Decreto-lei 200/1967, art. 80, § 1º. Essa autoridade é o chefe dos respectivos Poderes de cada esfera de governo ou um agente público que recebeu sua delegação. [cclxii]

Esse ordenador da despesa do precatório não pode ser uma autoridade do Poder Executivo, posto que a ele só cabe a transferência global de recursos ao Judiciário, como visto acima, e a Constituição da República determina quem é o ordenador da despesa de precatórios quando dispõe no art. 100:

> § 6º As dotações orçamentárias e os créditos abertos serão consignados diretamente ao Poder Judiciário, **cabendo ao Presidente do Tribunal** que proferir a decisão exequenda **determinar o pagamento integral** [...] (Redação dada pela Emenda Constitucional nº 62, de 2009).

Como se vê, quem determina o pagamento integral do precatório é o Presidente do Tribunal[cclxiii] sendo ele o ordenador da despesa, ou seja, ele é quem faz o empenho, ou então uma pessoa que atue por sua delegação.

A realização do empenho leva à elaboração de um documento denominado "nota de empenho" conforme a forma estabelecida no art. 61 da Lei 4.320/1964.

O empenho é o primeiro passo na realização da despesa pública e depois dele vem a liquidação prevista no art. 62 da Lei 4.320/1964, cujo objetivo é verificar o direito do credor considerando os documentos existentes. No caso de precatório os próprios autos dele permitem a realização da liquidação.

O derradeiro passo é o pagamento realizado após a determinação da autoridade competente no sentido de que a despesa seja paga. Esse pagamento é feito pelo juiz que preside a execução e realizado por meio de um mandado ou alvará de levantamento.

Na Justiça Federal conforme a Resolução nº 168/2011 do Conselho da Justiça Federal o pagamento pode ser feito por meio eletrônico e o alvará de levantamento é dispensado nos seguintes casos:

1. Precatórios de natureza comum inscritos a partir da proposta orçamentária de 2013, remetidos aos tribunais a partir de dois de julho de 2011;
2. RPVs requisitadas pelas varas federais e juizados especiais federais a partir de 1º de janeiro de 2005; e
3. Precatórios de natureza alimentícia autuados nos tribunais após 1º de julho de 2004.

Quando houver dispensa do alvará ou documento equivalente, o levantamento da verba se dará de acordo com as normas dos depósitos bancários, devendo a agência efetuar o pagamento em até vinte quatro horas, a contar da apresentação dos documentos de identificação do credor ou seu procurador ao gerente.

5.4.10.3 LIMITAÇÃO DE EMPENHO.

Conforme a Lei de Responsabilidade Fiscal, art. 9º, ao final de um bimestre, se a receita realizada não for suficiente para cumprir as metas de resultado primário ou nominal estabelecidas no Anexo de Metas Fiscais, cada Poder e o Ministério Público deve, em até trinta dias, de ofício e no valor necessário, realizar limitação de empenho e movimentação financeira como determinar a LDO.

Contudo o mesmo artigo no seu parágrafo segundo prevê que não poderão sofrer limitação de empenho *"as despesas que constituam obrigações constitucionais e legais do ente"* como é o caso dos requisitórios o que tem sido reconhecido pela LDO federal anual.

5.4.10.4 RESTOS A PAGAR E PRECATÓRIOS.

Os restos a pagar são as despesas que foram empenhadas, porém não foram pagas até o dia 31 de dezembro. Esses restos a pagar devem ser incluídos na mensagem do Poder Executivo que encaminha o projeto de orçamento ao Legislativo.

Acima se viu que os precatórios também têm que ser empenhados, por isso poderiam se tornar despesas empenhadas e não pagas até o fim do exercício, ou seja, restos a pagar.

A LRF no seu art. 30, § 7º, prevê que os precatórios não pagos serão incluídos na dívida consolidada para "fins de aplicação dos limites de endividamento", o que não impede que haja entre eles precatórios empenhados e não pagos até 31 de dezembro, isto é, haver precatórios em restos a pagar é sim possível.

Essa discussão não é bizantina como pode parecer, pois há entendimentos de que os restos a pagar prescrevem em cinco anos conforme previsão do art. 1º do Decreto 20.910/1932, do Decreto-lei 4597/1942, e art. 2º, art. 70 do Decreto 93.872/1986. [cclxiv]

Ocorre que, como a prescrição é a perda da pretensão e, no caso dos precatórios, tal pretensão já foi exercida, tanto que eles representam uma decisão judicial transitada em julgado, não há mais falar-se em prescrição com relação a eles.

Encerra-se esse importante capítulo falando de dívida pública e precatórios e é esse o assunto que se desenvolverá a seguir.

CAPÍTULO VI – REQUISITÓRIOS E A DÍVIDA PÚBLICA.

6.1 - DÍVIDA PÚBLICA.

A Lei de Responsabilidade Fiscal traz conceitos de dívida pública com o objetivo de afastar dúvidas e interpretações *"convenientes"*.[cclxv]

Não se mencionará questões que, embora relevantes, não são pertinentes ao tema deste estudo como, por exemplo, a questão da dívida externa e outras e deixar-se-á por último a dívida pública consolidada ou fundada, por ser a mais importante para este trabalho.

6.1.1 - DÍVIDA PÚBLICA MOBILIÁRIA.

Conforme a LRF a dívida pública mobiliária é aquela representada por títulos emitidos pelos entes da federação, bem como pelo Banco Central do Brasil.

Antes dessa lei a União assumia a dívida mobiliária externa sempre que Estados e Municípios fossem inadimplentes com tal dívida, mas isso começou a mudar a partir do segundo mandato do Presidente FERNANDO HENRIQUE CARDOSO quando o governo federal não assumiu uma dívida do governo mineiro, o que criou um precedente.

Depois da LRF, a prática antiga tornou-se proibida, o que evidentemente disciplinou melhor a dívida das entidades subnacionais. [cclxvi]

O refinanciamento da dívida mobiliária realiza-se pela emissão de títulos para pagamento do principal, somando-se a correção monetária, conforme dispõe a LRF, bem como os juros, inclusive da dívida anterior, sob pena de não aceitação dos novos títulos pelo mercado.[cclxvii] Tal prática consiste na rolagem da dívida mobiliária, não sendo um tipo de dívida à parte.

O refinanciamento deve obedecer aos limites da LRF a qual determina que ele não poderá exceder, ao término de cada exercício financeiro, o total do exercício anterior. Esse valor deve ser somado ao total das operações de crédito autorizadas na Lei Orçamentária Anual para tal fim e realmente concretizadas, além disso, deve-se acrescentar a correção monetária.

6.1.2 - OPERAÇÃO DE CRÉDITO.

A operação de crédito, segundo a LRF, consiste em um compromisso financeiro assumido em razão de um empréstimo, abertura de crédito, emissão e aceite de título, aquisição de bens por financiamento, antecipação de recebimento de valores decorrentes da alienação a termo de bens e serviços, arrendamento mercantil e outras operações parecidas, aí se incluindo o uso de derivativos financeiros.

A Constituição da República proibiu a realização de operações de crédito além do montante das despesas de capital, salvo no caso de créditos suplementares ou especiais com finalidade específica e que tenham sido autorizadas pelo Legislativo por maioria absoluta, quórum que demonstra a excepcionalidade dessas operações. Essa é a denominada "regra de ouro"

Da mesma forma, vedou a Constituição da República a transferência voluntária pela União e Estados e suas instituições financeiras de recursos e a concessão de empréstimos, aí incluídas as antecipações de receita, para pagamento de pessoal, seja ativo, inativo ou pensionista, dos Estados, do Distrito Federal e dos Municípios.

Anteriormente se viu a possibilidade de assunção de dívida de precatório pela União, sendo essa assunção equiparada à operação de crédito pela LRF.

O reconhecimento ou a confissão de dívidas pelo ente da federação também se equipara à operação de crédito por força dessa lei.

Em todos os casos de operação de crédito, ela deve ser acompanhada pela estimativa do impacto orçamentário-financeiro no exercício em que deva ter validade e também nos dois que se seguirem.

Cabe ao ordenador dessa despesa declarar que o aumento de gasto está de acordo com a lei orçamentária anual, a lei de diretrizes orçamentárias e o plano plurianual.

Dessa forma, a assunção de dívida de precatórios pela União, além de precisar de lei própria para isso, deverá seguir os limites da Lei de Responsabilidade Fiscal impostos às operações de crédito, além de, em obediência à LRF e à Constituição da República, ter previsão na LOA, na LDO e no PPA.

6.1.3 - CONCESSÃO DE GARANTIA.

A concessão de garantia ocorre quando o ente da Federação ou entidade a ele vinculada se compromete a adimplir obrigação financeira ou contratual, conforme regra da Lei de Responsabilidade Fiscal.

Devem ser incluídas entre as entidades vinculadas ao ente da Federação as sociedades de economia mista e as sociedades nas quais o governo tenha participação com poderes de coadministração.

Cabe lembrar que, para a Lei de Responsabilidade Fiscal, a expressão "ente da Federação" inclui a União, os Estados, o Distrito Federal e os Municípios.

6.1.4 – DÍVIDA PÚBLICA FLUTUANTE, FUNDADA OU CONSOLIDADA E MOBILIÁRIA.

Pode-se pensar que a classificação da dívida em flutuante ou consolidada não teria relevância,[cclxviii] pois seria melhor falar em dívida de médio e longo prazo.[cclxix]

Contudo, no Brasil é exatamente o contrário, pois a questão do prazo perdeu relevância e a nossa legislação fala em dívida flutuante, fundada ou consolidada e mobiliária, como veremos.[cclxx]

A dívida pública poderia ter seu conceito limitado aos empréstimos, [cclxxi] ou operações financeiras em geral,[cclxxii] e as demais dívidas poderiam ser consideradas como sendo *"dívida administrativa"*.[cclxxiii]

Por outro ponto de vista, a dívida pública teria natureza não apenas contratual, mas também legal[cclxxiv] e é esse o conceito da legislação brasileira que exporemos abaixo.

A dívida mobiliária teve seu conceito trazido pela LRF e a comentaremos no próximo item.

A dívida consolidada teria as seguintes características, segundo a doutrina:

1. Ela seria usada para empréstimos perpétuos; [cclxxv]
2. Ela seria permanente e atendível por um fundo que não exigisse o voto anual do Poder Legislativo para uso de seus recursos;[cclxxvi]
3. Ela seria inscrita no Grande Livro da Dívida Pública; [cclxxvii]
4. Ela seria formada pelos empréstimos obtidos para fins financeiros para longo prazo;[cclxxviii]
5. Ela teria os seguintes elementos formais:
a) Exigência de lei autorizativa do gasto ou permitindo que o Executivo o decidisse por si; e
b) Previsão orçamentária para as despesas decorrentes do serviço da dívida;
6. Na sua essência ela serviria para pagar juros e devolver o principal de empréstimos a médio e longo prazos;[cclxxix]
7. Ela consistiria em parciais prestações pagas por tempo determinado e em época previamente fixada na qual o devedor só deve as prestações prefixadas ou a resultante de créditos de prazos estendidos; [cclxxx]
8. Nela haveria uma obrigação de resgate, com o pagamento de juros e prestações ou somente juros. [cclxxxi]
9. Ela se dividiria em
a) Consolidada, ou seja, pode ser resgatada ou é reembolsável; [cclxxxii] e
b) Perpétua, ou, em outras palavras, não passível de reembolso ou que não previsse resgate ou forma de amortizar, resolvendo-se em prestação de juros. [cclxxxiii]

Por seu turno, a dívida flutuante poderia ser reconhecida pelos seguintes atributos, também segundo a doutrina:

1. Seria de curto prazo; [cclxxxiv]
2. Seria contraída para resolver dificuldades momentâneas.

A dívida flutuante é aquela de origem monetária emitida por necessidades do Tesouro e constituída essencialmente de certificados e bônus do Tesouro para diversas dívidas estatais, bem como por títulos de crédito e adiantamentos permitidos. Ela surgiria em momentos de dificuldades financeiras e deveria ser convertida em consolidada ou então ser paga. [cclxxxv]

A dívida flutuante ou não fundada ou não inscrita também poderia ser aquela que não tem ainda liquidez e certeza[cclxxxvi] ou aquela que é exigível à vontade do credor.[cclxxxvii]

A dívida flutuante ocorreria em três casos:

1. Dívidas não pagas de rendimentos de servidores e dos provedores do Estado por falta de recursos;
2. A mesma dívida anterior, mas reconhecida formalmente pelo Estado, endossável ou descontável em instituições financeiras; e
3. A utilização de recursos do Banco Central para suprir deficiências de Tesouraria e não déficits orçamentários. [cclxxxviii]

Fala-se ainda na doutrina em dívida de cunho especial, ou seja, o papel moeda quando não conversível; e dívida vitalícia, isto é, as não amortizáveis, também conhecidas como perpétuas. [cclxxxix]

Como se vê, com base na doutrina ficaria muito difícil dizer o que seriam esses tipos de dívida pública, mas para nós é importante considerar como se enquadram os precatórios nessa dívida, pois conforme o enquadramento seriam as regras aplicáveis.

6.1.4.1 – O ENQUADRAMENTO DOS PRECATÓRIOS DENTRO DA DÍVIDA PÚBLICA.

Como prevê nossa legislação, a dívida pública é configurada pela totalidade das obrigações financeiras do Poder Público, pois ela não é contraída exclusivamente por celebração de operações de crédito.

A LRF apresentou classificação diversa da Lei 4.320/1964, mas também incluindo no conceito de dívida pública outras obrigações contraídas por celebração de operações de crédito.

Para a LRF a dívida pública consolidada ou fundada seria a totalidade das obrigações financeiras do ente federativo, excluídas eventuais duplicidades.

Essas obrigações devem ter sido assumidas em razão de leis, contratos, convênios ou tratados, bem como de operações de crédito, essas últimas desde que sua amortização fosse prevista para um prazo além de doze meses. Aquelas com prazo menor também podem ser incluídas, se suas dotações tiverem constado no orçamento.

Ainda se incluem na dívida consolidada ou fundada as dívidas da União decorrentes de emissão de títulos por parte do Banco Central.

Conceituar dívida consolidada ou fundada em oposição à dívida flutuante dizendo que essa última tem a característica de ser de curto prazo e a primeira de longo prazo[ccxc] não condiz bem com o conceito do parágrafo terceiro do art. 29 da Lei de Responsabilidade

Fiscal, lei essa que não usa mais o prazo como critério para diferenciar tipos de dívida.[ccxci]

O conceito de que a dívida consolidada seria apenas relativa a empréstimos de prazos médio e longo[ccxcii] não pode ser aceito também porque exclui algumas das obrigações financeiras incluídas pela Lei de Responsabilidade Fiscal, ou seja, aquelas decorrentes de leis, convênios ou tratados, com exceção do empréstimo compulsório, modalidade de tributo que deve ser instituído por lei complementar nos termos do art. 148 da Constituição da República.

A dívida flutuante não foi prevista na LRF a qual colocou a *"dívida pública mobiliária"* para contrastar com a dívida fundada, entendendo que a dívida mobiliária seria a que fosse *"representada por títulos emitidos pela União, inclusive os do Banco Central do Brasil, Estados e Municípios"*.

No que tange aos precatórios, a LRF previu:

> Art. 30. § 7º **Os precatórios judiciais não pagos** durante a execução do orçamento em que houverem sido incluídos **integram a dívida consolidada, para fins de aplicação dos limites**. (grifo nosso)

A LRF incluiu os precatórios judiciais como dívida consolidada desde que não pagos durante a execução do orçamento no qual eles foram incluídos, sejam ou não restos a pagar, revogando dessa forma a Lei 4.320/1964 nesse ponto.

Mas, pode-se argumentar com a parte grifada do parágrafo sétimo que essa inclusão foi feita apenas *"para fins de aplicação dos limites"* previstos para a dívida pública pela LRF, o que merece ser analisado.

A dívida flutuante não é conceituada pela Lei 4.320/1964, a qual apenas apresenta um rol do que estaria incluída nela, ou seja: os restos a pagar, excluídos os serviços da dívida; os serviços da dívida a pagar; os depósitos; os débitos de tesouraria, portanto, a LRF não revogou essa parte da Lei 4.320/1964, pois aqui o critério não é o prazo.[ccxciii]

Já a dívida fundada é definida por essa lei como sendo aquela cujos compromissos tenham exigibilidade superior a doze meses, mas a lei a restringe aos casos em que eles tenham sido contraídos para atendimentos de déficits orçamentários ou financeiros decorrentes de obras e serviços públicos. Essa parte da Lei 4.320 foi revogada pela LRF que adotou outro conceito como visto acima.

Mas, segundo AMÉRICO LUÍS MARTINS DA SILVA, em virtude das regras não revogadas da Lei 4.320, os precatórios que fossem restos a pagar poderiam ser dívida flutuante,[ccxciv] mas os que não fossem não se enquadrariam em nenhuma das duas classificações da Lei 4.320/1964.

Ocorre que a LRF ao tratar da dívida pública revogou os dispositivos da lei anterior, ou seja, da Lei 4.320/1964, restando em nossa legislação os conceitos de dívida consolidada ou fundada ou dívida mobiliária, não mais se falando em dívida flutuante.

Evidentemente os requisitórios não se enquadram no conceito de dívida mobiliaria estabelecido pela LRF.

A dívida pública consolidada ou fundada é *"o somatório total das obrigações financeiras de uma entidade federativa"*, [ccxcv] se excluindo os outros tipos de operações financeiras que se enquadrarem nas outras categorias de dívida pública supramencionadas. Dessa forma, podemos afirmar que os requisitórios são dívida consolidada ou fundada, e não apenas para fins de limite da dívida.

Também, pela mesma razão, não se diferenciam nesse ponto os precatórios das RPVs, desde que não pagas.

6.2 - PRECATÓRIOS COMO DÍVIDA PÚBLICA CONSOLIDADA OU FUNDADA E SUA INFLUÊNCIA NOS LIMITES DA DÍVIDA.

A Lei de Responsabilidade Fiscal estabeleceu que, em noventa dias a contar da sua publicação, o Presidente da República deveria apresentar ao Senado Federal uma proposta de limites globais para o montante da dívida consolidada da União, Estados e Municípios.

Tal norma decorre do fato de que a Constituição da República deu competência privativa ao Senado Federal para fixar os limites globais para o montante da dívida consolidada dos entes da Federação, conforme proposta do Presidente da República.

Ao Senado também compete privativamente dispor sobre os limites e condições pelas quais a União pode conceder garantia em operações de crédito, seja externo ou interno, bem como estabelecer limites globais e condições para o montante da dívida mobiliária dos entes da Federação, excluída aí a União.

Também a LRF determinou que o Presidente da República encaminhasse ao Congresso Nacional, no mesmo prazo, projeto de lei que estabelecesse limites para o montante da dívida mobiliária federal, como disposto na Constituição da República.

Tal projeto de lei deveria ser acompanhado da demonstração de sua adequação aos limites fixados para a dívida consolidada da União na LRF e nos objetivos da política fiscal.

A Lei de Responsabilidade Fiscal previu a possibilidade de revisão de tais limites, desde que pela mesma forma que foram estabelecidos.

Com base nisso o Senado criou a Resolução n° 40/2001, alterada pela Resolução 05/2002 na qual fixou os mencionados limites.

Tal Resolução assim dispôs:

Art. 1° [...]

§ 1° Considera-se, para os fins desta Resolução, as seguintes definições: [...]

III - dívida pública consolidada: montante total, apurado sem duplicidade, das obrigações financeiras, inclusive as decorrentes de emissão de títulos, do Estado, do Distrito Federal ou do Município, assumidas em virtude de leis, contratos, convênios ou tratados e da realização de operações de crédito para amortização em prazo superior a 12 (doze) meses, **dos precatórios judiciais emitidos a partir de 5 de maio de 2000 e não pagos durante a execução do orçamento em que houverem sido incluídos**, e das operações de crédito, que, embora de prazo inferior a 12 (doze) meses, tenham constado como receitas no orçamento; [...] (grifo nosso)

De início convém lembrar que os precatórios foram declarados pela Lei de Responsabilidade Fiscal como parte da dívida pública consolidada no §7° do art. 30, o qual inicia a seção dessa lei que trata dos limites da dívida pública.

Dessa forma a inclusão desse parágrafo em tal artigo mostra claramente a intenção do legislador de não permitir que manobras normativas ou contábeis excluíssem os precatórios de tal dívida.

O objetivo da lei era a redução da dívida pública com precatórios, incluindo-os, para tanto, nos limites da dívida pública consolidada. A Lei de Responsabilidade Fiscal conseguiu reduzir bastante tal dívida nos seus primeiros dez anos de vigência, mas a mencionada resolução do Senado frustrou esse objetivo criando uma distinção inexistente.[ccxcvi]

Como se vê da parte destacada da resolução, o Senado restringiu os precatórios a serem incluídos na dívida pública consolidada como sendo apenas os emitidos a partir de 5 de maio de 2000, data da vigência da Lei de Responsabilidade Fiscal, excluindo todos os demais.

Contudo, tal distinção entre o antes e o depois não tem amparo na lei, extrapolando os limites legais, e, por isso, é ilegal, pois as resoluções são atos administrativos normativos, inclusive quando expedidos por órgãos legislativos com o objetivo de disciplinar matéria de sua competência específica.

A Resolução nº 40/2001 tem a peculiaridade de servir para regulamentar a Lei Complementar 101/2000, por isso, a ela se aplicam as regras do regulamento, ou seja, se trata de ato inferior à lei, razão de não poder contrariá-la e nem ir além do que ela permitir, sendo nulo no que extravasar a lei, como ocorreu aqui. [ccxcvii]

Essa resolução é ilegal e inconstitucional por três motivos:

1.   O art. 163, II, da Constituição prevê que somente a lei complementar pode tratar de dívida pública externa ou interna;

2.   Pelo disposto no art. 52, incisos VI, VII, VIII e IX, também da Constituição, a Resolução do Senado só pode tratar de limites e condições da dívida, não podendo criar regimes jurídicos diferenciados para a dívida pública consolidada,

como ocorreu com a exclusão dos precatórios anteriores a 05 de maio de 2000 do conceito de dívida pública consolidada;

3. Houve desrespeito à hierarquia das normas, como supramencionado.[ccxcviii]

Essa Resolução tem sido seguida inclusive pelas demais normas administrativas que vieram depois dela, o que deturpou os objetivos da Lei de Responsabilidade Fiscal e causou os seguintes problemas apontados por FERNANDO FACURY SCAFF e CÉSAR AUGUSTO SEIJAS ANDRADE:

a) manteve o alto estoque da dívida de vários entes subnacionais com precatórios;

b) prejudicou a credibilidade das decisões judiciais no Brasil;

c) prejudicou milhares de pessoas que viram fraudados seu direito de preferência ao recebimento de precatórios; e

d) tornou letra morta normas constitucionais. [ccxcix]

A Lei de Responsabilidade Fiscal surgiu "*como resposta ao desequilíbrio fiscal e financeiro dos entes subnacionais*", [ccc] sendo o seu objetivo básico a regulamentação da dívida pública, a qual tem como uma das causas de seu descontrole a inadimplência dos precatórios pelos entes subnacionais, entes esses que muitas vezes não respeitam os limites globais da dívida.

Essa lei surgiu quando chegava ao fim o parcelamento unilateral da dívida com precatórios realizado pelo ADCT, sendo que o parágrafo único do art. 33 de tal ato permitiu, com relação a esse parcelamento, a expedição de títulos de dívida pública não computáveis para efeito do limite global de endividamento, o que gerou tantos abusos que acabaram por dar origem à Comissão Parlamentar de Inquérito de 1997, [ccci] anteriormente mencionada.

A Lei de Responsabilidade Fiscal saiu em maio de 2000 e em setembro de 2000 veio a lume o segundo parcelamento unilateral, dessa vez realizado pela Emenda Constitucional nº 33/2000 e em dezembro de 2001 saiu a mencionada Resolução 41/2001 do Senado Federal.

Essa situação fez com que a dívida crescesse, mas as contas parecessem em ordem, inclusive para os organismos internacionais, como o Fundo Monetário Internacional e o Banco Mundial, além de, certamente, as entidades internacionais que estabelecem índices de risco para investimentos.

Assim, não há como confiar-se em informações que consta no site do governo federal apontando declínio da dívida pública. [cccii]

Observe-se que a notícia que vem do Município de São Paulo, Capital, é bem diversa do otimismo de Brasília como se vê no estudo do Conselheiro DOMINGOS DISSEI no qual consta uma dívida muito grande e ascendente. [ccciii]

Chama a atenção nesse estudo do Conselheiro a parte em que o autor afirma que a dívida municipal é impagável, mas se referindo apenas ao contrato da União com o Município, olvidando-se totalmente da imensa dívida de precatórios existente naquele Município, a qual cai em esquecimento devido à inadequada Resolução.

Espera-se que os órgãos de controle e manejo das contas públicas percebam o risco existente e tomem as providências necessárias para evitá-lo.

Abre-se em seguida um novo capítulo para estudar esses órgãos de controle.

CAPÍTULO VII – O CONTROLE

DOS REQUISITÓRIOS.

A Lei 4.320/1964 cuida do controle da execução orçamentária a partir do seu artigo 75 o qual estabelece que esse controle será de legalidade dos atos realizados, fidelidade dos agentes da administração responsáveis por bens e valores públicos e do cumprimento do programa de trabalho.

Em termos mais recentes, RODRIGO OLIVEIRA DE FARIA afirma com razão que deve haver um controle de finalidade conforme estabelecida no PPA e na LDO, sendo esse o ponto central das leis orçamentárias.[ccciv]

O controle na Administração Pública é interno e externo e essa regra é mantida em termos de requisitórios também.

Como já visto, os requisitórios são o meio pelo qual se concretiza a jurisdição e, além disso, no que tange aos precatórios, a sua administração deve ficar aos cuidados do Poder Judiciário, por tudo isso se considerará aqui como controle interno o controle que o Poder Judiciário exerce sobre si mesmo e externo o que é exercido por outros Poderes.

O controle externo em termos de requisitórios é exercido principalmente pelo Poder Legislativo por meio da CMO e com o auxílio dos Tribunais de Contas, mas, como já visto, as LDOs têm ampliado esse controle e hoje fazem parte do controle externo dos requisitórios: a Secretaria de Orçamento Federal do Ministério do

Planejamento, Orçamento e Gestão; a Advocacia-Geral da União; os Órgãos e entidades devedores; e a Procuradoria-Geral da Fazenda Nacional.

Neste capítulo se verá os dois controles, lembrando que a efetividade das sanções e, por conseguinte, dos controles, foi discutida anteriormente.

7.1 O CONTROLE INTERNO DOS REQUISITÓRIOS.

A exigência de um controle interno é feita pela Constituição da República quando diz no seu art. 70 que cada Poder deve ter um sistema de controle interno.

A Constituição no art. 74 explicita que tal controle deve ser feito de forma integrada pelos três Poderes com o objetivo de avaliar o cumprimento das metas do PPA, bem como a execução dos programas de governo e dos orçamentos.

Cabe ainda ao controle interno nos órgãos e entidades da Administração Pública comprovar que essa age de acordo com a lei e avaliar os resultados dessa ação no que tange à eficácia e eficiência da gestão orçamentária, financeira e patrimonial, bem como avaliar a aplicação de recursos públicos por entidades de Direito Privado.

O Controle Interno deve exercer o controle das operações de crédito, avais e garantias, além dos direitos e bens estatais, cabendo-lhe fornecer ajuda que necessitar o controle externo, devendo dar imediata ciência ao respectivo Tribunal de Contas de qualquer irregularidade ou ilegalidade, sob pena de responsabilidade solidária.

A Lei 4.320/1964 estabelece que a verificação interna da legalidade dos atos relativos ao cumprimento do orçamento será prévia, concomitante e subsequente, sendo que, além da prestação ou tomada de contas anual ou por fim de gestão, conforme dispuser a lei, pode haver a qualquer momento levantamento e prestação ou tomada de contas dos responsáveis por valores e bens públicos.

Essa lei dispõe que cabe aos serviços de contabilidade ou órgãos equivalentes a verificação da exata observância dos limites das cotas trimestrais que cada unidade orçamentária receber, dentro do sistema que for criado para essa finalidade.

O Conselho Nacional de Justiça regulou o controle interno no âmbito do Poder Judiciário nacional por meio das Resoluções 86/2009, 132/2011 e 171/2013.

Em São Paulo, o Órgão Especial do Tribunal de Justiça criou a Unidade de Controle Interno, diretamente vinculada à Presidência do Tribunal, por meio da Resolução 504/2009.

Em 2010, A Presidência do Tribunal de Justiça do Estado de São Paulo expediu a Portaria 7.800 instituindo a Diretoria de Controle Interno, cuja supervisão compete a um Desembargador.

A Justiça Federal começou bem mais cedo do que a paulista e o Conselho Nacional de Justiça, pois em 1998 o Conselho da Justiça Federal expediu a Resolução 206 criando o Comitê Técnico de Controle Interno.

No dia 11 de dezembro de 2009, em virtude da Resolução 86 de 08 de setembro de 2009 do Conselho Nacional de Justiça, o Conselho da Justiça Federal expediu outra Resolução de número 85 a qual tratou da organização e diretrizes de funcionamento do Sistema de Controle Interno da Justiça Federal.

O que chama a atenção é que nenhum desses atos normativos menciona precatórios ou RPVs e a razão disso foi o que se disse no capítulo sobre orçamento, ou seja, os precatórios ou RPVs são valores de terceiros e não pertencem ao Judiciário, o que não impede o controle interno dos atos realizados na gestão desses recursos.

7.2 O CONTROLE EXTERNO DOS REQUISITÓRIOS.

A respeito do controle externo a Lei 4.320/1964 determina que ele seja feito pelo Poder Legislativo, com parecer prévio do Tribunal de Contas, a quem o Executivo deve prestar contas anualmente, o mesmo ocorrendo com o Judiciário, que também deve prestar contas como estabeleceu a Lei de Responsabilidade Fiscal.

Essa última lei exigiu ainda que haja transparência na gestão fiscal com ampla divulgação, inclusive pela internet e de livre acesso ao povo, devendo aí constar os planejamentos orçamentários, a LDO, as contas prestadas e o respectivo parecer do Tribunal de Contas, além de dois relatórios: o resumido da execução orçamentária e o da gestão fiscal, devendo haver versões simplificadas desses documentos.

A exigência de transparência possibilita um controle externo exercido pelo povo.

Além da internet, já mencionada, a LRF determina a realização de audiências públicas e o uso de um padrão mínimo de qualidade do sistema integrado de administração financeira e controle.

Essas regras são aplicáveis a todos os entes da República e, além delas, eles devem disponibilizar a qualquer pessoa física ou jurídica informações com os detalhes necessários sobre as suas despesas e receitas.

As contas do Chefe do Poder Executivo por sua vez devem ficar disponíveis para consulta e apreciação pelos cidadãos e instituições da sociedade no respectivo Poder Legislativo, bem como no órgão técnico que as elabora.

O art. 56 da LRF estabelece que as contas do Executivo deveriam incluir as do Legislativo, do Judiciário e do Ministério Público e serem prestadas ao Legislativo, contudo o Supremo Tribunal Federal na ADI 2238 MC / DF suspendeu a eficácia desse dispositivo por ser inconstitucional, pois apenas o Executivo presta contas diretamente ao Legislativo, os demais prestam contas aos Tribunais de Contas.

Segundo a LRF, a fiscalização da gestão fiscal, é feita pelo Legislativo de forma direta ou com o auxílio dos Tribunais de Contas, do sistema de controle interno de cada Poder e do Ministério Público.

Esse controle externo inclui a administração das verbas dos requisitórios tanto pelo Executivo quanto pelo Judiciário e é feito na forma que se expõe a seguir.

7.2.1 O CONTROLE EXTERNO NO ESTADO DE SÃO PAULO.

A Constituição do Estado de São Paulo trata do controle, mas não há espaço para inovação como impõe o Supremo Tribunal Federal:

> "[...] A CF é clara ao determinar, em seu art. 75, que as normas constitucionais que conformam **o modelo federal de organização do TCU são de observância compulsória pelas Constituições dos Estados-membros**. Precedentes. [...]" (ADI 3.715-MC, Rel. Min. Gilmar Mendes, julgamento em 24-5-2006, Plenário, DJ de 25-8-2006.) (grifo nosso)[cccv]

Em virtude disso se citará os controles externos federal e estadual em conjunto, salvo no que tange à Procuradoria Geral do Estado pelos motivos que seguem e depois se falará dos controles particulares da União e os que existem tanto nela quanto no Estado.

7.2.1.1 O CONTROLE PELA PROCURADORIA GERAL DO ESTADO DE SÃO PAULO.

No Estado de São Paulo, o Decreto n. 55.300, de 30 de dezembro de 2009 criou no seu artigo 3º, junto à Procuradoria Geral do Estado, o Sistema Único de Controle de Requisitórios Judiciais, no qual era mantido o registro cadastral e de pagamentos de todos os requisitórios da administração direta e indireta, com o objetivo de controle estatístico, verificação dos pagamentos e conferência da ordem em que eram realizados.

Estabeleceu o decreto que as entidades da administração indireta deveriam manter atualizados os registros de seus requisitórios junto à Procuradoria Geral do Estado (PGE), cadastrando-os diretamente, e preferencialmente em meio eletrônico, em até cinco dias da data do respectivo recebimento, e nesse mesmo prazo registrando as alterações que a qualquer tempo lhes fossem comunicadas pelo Poder Judiciário.

Na Procuradoria Geral do Estado de São Paulo foi criada a Coordenadoria de Precatórios diretamente subordina ao Gabinete do Procurador Geral do Estado, cabendo-lhe administrar o Sistema Único de Controle de Requisitórios Judiciais, instituído pelo artigo 3º do Decreto Estadual n. 55.300/2009.

Competia à Coordenadoria de Precatórios providenciar as inclusões no Sistema dos precatórios e RPVs da Administração direta e indireta, promovendo de ofício, a requerimento do tribunal, ou mediante solicitação justificada dos credores ou de terceiros interessados, as retificações cadastrais e alterações que se fizerem necessárias, requerendo às unidades da Procuradoria Geral do Estado e Procuradorias Jurídicas das entidades da Administração Indireta a prestação de informações, sempre que necessário.

Essa Coordenadoria também realizava constantes atualizações do montante das requisições recebidas, bem como cabia a ela defender o Estado de São Paulo e suas autarquias nos pedidos de sequestro de rendas públicas e nas intervenções federais, atuando diretamente em todos os demais incidentes administrativos atinentes a precatórios, em trâmite perante as Presidências dos Tribunais.

Contudo, como já se disse, a partir de 1º de janeiro de 2010, por força da Emenda Constitucional n.º 62/2009, a administração dos precatórios da Fazenda do Estado, bem como de suas autarquias, fundações e universidades, passou a ser feita pelo Tribunal de Justiça do Estado.

Por isso não constam no portal da internet da PGE as informações dos pagamentos de precatórios que foram efetuados a partir daquela data, mas constam as informações relativas aos precatórios pagos anteriormente e informações relativas a requisições diretas de pagamento de obrigações de pequeno valor. [cccvi]

7.2.2 O CONTROLE NO ÂMBITO DO MUNICÍPIO, ESTADO, DISTRITO FEDERAL E UNIÃO.

7.2.2.1 O CONTROLE PELO MINISTÉRIO PÚBLICO.

A Constituição da República prevê o Ministério Público como sendo uma instituição permanente e essencial à função jurisdicional estatal, cabendo-lhe a defesa da ordem jurídica, da democracia e dos interesses sociais e individuais indisponíveis.

Devido a essas incumbências é que a LRF determinou que cabe ao Ministério Público a fiscalização do cumprimento dela, especialmente no que tange a realização das metas previstas na LDO e outras incumbências e o CNJ determinou no art. 26 da Resolução 115 que o Tribunal de Justiça deve comunicar ao Ministério Público as opções do regime especial da EC 62/2009, cabendo ao Ministério Público avaliar se as contabilizações e informações do regime especial estão regulares.

A Lei Federal 8.625/1993 estabeleceu a Lei Orgânica Nacional do Ministério Público e dispôs sobre normas gerais para a organização do Ministério Público estadual e deixou para outra lei tratar do Ministério Público federal.

Essa lei orgânica previu que, além das funções previstas nas Constituições Federal e Estadual, na Lei Orgânica e em outras leis, cabe ao Ministério Público, no que nos interessa neste estudo:

1. Propor ação de inconstitucionalidade de leis ou atos normativos estaduais e municipais em relação à Constituição do Estado;
2. Promover a representação de inconstitucionalidade para fins de intervenção do Estado nos Municípios;
3. Promover o inquérito civil e a ação civil pública para defesa de interesses difusos, coletivos e individuais indisponíveis e homogêneos;
4. Pedir a anulação de atos atentatórios à moralidade administrativa; e
5. Responsabilizar em juízo os gestores de verba pública condenados nos tribunais de contas.

Já o Ministério Público da União é regido pela Lei Complementar 75/1993 e em tal lei lê-se que cabe a ele a defesa da independência e harmonia dos Poderes da União, a legalidade, a impessoalidade e moralidade da administração pública federal, devendo zelar pelas finanças públicas.

A respeito da atuação do Ministério Público decidiu o Supremo Tribunal Federal:

"[...] detém o Ministério Público capacidade postulatória, não só para a abertura do inquérito civil, da ação penal pública e da ação civil pública para a defesa de outros interesses difusos e coletivos (CF, art. 129, I e III). Interesses difusos são aqueles que abrangem número indeterminado de pessoas unidas pelas mesmas circunstâncias de fato, e coletivos aqueles pertencentes a grupos, categorias ou classes de pessoas determináveis, ligadas entre si ou com a parte contrária por uma relação jurídica base. A indeterminidade é a característica fundamental dos interesses difusos e a determinidade a daqueles interesses que envolvem os coletivos.

Direitos ou interesses homogêneos são os que têm a mesma origem comum (art. 81, III, da Lei 8.078, de 11-9-1990), constituindo-se em subespécie de direitos coletivos. Quer se afirme interesses coletivos ou particularmente interesses homogêneos, stricto sensu, ambos estão cingidos a uma mesma base jurídica, sendo coletivos, explicitamente dizendo, porque são relativos a grupos, categorias ou classes de pessoas, que conquanto digam respeito às pessoas isoladamente, não se classificam como direitos individuais para o fim de ser vedada a sua defesa em ação civil pública, porque sua concepção finalística destina-se à proteção desses grupos, categorias ou classe de pessoas. [...]." (RE 163.231, Rel. Min. Maurício Corrêa, julgamento em 26-2-1997, Plenário, DJ de 29-6-2001.)[cccvii]

Com base nessa decisão e nas normas supramencionadas pode-se afirmar que o Ministério Público tem legitimidade para atuar na defesa da moralidade administrativa e de interesses de detentores de requisitórios para obrigar o ente estatal a cumprir sua obrigação constitucional de pagar por suas dívidas estabelecidas em juízo.

7.2.2.2 O CONTROLE PELO MINISTÉRIO PÚBLICO JUNTO AO TRIBUNAL DE CONTAS.

O Ministério Público junto ao Tribunal de Contas (TC) tem sua previsão na Constituição da República a qual diz que aos seus membros aplicam-se as disposições pertinentes a direitos, vedações e forma de investidura do Ministério Público em geral.

O Supremo Tribunal Federal várias vezes decidiu que o Ministério Público junto aos tribunais de contas é ligado administrativamente a eles, não tendo relação com o Ministério Público comum, por isso os seus membros não podem trocar de carreira para entrar no Ministério Público comum,[cccviii] cujas funções não têm autoridade para exercer[cccix] e vice-versa.[cccx]

Tão profunda é a natureza dessa ligação que o Supremo Tribunal Federal decidiu que a legislação desse Ministério Público especial é de iniciativa do Tribunal de Contas por lei ordinária,[cccxi] não detendo esse MP autonomia administrativa e financeira que o Ministério Público comum tem,[cccxii] e nem autonomia funcional, em que pese os seus membros individualmente terem a prerrogativa de plena independência de atuação.[cccxiii]

No âmbito federal esse Ministério Público é regido pela Lei nº 8.443, de 16 de julho de 1992, Lei Orgânica do Tribunal de Contas da União, na qual se constata a efetivação das afirmações supra referidas.

A ele cabe a guarda da lei e a fiscalização de sua execução, defendendo a ordem jurídica perante o TCU onde promoverá as medidas necessárias no interesse da Justiça, da Administração e do Erário.

Ele também faz junto à AGU a cobrança judicial da dívida advinda da condenação pelo TCU do responsável por contas julgadas irregulares a pagar eventual dívida e multa que o TCU aplicar, inclusive o arresto dos bens dessas pessoas pelo mesmo modo e devendo ser ouvido quando houver pedido de liberação de bens arrestados e sua devolução.

No Estado de São Paulo, esse Ministério Público especial é regido pela Lei Complementar Paulista nº 1.110, de 14 de maio de 2010, sendo tratado nessa lei separadamente do Tribunal de Contas do Estado (TCE), embora essa lei preveja que o Regimento Interno do TCE possa criar atribuições para ele, prevendo para ele as mesmas atribuições que tem o Ministério Público especial da União.

Evidente que na sua atuação esse Ministério Público pode contribuir muito para o controle dos requisitórios e efetividade de seu pagamento.

7.2.2.3 O CONTROLE PELO TRIBUNAL DE CONTAS.

O Poder Legislativo exerce o controle externo do Judiciário e do Executivo e ele faz essa tarefa por meio de uma fiscalização bem ampla em que se consideram os aspectos contábeis, financeiros, orçamentários, operacionais e patrimoniais da União e das entidades da administração direta e indireta, bem como dos Estados, Municípios e Distrito Federal.

Nesse controle, ele avalia se a atividade dos outros Poderes foi legal, legítima e de acordo com o princípio da economicidade, inclusive no que tange a aplicação das subvenções e renúncia de receitas.

Esse controle, na verdade, atinge qualquer pessoa física ou jurídica, pública ou privada que, de alguma forma lide com verbas, valores ou bens públicos ou que estejam na responsabilidade do Poder Público ou que, em nome dele, sejam assumidas obrigações de natureza pecuniária.

Evidente que um controle tão amplo não é possível ser feito sem uma estrutura de apoio grande o bastante e eficiente e a que o Legislativo dispõe é o Tribunal de Contas, o qual presta as informações que o Legislativo pedir.

No âmbito federal, o Tribunal de Contas da União (TCU) aprecia e dá um parecer prévio a respeito das contas que o Presidente da República deve ao Congresso anualmente, mas sem julgá-las, pois isso cabe ao Congresso fazer.

Mas, no que tange a todos as outras pessoas mencionadas acima que lidam com dinheiro público, o julgamento de suas contas é feito pelo TCU.

Além disso, também quem ocasionar perda, extravio ou qualquer irregularidade que dê prejuízo ao Erário deve prestar contas a ele.

Cabe igualmente ao TCU avaliar a movimentação de pessoal e realizar, de ofício ou a pedido de uma das Casas do Congresso, Comissão técnica ou CPI, inspeções e auditorias sobre todos os aspectos mencionados acima e em todas as unidades administrativas dos três Poderes e da Administração Indireta.

O TCU fiscaliza ainda as contas nacionais de empresas supranacionais de cujo capital social a União participe de qualquer forma e nos termos do tratado que constituiu a empresa supranacional, além dos recursos que a União repassar por instrumento que indique um acordo para os outros entes da federação.

Se o TCU perceber que houve ilegalidade de despesa ou irregularidade das contas, obedecendo aos princípios da ampla defesa e contraditório, poderá aplicar ao responsável multa proporcional ao dano.

Mas não é só isso, a Lei Federal 8.443/1992, prevê várias condutas passíveis de sanção e as penas podem ser multa, afastamento temporário do cargo, obrigação de devolver o débito apurado, afastamento cautelar do cargo, arresto de bens e inabilitação para o exercício de cargo em comissão ou função de confiança, sem prejuízo de outras penalidades cabíveis.

Também, conforme a Lei Complementar 64/1990, com a redação dada pela Lei Complementar 135/2010, aqueles que tiverem as contas relativas a cargos ou funções públicas rejeitadas por decisão irrecorrível e cuja irregularidade praticada seja impossível de sanar e que, além disso, o que fizeram configure ato doloso de improbidade administrativa são inelegíveis para qualquer cargo, o mesmo ocorrendo com ordenadores de despesa, sem exclusão de mandatários que tenham agido nessa condição.

No Estado de São Paulo, a lei orgânica do Tribunal de Contas é a Lei Complementar Paulista 709 de 14 de janeiro de 1993 e, na essência, o trabalho do Tribunal de Contas do Estado (TCE) é igual ao do TCU, atuando como auxiliar da Assembleia Legislativa e das Câmaras de Vereadores e tendo em sua jurisdição o Estado e seus Municípios, salvo o da Capital o qual tem Tribunal de Contas próprio que também funciona de modo semelhante.

Vários exemplos de fiscalização de requisitórios por parte do Tribunal de Contas da União e do Estado foram encontrados em pesquisa, sendo que no TCU se registra duzentos e trinta e seis menções a essa atividade e no TCESP cinquenta e três, alguns casos com rejeição das contas.

Contudo, os resultados efetivos não são grandes, pois o julgamento das contas do Executivo é político e a exigência de dolo pelo Supremo Tribunal Federal inviabiliza punições, como visto anteriormente.

7.2.2.4 O CONTROLE JURISDICIONAL PELO PODER JUDICIÁRIO.

Na sua função administrativa, o Poder Judiciário pode ter que se submeter às vias judiciais como já decidiu o Supremo Tribunal Federal:

> "Poder Judiciário: independência, autogoverno e controle. A administração financeira do Judiciário não está imune ao controle, na forma da Constituição, da legalidade dos dispêndios dos recursos públicos; **se sujeita, não apenas à fiscalização do Tribunal de Contas e do Legislativo, mas também às vias judiciais de prevenção e repressão de abusos, abertas não só aos governantes, mas a qualquer do povo, incluídas as que dão acesso à jurisdição do Supremo Tribunal** (CF, art. 102, I, n). O que não admite transigências é a defesa da independência de cada um dos Poderes do Estado, na área que lhe seja constitucionalmente reservada, em relação aos demais, sem prejuízo, obviamente, da responsabilidade dos respectivos dirigentes pelas ilegalidades, abusos ou excessos cometidos." (ADI 691-MC, Rel. Min. Sepúlveda Pertence, julgamento em 22-4-1992, Plenário, DJ de 19-6-1992.) (grifo nosso)

Ocorre que, quando se fala de controle interno se está falando de controle exclusivamente administrativo o qual, em termos de Poder Judiciário, é parte da função atípica de administrar que esse Poder tem e não da função típica jurisdicional dele.

O Supremo Tribunal Federal é firme nesse sentido quando fala do Conselho Nacional de Justiça, órgão principal de controle interno administrativo do Judiciário:

> [...] O Conselho Nacional de Justiça, embora integrando a estrutura constitucional do Poder Judiciário como **órgão interno de controle** administrativo, financeiro e disciplinar da magistratura - excluídos, no entanto, do alcance de referida competência, o próprio Supremo Tribunal Federal e seus Ministros (ADI 3.367/DF) -, qualifica-se como **instituição de caráter eminentemente administrativo** [...] (MS 28.598-MC- -AgR/DF, Rel. Min. CELSO DE MELLO, Pleno, v.g.). (MS 28611 MC-AgR, Relator: Min. CELSO DE MELLO, Tribunal Pleno, julgado em 14/10/2010, DJe-026 DIVULG 08-02-

2011 PUBLIC 09-02-2011 REPUBLICAÇÃO: DJe-062 DIVULG 31-03-2011 PUBLIC 01-04-2011 EMENT VOL-02494-01 PP-00010)[cccxiv] (grifo nosso)

A função jurisdicional é uma função do Poder do Estado, na verdade uno e indivisível, à qual se submetem todos, inclusive o próprio Poder Judiciário nas suas funções administrativas, pois na função jurisdicional todos os magistrados são independentes.

Como a função jurisdicional extrapola a função atípica administrativa interna do Judiciário, na verdade ela é um controle externo por esse ponto de vista, principalmente quando se considera a estrutura do Judiciário brasileiro em que as questões normalmente terminam em Brasília, quer seja no Superior Tribunal de Justiça ou no Supremo Tribunal Federal, portanto, fora da estrutura dos Poderes locais.

7.2.3 O CONTROLE NO ÂMBITO FEDERAL.

7.2.3.1 O CONTROLE PELA SECRETARIA DE ORÇAMENTO FEDERAL DO MINISTÉRIO DO PLANEJAMENTO, ORÇAMENTO E GESTÃO.

A Secretaria de Orçamento Federal do Ministério do Planejamento, Orçamento e Gestão (SOF) é o órgão que coleta os dados dos precatórios nos tribunais e os organiza no orçamento, acompanhando a elaboração dele conforme apontado no capítulo cinco deste livro ao qual remetemos o leitor.

7.2.3.2 O CONTROLE PELA ADVOCACIA-GERAL DA UNIÃO E PELA PROCURADORIA-GERAL DA FAZENDA NACIONAL.

O funcionamento da Advocacia-Geral da União (AGU), no âmbito infraconstitucional, foi estabelecido pela Lei Complementar 73/1993 e essa lei dispõe que a Procuradoria-Geral da Fazenda Nacional faz parte da AGU e é subordinada diretamente ao Advogado-Geral da União, assim quando as LDOs mencionam o controle dos precatórios por ambas na verdade está mencionando partes de uma única instituição.

A Lei nº 9.028, de 12 de abril de 1995 no seu art. 8º-D criou o Departamento de Cálculos e Perícias da Advocacia-Geral da União, cabendo a esse departamento participar das liquidações de sentença e examinar os cálculos relativos aos precatórios devidos pela União, suas autarquias e fundações antes da realização do pagamento.

Esse departamento deve participar, dentro de sua competência, do acompanhamento, controle e centralização de precatórios de interesse da Administração Federal direta e indireta.

Os atos regimentais do Advogado-Geral da União números 05/2002 e 01/2005 também dão a esse departamento a incumbência de acompanhar e manter controle sobre os precatórios judiciais.

Por meio da Portaria AGU 570/2012, o Advogado Geral da União estabeleceu os procedimentos a serem seguidos pelos órgãos de execução da Procuradoria-Geral da União e da Procuradoria-Geral

Federal na análise de precatórios, cabendo a elas verificar a regularidade deles.

A Secretaria de Orçamento e Finanças do Ministério do Planejamento, Orçamento e Gestão e o Conselho da Justiça Federal encaminham relação de precatórios a serem pagos ao Departamento de Cálculos e Perícias da Procuradoria-Geral da União o qual consolida essas relações.

A análise jurídica e técnica, quando necessárias, são realizadas pela Procuradoria-Geral da União e pela Procuradoria-Geral Federal, dentro da competência de cada uma, devendo ambas tomar as providências judiciais necessárias se apurarem irregularidades.

O resultado desses trabalhos é encaminhado ao Gabinete do Advogado-Geral da União e registrado no Sistema Integrado de Controle das Ações da União - SICAU contendo as medidas realizadas em cada caso.

A Procuradoria-Geral da Fazenda Nacional e a Procuradoria-Geral do Banco Central devem também encaminhar relatórios discriminando os processos analisados referentes ao pagamento de precatórios à AGU.

Desse modo a Advocacia-Geral da União exerce o seu mister de participar do controle dos precatórios.

7.2.3.3 O CONTROLE PELA CONTROLADORIA-GERAL DA UNIÃO.

A Controladoria-Geral da União (CGU) não é mencionada nas LDOs, contudo ela também exerce controle dos requisitórios como se percebe da seguinte decisão do Supremo Tribunal Federal:

> "A Controladoria-Geral da União (CGU) pode **fiscalizar a aplicação de verbas federais onde quer que elas estejam sendo aplicadas, mesmo que em outro ente federado** às quais foram destinadas. A fiscalização exercida pela CGU é interna, pois feita exclusivamente sobre verbas provenientes do orçamento do Executivo." (RMS 25.943, Rel. Min. Ricardo Lewandowski, julgamento em 24-11-2010, Plenário, DJE de 2-3-2011.) (grifo nosso)

Em que pese se fazer menção a que o controle da CGU seja interno na verdade ele também pode ser externo, pois, como mostra a mesma decisão, pode ser exercido mesmo que em outro ente federado às quais as verbas foram destinadas.

Em termos de requisitórios esse controle é exercido sobre as verbas destinadas à administração do Poder Judiciário, como mencionado acima.

7.2.3.4 O CONTROLE PELA COMISSÃO MISTA DO ORÇAMENTO E PELO LEGISLATIVO EM GERAL.

A Constituição da República no art. 166, §1º, II, prevê que cabe à Comissão Mista do Orçamento (CMO) exercer o acompanhamento e a fiscalização orçamentária, sem prejuízo da atuação das demais comissões do Congresso Nacional e do Senado e da Câmara.

O art. 72 da Constituição da República estabelece que a CMO, ao perceber indícios de despesas não autorizadas, poderá solicitar esclarecimentos à autoridade governamental responsável, dando-lhe o prazo de cinco dias.

Se a autoridade não prestar os esclarecimentos ou a CMO os considerar insuficientes, a CMO deve pedir um pronunciamento definitivo sobre o assunto ao Tribunal de Contas da União (TCU) com o prazo de trinta dias. Caso o TCU considere irregular a despesa, a CMO avaliará se ela pode causar dano irreparável ou grave lesão à economia pública e, em caso positivo, propor ao Congresso Nacional que realize a sua sustação, o que inclui os requisitórios.

Como visto anteriormente, as LDOs federais têm exigido que o Poder Judiciário encaminhe relação dos débitos constantes de precatórios judiciários a serem incluídos na proposta orçamentária, com riqueza de detalhes para a CMO.

No que tange ao poder de fiscalização do Legislativo, o Supremo Tribunal Federal decidiu que ele não pode ser exercido individualmente pelos seus membros, só podendo ser exercido pelos órgãos coletivos da Câmara ou do Senado na União ou da Assembleia Legislativa nos Estados, salvo se estiverem representando ou presentando a sua Casa ou comissão.[cccxv]

Portanto, o controle dos requisitórios não fica restrito à CMO, podendo ser exercido pelas Casas Legislativas ou suas comissões, inclusive comissões parlamentares de inquérito (CPI).

Assim foi que o Senado realizou a denominada "CPI dos Precatórios" em 1996 e 1997 para apurar irregularidades em operações com títulos públicos os quais, com a permissão do art. 33, Parágrafo único, do ADCT, poderiam ser emitidos pelas entidades devedoras no exato montante do dispêndio do pagamento da primeira moratória, títulos de dívida pública não computáveis para efeito do limite global de endividamento.

Essa CPI do denominado "escândalo dos precatórios" apurou irregularidades em vários Estados, bem como no Município de São Paulo e o seu relator, Senador ROBERTO REQUIÃO, chegou a falar em seis bilhões de reais de prejuízo em valores da época, os quais teriam saído do país por intermédio de doleiros.[cccxvi]

As fraudes contra os precatórios e malversação de verbas públicas relativas a eles têm sido campo fértil para CIPs podendo, entre outras, ser mencionada a CPI dos Precatórios instaurada pela Assembleia Legislativa do Estado de São Paulo para investigar oitenta Municípios na iminência de sofrerem intervenção estadual, CPI que durou de 1999 a 2000.[cccxvii]

CONCLUSÕES.

Muitas conclusões se mostraram fruto deste estudo e elas são tantas que é necessário utilizar-se um filtro escolhendo as mais importantes que são as que se seguem.

"Requisitório" é a expressão escolhida para designar o gênero em que se incluem as várias modalidades de precatórios e as requisições de pequeno valor, diferenciando-se esses daquela pelo valor e regras aplicáveis.

O nome "requisitório" aqui escolhido o foi com base na Constituição. Também com a mesma base, se conclui que os precatórios se subdividem em "precatórios altamente preferenciais", "precatórios preferenciais" e "precatórios sem preferência" ou "precatórios comuns".

Os requisitórios são ordens judiciais, mas também representação de dívida pública e de crédito.

Tem direito ao sistema de requisitórios as entidades que compõe a Fazenda Pública, bem como empresa pública que prestar serviço público em ambiente não concorrencial.

Os motivos da existência deles são vários: os bens públicos são impenhoráveis; nenhuma despesa pública pode ser feita sem previsão orçamentária e a ordem cronológica é exigência do princípio da isonomia tanto para precatórios quanto para RPVs.

A Constituição de 1988 realizou uma moratória no seu ADCT, o que foi considerado constitucional pelo Supremo Tribunal Federal.

Depois surgiu a RPV e outros parcelamentos unilaterais na Emenda 30 e na Emenda 62, esses julgados inconstitucionais, sendo a Emenda 62 só parcialmente.

As RPVs não seguem todas as regras dos precatórios, principalmente, elas podem ser requisitadas pelo juiz de Primeiro Grau, o qual pode também decretar sequestro em caso de não pagamento.

Os precatórios têm regras próprias, entre elas a aquisição de imóveis públicos com créditos de precatórios, a classificação segundo as preferências, a vedação em geral a precatórios complementares ou suplementares, bem como ao fracionamento, cabendo assunção de dívida pela União.

As sanções previstas no Regime Especial são muito mais efetivas que as do Regime Ordinário, sendo que essas últimas, na verdade, não têm produzido efeito, havendo assim desrespeito aos direitos humanos.

Até essa parte do estudo demonstrou-se que os requisitórios têm ligação com temas cruciais da democracia, tais como a separação de poderes, a representatividade popular e a necessidade de respeito aos direitos humanos fundamentais.

Em termos de leis orçamentárias, os requisitórios não têm sido mencionados com largueza nos planos plurianuais, mas há muitas regras sobre eles nas leis de diretrizes orçamentárias e nas leis orçamentárias anuais.

Os precatórios devem vir previstos no anexo de riscos fiscais das leis orçamentárias anuais, posto que eles são passivos contingentes e os valores para pagamento são descentralizados na União.

Os requisitórios são despesa primária, mas não são submetidos aos limites para atingir metas de resultado primário e os seus recursos orçamentários podem ser suspensos, mas apenas para satisfação de créditos extraordinários em situações muito excepcionais, tais como guerras, calamidades públicas ou comoções intestinas graves.

Os requisitórios devem sempre constar no projeto de lei orçamentária anual, a RPV por uma estimativa e os precatórios pela soma dos valores daqueles que chegarem até o dia 1º de julho de cada ano, sendo recebidos e processados nos tribunais, os quais mandarão para os devedores mapas orçamentários de credores que serão usados para a realização da inclusão dos valores nas respectivas leis orçamentárias anuais.

Para efeito de se apurar a ordem cronológica de pagamentos se considerará a data da apresentação do precatório, o que ocorre no momento da entrega do precatório no protocolo do tribunal.

Os precatórios só podem ser encaminhados pelo Presidente do Tribunal ou pelo magistrado para quem ele delegar essa função, mas só o Presidente do Tribunal pode decretar o sequestro.

O projeto da LOA só pode conter os precatórios do exercício financeiro de que ele trata, não podendo haver cortes pelo Executivo ou vetos, bem como não cabendo emendas parlamentares para diminuição de seus valores, devendo ser pagos mesmo quando houver anomia orçamentária.

Na execução do orçamento, cabe ao Executivo apenas transferir para a conta do Judiciário os valores das dotações, e essa conta pode ser no SIAF (Justiça Federal) ou no SIAFEM (Justiça Estadual).

O Presidente do Tribunal fará a administração das verbas transferidas, realizando os empenhos, já os pagamentos serão feitos pelo juiz da execução, os quais também podem ser feitos por depósito bancário na conta do credor.

A limitação de empenho não é cabível no caso de requisitórios, sendo que os que forem empenhados e não pagos constituirão restos a pagar.

Os requisitórios são dívida pública na categoria consolidada ou fundada, independentemente de serem ou não restos a pagar, devendo ser considerados nos limites de endividamento, sem maquiagens legislativas como tem sido feito.

Vários órgãos e instituições realizam o controle dos requisitórios, tanto interno (dentro do Judiciário), quanto externo (fora do Judiciário), e um esforço tem sido feito para realizar efetivamente o controle, mas o fato de as sanções não conseguirem ser aplicadas impede um controle real.

Aqui se comprovou nossa hipótese de que os requisitórios, na sua essência, não podem ser abolidos, como se pretende.

Com efeito, com todo o estudo e aprofundamento realizado, conclui-se que o sistema essencial dos requisitórios consiste no seguinte:

1. O Judiciário profere uma sentença ou acórdão condenando a Fazenda Pública a pagar quantia certa em dinheiro e ocorre o trânsito em julgado;

2. Em qualquer caso, seja precatório ou RPV, os valores a serem pagos tem que ter previsão na lei orçamentária, pois sem isso nenhuma despesa pode ser feita;

3. De acordo com tal previsão e com as requisições feitas pelo Judiciário os pagamentos são feitos ou deveriam ser feitos na ordem cronológica para garantia da isonomia e impessoalidade.

Viu-se todo o sistema de forma mais ampla que foi possível de maneira a atingir outro objetivo do livro: ter condições de fazer propostas lúcidas.

No que tange às RPVs se entende que o sistema delas, como exposto nestas conclusões e não como então praticado na Justiça Federal, está adequado, devendo ser mantido.

Quanto aos precatórios, a melhor proposta que se considera cabível seria que eles seguissem as normas das RPVs, dispensando as formalidades que só dificultam o pagamento, tais como a data rígida de 1º de julho e outros impedimentos desnecessários vistos neste livro.

Constatou-se que o pagamento tem sido dificultado por falta de compromisso com o Direito e a Justiça e não por falta de possiblidade econômica ou cabimento da essência do sistema.

Alerta a Declaração de Direitos do Homem e do Cidadão realizada na França em 26 de agosto de 1789, no seu artigo 16, de que a "*sociedade em que **não esteja assegurada a garantia dos direitos nem estabelecida a separação dos poderes não tem Constituição***". (grifo nosso)

Em se tratando de precatórios, o Brasil não tem garantido direitos, o que já é reconhecido internacionalmente, como dito, e não há efetiva separação de poderes, ficando todo o poder nas mãos do Executivo. Nesse aspecto a Constituição tem sido papel e tinta, nada mais.

Aqui, no que tange a precatórios, só se tem feito promessas ocas, ficando, entretanto, a esperança sempre viva de que um dia venhamos a ter aqui uma Constituição também para os credores da Fazenda Pública.

REFERÊNCIAS.

AMARO, Mohamed. Código Penal na Expressão dos Tribunais. São Paulo: Saraiva, 2007.

ARAÚJO, Alessandra Fuchs. Precatórios Judiciais – Emenda Constitucional 62. Tribunal de Justiça de São Paulo. Escola Paulista da Magistratura. Associação Paulista de Magistrados. Seminário ocorrido nos dias 12 e 13 de agosto de 2010. Disponível em: <http://www.apamagis.com.br/videos/download.php>.

ARAÚJO, Edimir Netto de. Curso de Direito Administrativo. 5ª. Edição. São Paulo: Saraiva, 2010

ARAÚJO, Luiz Alberto David e NUNES Jr., Vidal Serrano. Curso de Direito Constitucional. 11ª. Edição. São Paulo: Saraiva, 2007.

ARAÚJO, Pedro Cauby Pires de. Precatórios após o Reconhecimento da Inconstitucionalidade Parcial da E. C. 62/2009. Palestra realizada no dia 19 de setembro de 2013, estando disponível para download na página: < http://www.apamagis.com.br/videos/download.php>.

ASSONI Fº., Sérgio. Da Despesa. Comentários aos artigos 58 a 70 da Lei 4.320/1964. In: Orçamentos Públicos – A Lei 4.320/1964 Comentada. CONTI, José Maurício (Coordenador). VVAA. 2ª Edição. São Paulo: Revista dos Tribunais, 2010.

ASSONI, Fo., Sérgio. Crédito Público e Responsabilidade Fiscal. Porto Alegre: Nuria Fabris, 2007.

BALEEIRO, Aliomar. Uma Introdução à Ciência das Finanças. 14ª Edição. Rio de Janeiro: Forense, 1984.

BASTOS, Celso Ribeiro e MARTINS, Ives Gandra. Comentários à Constituição do Brasil Promulgada em 05 de outubro de 1988. São Paulo, Saraiva, 1988

BRASIL. Ministério do Planejamento, Orçamento e Gestão. Secretaria de Orçamento Federal. Manual Técnico de Orçamento MTO. Edição 2014. Brasília, 2013

BRASIL. Poder Judiciário. Conselho Nacional de Justiça. Corregedoria Nacional de Justiça. Racionalização de Procedimentos. Disponível em: http://www.cnj.jus.br/images/imprensa/precatorios/manual_precatorios_grafica.pdf.

BRASIL. Poder Judiciário. Conselho Nacional de Justiça. Relatório. Precatórios. Restruturação da Gestão nos Tribunais. Disponível em http://www.cnj.jus.br/images/imprensa/precatorios/realtorio_precatorios_CNJ_FINAL1.pdf.

BRASIL. Poder Judiciário. Tribunal de Justiça do Estado de São Paulo. Informações prestadas pelo Desembargador José Roberto Bedran no Pedido de Providências 0004414-85.2011.2.00.0000 do Conselho Nacional de Justiça. http://www.conjur.com.br/dl/informacoes-prestadas-tj-sp.pdf 24.11.2013

BRASIL. Secretaria do Tesouro Nacional. Manual de Demonstrativos Fiscais: aplicado à União e aos Estados, Distrito Federal e Municípios / Ministério da Fazenda, Secretaria do Tesouro Nacional. 5. Edição. Brasília: Secretaria do Tesouro Nacional, Coordenação-Geral de Normas de Contabilidade Aplicadas à Federação, 2012

BRASIL. Supremo Tribunal Federal. A Constituição e o Supremo. 3ª edição. Brasília: Secretaria de Documentação. 2010.

BULOS, Uadi Lammêgo. Curso de Direito Constitucional. São Paulo: Saraiva, 2009

CAPEZ, Fernando. Curso de Direito Penal. 16ª Edição. São Paulo: Saraiva, 2012.

CARVALHO, José Augusto Moreira de. Do Exercício Financeiro. In: Orçamentos Públicos – A Lei 4.320/1964 Comentada. CONTI, José Maurício (Coordenador). VVAA. 2ª Edição. São Paulo: Revista dos Tribunais, 2010, págs. 126 a 142.

CARVALHO, Kildare Gonçalves. Direito Constitucional – Teoria do Estado e da Constituição, Direito Constitucional Positivo. 11ª Edição. Belo Horizonte: Del Rey, 2005

CASTRO, Domingos Poubel de e GARCIA, Leice Maria. Contabilidade Pública no Governo Federal. São Paulo: Atlas, 2004

CATHARINO, José Martins. Do Precatório. São Paulo: LTR, 2000

CINTRA, Antônio Carlos de Araújo, GRINOVER, Ada Pellegrini e DINAMARCO, Cândido Rangel. Teoria Geral do Processo. 23ª Edição. São Paulo: Malheiros, 2007.

COELHO, Fábio Ulhôa. Curso de Direito Civil. São Paulo: Saraiva, 2003, Volume I.

CÔELHO, Marcus Vinicius Furtado. Ofício à Ministra Gleisi Helena Hoffmann. http://s.conjur.com.br/dl/peticao-gleisi-oab.pdf.

CONTI, José Maurício. A Autonomia Financeira do Poder Judiciário. São Paulo: Academia Brasileira de Direito e MP, 2006

CONTI, José Maurício. Da Proposta Orçamentária. In: Orçamentos Públicos – A Lei 4.320/1964 Comentada. CONTI, José

Maurício (Coordenador). VVAA. 2ª Edição. São Paulo: Revista dos Tribunais, 2010

CONTI, José Maurício. Direito Financeiro na Constituição de 1988. São Paulo: Oliveira Mendes, 1998.

CONTI, José Maurício. Escola Paulista da Magistratura e Associação Paulista de Magistrados. Seminário - Precatórios Judiciais - EC 62/09 12.08.10 (Parte 2-8). <http://www.apamagis.com.br/videos/download.php>.

CONTI, José Maurício. *Iniciativa legislativa em matéria financeira*. *In* CONTI, José Mauricio e SCAFF, Fernando F. (Coordenadores). VVAA. Orçamentos Públicos e Direito Financeiro. São Paulo: Revista dos Tribunais, 2011, páginas 283-307.

CONTI, José Maurício. Parlamentar pode, sim, Propor lei em Matéria Orçamentária. Coluna Contas à Vista do Consultor Jurídico – CONJUR. Publicada no dia 04.06.2013. Disponível em <http://www.conjur.com.br/2013-jun-04/contas-vista-parlamentar-sim-propor-lei-materia-financeira

COURSON, Charles. Le droit d'amendement parlementaire en matière budgétaire. In BOUVIER, Michel. VVAA. La Bonne Gouvernance des Finances Publiques Dans Le Monde. Paris : Lextenso, 2009, pág. 189/192.

CRETELLA Jr., José. Dicionário de Direito Administrativo. 5ª Edição. Rio de Janeiro: Forense,1999

CRETELLA Jr., José. Direito Administrativo Comparado. 4ª. Edição. Rio de Janeiro: Forense, 1992.

CUNHA, Lázaro Candido da. Precatório. Belo Horizonte: Del Rey, 1999

CUNHA, Leonardo José Carneiro. A Fazenda Pública em Juízo. 8ª Edição. São Paulo: Dialética, 2010.

CUNHA, Manoel da. Precatórios: do Escândalo Nacional ao Calote nos Credores. SÃO PAULO: LTr, 2000.

DANTAS, Francisco Wildo Lacerda. Execução Contra a Fazenda Pública – Regime de Precatório. 2ª. Edição. São Paulo: Método, 2010.

DANTAS, Francisco Wildo Lacerda. O Sistema de Precatórios e a Efetividade do Processo. In Revista da AJUFE, Associação dos Juízes Federais, ano 20, número 66. Disponível em < http://www.trf5.gov.br/documento/?arquivo=Francisco+Wildo+-+O+sistema+dos+precat%F3rios+e+a+efetividade+do+processo.pdf &tipo=p03>.

DEODATO, Alberto. Manual de Ciência das Finanças. São Paulo: Saraiva, 1954.

DI PIETRO, Maria Sylvia. Direito Administrativo. 19ª Edição. São Paulo: Atlas, 2006.

DINIZ, Maria Helena. Dicionário Jurídico. 2ª Edição. São Paulo: Saraiva, 2005

DINIZ, Maria Helena. In FIUZA, Ricardo e SILVA, Regina Beatriz Tavares (Coordenadores). VVAA. Código Civil Comentado. 6ª edição. São Paulo: Saraiva, 2008.

DISSEI, Domingos. Dívida Pública do Município de São Paulo. Considerações sobre o Contrato de Refinanciamento celebrado pelo Município Com a União. São Paulo: Tribunal de Contas do Município de São Paulo, março de 2013. Disponível em <http://www.joserobertoafonso.com.br/index.php?option=com_conte

nt&view=article&id=3148:divida-publica-do-municipios-de-sp-dissei&catid=16:assuntos-economicos&Itemid=44>.

FAIM Fº, Eurípedes G. Juízes de 1º Grau Convocados para Atuar no 2º Grau e o Princípio do Juiz Natural. In Revista da Escola Paulista de Magistratura, Ano 10, Número 32, maio-agosto de 2009. Disponível na página da Internet da Escola Paulista da Magistratura http://www.apmbr.com.br/index.php?option=com_content&view=article&id=116.

FAIM Fº, Eurípedes G.. Juizados Especiais da Fazenda Pública – Questões para reflexão. Publicado na página da Internet da Escola Paulista da Magistratura do Tribunal de Justiça do Estado de São Paulo. Disponível em: <http://www.epm.tj.sp.gov.br/internas/ArtigosView.aspx?ID=8489>.

FAIM Fº, Eurípedes G.. Precatórios na História. De antes do Brasil Colônia até a Constituição de 1988. São Paulo: IPAM, 2017.

FAIM Fº, Eurípedes G.. Precatórios no Direito Comparado. O pagamento das condenações judiciais pecuniárias contra a Fazenda Pública: um estudo entre Argentina, Brasil, Estados Unidos e Portugal. São Paulo: IPAM, 2017. 2ª edição do livro O Pagamento das Condenações Judiciais Pecuniárias – Precatórios. Um estudo comparado: Argentina, Brasil, Estados Unidos e Portugal. São Paulo: Instituto Paulista de Magistrados (IPAM), 2017.

FARIA, Rodrigo Oliveira de. Do controle da execução orçamentária. In: Orçamentos Públicos – A Lei 4.320/1964 Comentada. CONTI, José Maurício (Coordenador). VVAA. 2ª Edição. São Paulo: Revista dos Tribunais, 2010 págs. 249 a 280.

FERREIRA, Aurélio Buarque de Holanda. Novo Aurélio Século XXI. O Dicionário da Língua Portuguesa. Dicionário

Eletrônico em CD-ROM. 3.0 Versão. Rio de Janeiro: Nova Fronteira e Lexikon Informática, s. d..

FRANCIULLI, Netto Domingos. Notas Sobre O Precatório Na Execução Contra A Fazenda Pública. In Revista dos Tribunais. São Paulo, v. 88, n. 768, p. 39-59, out. 1999. Disponível em: <http://www.stj.jus.br/publicacaoseriada/index.php/informativo/articl e/view/270/264>.

FRANCO, Fernão Borba. Execução em face da Fazenda Pública – São Paulo: Editora Juarez de Oliveira, 2002.

FRANCO, Fernão Borba. Precatórios Judiciais – Emenda Constitucional 62. Tribunal de Justiça de São Paulo. Escola Paulista da Magistratura. Associação Paulista de Magistrados. Seminário ocorrido nos dias 12 e 13 de agosto de 2010. Disponível em: <http://www.apamagis.com.br/videos/download.php>.

FREITAS, José Lebre. A Acção Executiva Depois da Reforma da Reforma. 5ª Edição. Coimbra Editora: Coimbra, 2009

GOMES, Émerson César da Silva. Da Contabilidade. In: Orçamentos Públicos – A Lei 4.320/1964 Comentada. CONTI, José Maurício (Coordenador). VVAA. 2ª Edição. São Paulo: Revista dos Tribunais, 2010, páginas 282 a 346.

GORDILLO, Agustín. Tratado de Derecho Administrativo. 9º. Edición. Buenos Aires: Fundación de Derecho Administrativo, 2009

GRAU, Eros R. Despesa pública: conflito entre princípios e eficácia das regras jurídicas: o princípio da sujeição da Administração às decisões do Poder Judiciário e o princípio da legalidade da despesa pública. Revista Trimestral de Direito Público, n. 2, p. 130-148, 1993.

GRECO, Rogério. Curso de Direito Penal. 14ª Edição. Niterói: Impetus, 2012.

HARADA, Kiyoshi e MÉDICI, Otávio Geraldo (colaborador). Dicionário de Direito Público. São Paulo: Atlas, 1999.

HARADA, Kiyoshi. Precatórios Judiciais – Emenda Constitucional 62. Tribunal de Justiça de São Paulo. Escola Paulista da Magistratura. Associação Paulista de Magistrados. Seminário ocorrido nos dias 12 e 13 de agosto de 2010. Disponível em: <http://www.apamagis.com.br/videos/download.php>.

HENRIQUES, Élcio Fiori. Da Lei do Orçamento. In: Orçamentos Públicos – A Lei 4.320/1964 Comentada. CONTI, José Maurício (Coordenador). VVAA. 2ª Edição. São Paulo: Revista dos Tribunais, 2010, pág. 29 a 48.

JUSTEN Fo, Marçal e Nascimento, Carlos Valder do. Emenda dos Precatórios - Fundamentos de Sua Inconstitucionalidade. Belo Horizonte: Fórum, 2010.

JUSTEN Fo., Marçal. Da Inconstitucionalidade da PEC nº 12 "Precatórios". São Paulo: Projeto Gráfico, 2009.

LEMOS, Bruno Espineira. Precatório - Trajetória e Desvirtuamento de um Instituto. Porto Alegre: saFE, 2004

LIEBMAN, Enrico Tullio. Manuale di Diritto Processuale Civile. Quinta edizione. Milano: Giuffrè, 1992.

LISBOA, Roberto Senise. Manual de Direito Civil. 5ª edição. São Paulo: Saraiva, 2009, Volume I.

LLAGUNO, Elaine Guadanucci. Precatórios Judiciais – Emenda Constitucional 62. Tribunal de Justiça de São Paulo. Escola Paulista da Magistratura. Associação Paulista de Magistrados.

Seminário ocorrido nos dias 12 e 13 de agosto de 2010. Disponível em: <http://www.apamagis.com.br/videos/download.php>.

LOCKMANN, Ana Paula Pellegrina A Execução Contra a Fazenda Pública - Precatórios Trabalhistas. São Paulo: LTR, 2004

MÂNICA, Fernando Borges. Teoria da Reserva do Possível: Direitos Fundamentais a Prestações e a Intervenção do Poder Judiciário na Implementação de Políticas Públicas. Revista Brasileira de Direito Público, Belo Horizonte, ano 5, n. 18, p. 169-186, jul./set. 2007.

MARQUES, José Frederico. Manual de Direito Processual Civil - Teoria Geral do Processo Civil. 9ª edição. São Paulo: Saraiva, 1982.

MARTINS Fº, Ives Gandra da Silva. As Condições da Ação e os Pressupostos Processuais do Dissídio Coletivo. Revista do Ministério Público do Trabalho. Brasília, N. 06 - 2º Semestre - Setembro de 1993

MARTINS Jr., Wallace Paiva. *Improbidade Administrativa – Precatórios Alimentares – Falta de Pagamento e de Inclusão no Orçamento Anual – Realização de Gastos Discricionários e Suficiência de Recursos para Dispêndios Obrigatórios – Elevação da Dívida Pública – Irresponsabilidade Fiscal. Disponível em* <http://www.apmp.com.br/juridico/arrazoado/arrazoado_2004.htm>

MARTINS, Ives Gandra da Silva. Da Dívida e do Endividamento. In MARTINS, Ives Gandra da S. e NASCIMENTO, Carlos Valder (organizadores). VVAA. Comentários à Lei de Responsabilidade Fiscal. 6ª. Edição. São Paulo: Saraiva, 2012

MARTINS, Ives Gandra da Silva. Ordem Judicial de Pagamento - Ausência de Recursos Orçamentários - Teoria De

Impossibilidade Material. In: Revista de Direito Administrativo, nº 187, 1992, pág. 351 a 368.

MAXIMILIANO, Carlos. Hermenêutica e Aplicação do Direito. 19ª Edição. Rio de Janeiro: Forense, 2010

MEDAUAR, Odete. Direito Administrativo Moderno. 10ª Edição. São Paulo: Revista dos Tribunais, 2006.

MEIRELLES, Hely Lopes. Direito Administrativo Brasileiro. 27ª Edição, atualizada por Eurico de Andrade Azevedo, Délcio Balestero Aleixo e José Emmaniel Burle Filho. São Paulo: Malheiros, 2002.

MENDES, Gilmar; COELHO, Inocêncio; e BRANCO, Paulo. Curso de Direito Constitucional. São Paulo: Saraiva, 2007

MORAES, Alexandre de. Constituição do Brasil Interpretada e Legislação Constitucional. 7ª edição. São Paulo: Atlas, 2007

MORAES, Alexandre de. Direito Constitucional. 19ª Edição. São Paulo: Atlas, 2006

NEGRÃO, Theotônio, GOUVÊA, José Roberto F. e BONDIOLI, Luís G. A.. Código de Processo Civil e Legislação Processual em vigor. 45ª edição. São Paulo: Saraiva, 2013.

NERY Jr., Nelson e NERY, Rosa Maria de Andrade. Código de Processo Civil Comentado – e Legislação Extravagante. 10 Edição. São Paulo: Revista dos Tribunais, 2007.

NOWAK, John E. e ROTUNDA, Ronald D.. Constitutional Law. Fourth Edition. St. Paul, Minn.: West Publishing, 1991

OLIVEIRA, Antônio Flavio de. Precatórios - Aspectos Administrativos, Constitucionais, Financeiros e Processuais. Belo Horizonte: Fórum, 2007

OLIVEIRA, Régis Fernandes de. Curso de Direito Financeiro. 5ª. Edição. São Paulo: Revista dos Tribunais, 2013.

OLIVEIRA, Rogério Sandoli de. Dos Créditos Adicionais. In: Orçamentos Públicos – A Lei 4.320/1964 Comentada. CONTI, José Maurício (Coordenador). VVAA. 2ª Edição. São Paulo: Revista dos Tribunais, 2010.

PEDRO Ayrimoraes Soares, João. Precatório Ou Protelatório ?!. São Paulo: Lawbook, 2011

PREMCHAND, A.. Government Budgeting and Expenditure Controls. Theory and Practice. Washington: International Monetary Fund, 1983

RÁO, Vicente O Direito e a Vida dos Direitos. 4ª Edição anotada e atualizada por Ovídio Rocha Barros Sandoval. São Paulo: RT, 1997, dois volumes.

REALE, Miguel. Lições Preliminares de Direito. 9ª. Edição. São Paulo: Saraiva, 1981

RIBAS, Antonio Joaquim e RIBAS, Julio A. Consolidação do Processo Civil Commentada. Rio de Janeiro: Dias da Silva Junior Typographo, 1879.

SABBAG, César de Moraes Breves considerações sobre deficiências estruturais do sistema orçamentário brasileiro - Propostas para incrementar a legitimidade e a eficiência do modelo. In CONTI, José Mauricio e SCAFF, Fernando Facury (coordenadores). VVAA. Orçamentos Públicos e Direito Financeiro. São Paulo: Revista dos Tribunais, 2011, páginas 453 a 460.

SALLES, Venício Antônio de Paula. Precatórios Judiciais – Emenda Constitucional 62. Tribunal de Justiça de São Paulo. Escola Paulista da Magistratura. Associação Paulista de Magistrados.

Seminário ocorrido nos dias 12 e 13 de agosto de 2010. Disponível em: <http://www.apamagis.com.br/videos/download.php>.

SANTOS, J. Albano. Finanças Públicas. Oeiras, Portugal: Ina, 2010

SARLET, Ingo Wolfgang. A Eficácia dos Direitos Fundamentais. 7ª edição. Porto Alegre: Livraria do Advogado, 2007.

SARTORI, Ivan Ricardo Garísio. Precatórios Judiciais – Emenda Constitucional 62. Tribunal de Justiça de São Paulo. Escola Paulista da Magistratura. Associação Paulista de Magistrados. Seminário ocorrido nos dias 12 e 13 de agosto de 2010. Disponível em: <http://www.apamagis.com.br/videos/download.php>.

SCAFF, Fernando Facury e ANDRADE, César Augusto Seijas. A Dívida Pública com Precatórios após 10 anos da LRF ou como a Resolução 40/2001 do Senado Caloteou a República. In SCAFF, Fernando Facury e CONTI, José Maurício (Coordenadores). VVAA. Lei de Responsabilidade Fiscal: 10 Anos de Vigência - Questões Atuais. Florianópolis: Conceito Editorial, 2010.

SCAFF, Fernando Facury. Sentenças Aditivas, Direitos Sociais e Reserva do Possível. In: COSTA, Paulo Sergio Weyl A.. (Org.). VVAA. Direitos Humanos em Concreto. Curitiba: Juruá, 2008, v. 1, p. 89-116

SCAFF, Fernando Facury. O Uso de Precatórios para Pagamento de Tributos. In Atualidades Jurídicas – Revista Eletrônica do Conselho Federal da OAB. Janeiro a março de 2011, número 11. Disponível em http://www.oab.org.br/editora/revista/revista_11/artigos/ousodeprecatoriosparapagamentodetributos.pdf

SILVA Jr., Alcides Leopoldo Precatórios Judiciais – Emenda Constitucional 62. Tribunal de Justiça de São Paulo. Escola Paulista da Magistratura. Associação Paulista de Magistrados. Seminário ocorrido nos dias 12 e 13 de agosto de 2010. Disponível em: <http://www.apamagis.com.br/videos/download.php>.

SILVA, Américo Luís Martins da. Precatório-Requisitório e Requisição de Pequeno Valor (RPV). 4ª edição. São Paulo: RT, 2011.

SILVA, João Teodoro da. Instrumento Público x Instrumento Particular – Vantagens, Desvantagens, Coexistência – Reflexo Na Segurança Jurídica. III Seminário Luso-Brasileiro de Direito Registral Imobiliário. 16 e 17 de outubro de 2008. Disponível em http://lusobrasileiro.files.wordpress.com/2008/10/joao-teodoro-da-silva-valorizacao-da-escritura-publica.pdf.

SILVA, José Afonso da. Curso de Direito Constitucional Positivo. 33ª edição. São Paulo: Malheiros, 2009

SILVA, Lino Martins. Contabilidade Governamental – Um Enfoque Administrativo. 7ª Edição. São Paulo: Atlas, 2004.

SILVA, Sandoval Alves da. Aspectos orçamentários e constitucionais da Requisição de Pequeno Valor – RPV. In CONTI, José Mauricio; SCAFF, Fernando F. (Coordenadores). VVAA. Orçamentos Públicos e Direito Financeiro. São Paulo: Revista dos Tribunais, 2011, páginas 461 a 491.

SOARES, Ednaldo e LADEIRA, Rodrigo. A Supremacia Executiva e a Coadjuvação Legislativa e Judiciária: Experiências Latino-americanas na Separação dos Poderes do Estado. Disponível em

<http://www.uesb.br/eventos/encontroadministracaopolitica/artigos/
EAP003.pdf. >

SPITZER, Carlos. Dicionário Analógico da Língua Portuguesa. Porto Alegre: Livraria do Globo, 1952.

THEODORO Jr., Humberto. A Execução contra a Fazenda Pública e os Crônicos Problemas do Precatório. In Precatórios – Problemas e Soluções. VVAA. Coordenador Orlando Vaz. Belo Horizonte: Del Rey, 2005.

TORRES, Ricardo Lobo. Curso de Direito Financeiro e Tributário. 17ª Edição. Rio de Janeiro: Renovar, 2010.

TROTOBAS, Louis e COTTERET, Jean-Marie. Droit Budgétaire et comptabilité publique. 10ᵉ édition. Paris: Dalloz, 1978

VAZ, José Otávio de. O Pagamento de Tributos por Meio de Precatórios. Belo Horizonte: Del Rey, 2007

VAZ, Orlando (Coord.). VVAA. Precatórios: Problemas e Soluções. Belo Horizonte: Del Rey, 2005.

VEIGA, Dídimo Agapito da. Ensaios de Sciencia das Finanças e de Economia Publica. Rio de Janeiro: Jacintho Ribeiro dos Santos, 1927.

VILLEGAS, Héctor Belisario. Curso de Finanzas, Derecho Financiero y Tributario. 9ª edición. Buenos Aires: Astrea, 2005

WILSON, James Q.. Ainda funciona a separação dos poderes? In: A Ordem Constitucional Americana. VVAA. Tradução de José Lívio Dantas. Rio de Janeiro: Forense-Universitária, 1987.

PRINCIPAIS PÁGINAS VISITADAS NA INTERNET.

African Studies Center - University of Pennsylvania. http://www.africa.upenn.edu/Articles_Gen/Letter_Birmingham.html

Assembleia Legislativa do Estado de São Paulo. http://www.al.sp.gov.br/leis/

Associação Paulista de Magistrados. www.apamagis.com.br.

Associação Paulista do Ministério Público. www.apmp.com.br

Câmara dos Deputados http://www2.camara.leg.br/

Comissão Interamericana de Direitos Humanos da Organização dos Estados Americanos - http://www.oas.org/es/cidh/

Conselho da Justiça Federal www.cjf.jus.br

Conselho Nacional de Justiça http://www.cnj.jus.br/

Corte Interamericana de Direitos Humanos. http://www.corteidh.or.cr/

Dicionário Electrónico Estraviz da Associçom Galega da Língua. <http://www.estraviz.org/precatorio>.

El Notificador – Revista Orientada a Todos los Presionales Intervinientes en el Proceso Judicial www.revista-notificador.com.ar

Empresa de Tecnologia e Informações da Previdência Social www3.dataprev.gov.br

Escola Paulista da Magistratura http://www.epm.tjsp.jus.br/

Folha de São Paulo (jornal) www1.folha.uol.com.br

Instituto Brasileiro de Geografia e Estatística. http://www.ibge.gov.br

Ministério do Planejamento www.planejamento.gov.br

Orçamento Federal www.orcamentofederal.gov.br

Ordem dos Advogados do Brasil - http://www.oab.org.br/

Portal da Justiça Federal. http://www.jf.jus.br.

Portal da Legislação. Governo Federal. http://www4.planalto.gov.br/legislacao.

Procuradoria Geral do Estado de São Paulo www.pge.sp.gov.br

Secretaria do Planejamento do Estado de Rondônia www.seplan.ro.gov.br.

Senado Federal http://www.senado.gov.br/

Senado Federal. Biblioteca Acadêmico Luiz Viana Filho. http://www.senado.gov.br/senado/biblioteca/

Sistema Integrado de Planejamento e Orçamento. https://www.siop.planejamento.gov.br/siop/#.

Superior Tribunal de Justiça. http://www.stj.jus.br/portal_stj/publicacao/engine.wsp.

Supremo Tribunal Federal no YouTube *www.youtube.com/user/STF*

Supremo Tribunal Federal. http://www.stf.jus.br/portal/principal/principal.asp

Tribunal de Contas da União http://portal2.tcu.gov.br/TCU

Tribunal de Contas do Estado de São Paulo http://www4.tce.sp.gov.br/

Tribunal de Justiça de São Paulo. http://www.tjsp.jus.br/.

294

Universidade de São Paulo – Direitos Humanos – USP
www.direitoshumanos.usp.br/

University of Notre Dame Archives.
<http://www.archives.nd.edu/cgi-bin/words.exe?precatorio>.

LISTA DE ABREVIATURAS.

ADCT – Ato das Disposições Constitucionais Transitórias da Constituição de 1988

ADIN - Ação Direta de Inconstitucionalidade

AGU - Advocacia-Geral da União

Bacen Jud - Sistema eletrônico de relacionamento entre o Poder Judiciário e as instituições financeiras, intermediado pelo Banco Central, que possibilita à autoridade judiciária encaminhar requisições de informações e ordens de bloqueio, desbloqueio e transferência de valores bloqueados.

CDI - Certificado de Depósito Interbancário

CEDIN - Cadastro de Entidades Devedoras Inadimplentes do Conselho Nacional de Justiça

CF – Constituição da República Federativa do Brasil

CFR - Code of Federal Regulations

CGU - A Controladoria-Geral da União

CIDH - Comissão Interamericana de Direitos Humanos

CMO - Comissão Mista de Planos, Orçamentos Públicos e Fiscalização do Congresso Nacional. (sigla prevista na Resolução 01/2006 do Congresso Nacional)

CMPOF - Comissão Mista de Planos, Orçamentos Públicos e Fiscalização do Congresso Nacional. (sigla prevista na Resolução 02/1995 do Congresso Nacional, revogada).

CNJ - Conselho Nacional de Justiça

CPI - Comissão Parlamentar de Inquérito

CR – Constituição da República Federativa do Brasil

DEPRE - Diretoria de Execução de Precatórios do Tribunal de Justiça de São Paulo

DEST - Departamento de Coordenação e Governança das Empresas Estatais

DJE – Diário da Justiça Eletrônico

EC – Emenda Constitucional

EP – Autos de precatório no DEPRE do Tribunal de Justiça de São Paulo

FONAPREC - Fórum Nacional de Precatórios do Conselho Nacional de Justiça

IBGE - Fundação Instituto Brasileiro de Geografia e Estatística.

INSS - Instituto Nacional do Seguro Social

IPCA-E - Índice de Preços ao Consumidor Amplo - Especial - Nacional

LDO – Lei de Diretrizes Orçamentárias

LOA – Lei Orçamentária Anual

LRF – Lei de Responsabilidade Fiscal

MBRGPS - Maior benefício do Regime geral da previdência social

MF - Ministério da Fazenda

MOC - Mapa Orçamentário de Credores

MP - Ministério Público

MTO – Manual Técnico do Orçamento da Secretaria de Orçamento Federal do Ministério do Planejamento, Orçamento e Gestão.

NFGC - Necessidade de Financiamento do Governo Federal

OEA – Organização dos Estados Americanos.

ONU - Organização das Nações Unidas.

OPV – Obrigações de Pequeno Valor

PGESP – Procuradoria Geral do Estado de São Paulo

PIB - Produto Interno Bruto

PPA – Plano Plurianual

REESPREC - Sistema de Reestruturação de Precatórios da Corregedoria Nacional do Conselho Nacional de Justiça

RPV - Requisição de Pequeno Valor

SELIC - Sistema Especial de Liquidação e de Custódia

SGP - Sistema de Gestão de Precatórios do Conselho Nacional de Justiça

SIAFI – Sistema Integrado de Administração Financeira do Governo Federal

SICAU - Sistema Integrado de Controle das Ações da União

SIOP – Sistema Integrado de Planejamento e Orçamento do Ministério do Planejamento, Orçamento e Gestão.

SMP - Salário Mínimo Paulista

SOF - Secretaria de Orçamento Federal do Ministério do Planejamento, Orçamento e Gestão

SPI - Secretaria de Planejamento e Investimento Estratégico do Ministério do Planejamento, Orçamento e Gestão

STF – Supremo Tribunal Federal

STN - Secretaria do Tesouro Nacional

TCE - Tribunal de Contas do Estado

TCU - Tribunal de Contas da União

TJRJ – Tribunal de Justiça do Estado do Rio de Janeiro

TJRN – Tribunal de Justiça do Estado do Rio Grande do Norte

TJSP – Tribunal de Justiça do Estado de São Paulo

TRF – Tribunal Regional Federal

TRT – Tribunal Regional do Trabalho

UFESP - Unidade Fiscal do Estado de São Paulo

UFM - unidade fiscal do Município

UO - Unidade orçamentária

UVRM - Unidade de Valor de Referência do Município

LEGISLAÇÃO USADA NO TEXTO. cccxviii

Código de Processo Civil

Código Penal

Constituição da República Federativa do Brasil de 1988

Decreto nº 7.675/ 2012

Decreto nº 7.995/2013

Decreto Paulista n. 55.300/2009

Decreto Paulista nº 40.566/1995

Decreto Paulista nº 58.841/2013

Lei Complementar nº 101/2000

Lei Complementar nº 135/2010

Lei Complementar nº 64/1990

Lei Complementar nº 73/1993

Lei Complementar nº 75/1993

Lei nº 1.079/1950

Lei nº 10.028/2000

Lei nº 10.099/2000

Lei nº 10.180, de 2001

Lei nº 10.180/2001

Lei nº 10.249/2001

Lei nº 10.259/2001

Lei nº 10.707/2003

Lei nº 10.934/2004

Lei nº 11.052/2004

Lei nº 11.178/2005

Lei nº 11.232/2005

Lei nº 11.439/2006

Lei nº 11.514/2007

Lei nº 11.653/2008

Lei nº 11.768/2008

Lei nº 11.960/2009

Lei nº 11.973/2009

Lei nº 12.017/2009

Lei nº 12.153/2009

Lei nº 12.309/2010

Lei nº 12.309/2010

Lei nº 12.352/2010

Lei nº 12.431/2011

Lei nº 12.465/2011

Lei nº 12.465/2011

Lei nº 12.527/2011

Lei nº 12.703/2012

Lei nº 12.708/2012

Lei nº 12.708/2012

Lei nº 12.708/2012

Lei nº 12.919/2013

Lei nº 12.919/2013.

Lei nº 04.320/1964

Lei nº 6.952/1981

Lei nº 7.106/1983

Lei nº 7.713/1988

Lei nº 8.177/1991

Lei nº 8.213/1991

Lei nº 8.429/1992

Lei nº 8.443/1992

Lei nº 8.443/1992

Lei nº 8.625/1993

Lei nº 8.847/1994

Lei nº 8.906/1994

Lei nº 8.981/1995

Lei nº 9.028 1995

Lei nº 9.065/1995

Lei nº 9.393/1996

Lei nº 9.494/1997

Lei nº 9.784/1999

Lei nº 9.868/1999

Lei nº 9065/1995

Lei nº de 20/1823

Lei nº nº 10.259/2001

Lei nº nº 9.494/1997

Lei Complementar Paulista nº 1.110/2010

Lei Paulista Complementar nº 709/ 1993

Lei Paulista n.º 11.971/2005

Lei Paulista n.º 12.515/2006

Lei Paulista n.º 12.677/2007

Lei Paulista n.º 13.123/2008

Lei Paulista n.º 13.124/2008

Lei Paulista n.º 13.578/2009

Lei Paulista n.º 14.185/2010

Lei Paulista n.º 14.489/2011

Lei Paulista n.º 14.676/2011

Lei Paulista n.º 14.837/2012

Lei Paulista n.º 15.109/2013.

Lei Paulista nº 11.377/2003

Lei Paulista nº15.109/2013

Recomendação nº 39/2012 do Conselho Nacional de Justiça

Resolução nº 01/2012 do Congresso Nacional

Resolução nº 05/2002 do Senado Federal

Resolução nº 1/2006 do Congresso Nacional

Resolução nº 115/2010 do Conselho Nacional de Justiça

Resolução nº 123/2010 do Conselho Nacional de Justiça

Resolução nº 145/2010 do Conselho Nacional de Justiça

Resolução nº 168/2011 do Conselho da Justiça Federal

Resolução nº 199/2005 do Órgão Especial do Tribunal de Justiça de São Paulo

Resolução nº 206/ 1998 do Conselho da Justiça Federal

Resolução nº 40/2001 do Senado Federal

Resolução nº 564/2012 do Órgão Especial do Tribunal de Justiça de São Paulo

Resolução nº 85/2009 do Conselho Nacional de Justiça

Resolução nº 86/2009 do Conselho Nacional de Justiça

Resolução nº 92/de 2009 do Conselho Nacional de Justiça

ÍNDICE ALFABÉTICO, REMISSIVO

E ONOMÁSTICO.

SOBRE O AUTOR.

EURÍPEDES GOMES FAIM FILHO é Doutor e Mestre em Direito pelo Departamento de Direito Econômico, Financeiro e Tributário da Faculdade de Direito da Universidade de São Paulo. Desembargador de acordo com o Provimento 2376/2016 do CSM/TJSP. Juiz de Direito S. em Segundo Grau no Tribunal de Justiça do Estado de São Paulo, atuando hoje na 15ª Câmara da Seção de Direito Público. Magistrado desde 1989. Professor e coordenador de cursos de Pós-graduação da Escola Paulista da Magistratura, professor eventual da Escola Superior do Ministério Público do Estado de São Paulo e ex-professor da Faculdade de Direito da Universidade Estadual Paulista (UNESP) onde iniciou em 1988, bem como de outras faculdades.

EURÍPEDES GOMES FAIM FILHO is Doctor (J. D. – PhD) and Master (LLM) in Law by the Department of Economic, Financial and Tax Law of the University of São Paulo´s Law School. Justice according to Regulation 2376/2016 of the CSM / TJSP. Law Judge at São Paulo State Supreme Court since 1989, working today in the

15th Chamber of Public Law Section. Professor and coordinator of postgraduate courses at Paulista Judges and Justices' School and eventual professor at the Superior School of the Public Prosecution Service of the State of São Paulo and former professor at the Paulista State University (UNESP)´s Law School, starting in 1988, as well as in other law schools.

Para contato / to contact: faimf@usp.br

Página no Facebook / Facebook Page:

https://www.facebook.com/falandodedireitopublico/

Página no Linkedin / Linkedin Page:

https://www.linkedin.com/in/eur%C3%ADpedes-g-faim-f-12a50868/.

LIVROS DA SÉRIE JÁ

PUBLICADOS.

EURÍPEDES GOMES PAIM FILHO

PRECATÓRIOS NO DIREITO COMPARADO

O Pagamento das Condenações Judiciais Pecuniárias contra a Fazenda Pública: um estudo entre Argentina, Brasil, Estados Unidos, e Portugal

2ª edição, atualizada, corrigida e ampliada

Série: Precatórios e Requisições de Pequeno Valor
Volume I

"Grandes autoridades do direito afirmam que o sistema de precatório é uma exclusividade brasileira, não existindo nada igual em nenhum lugar do mundo.

Neste trabalho, vê-se que o autor foi a fundo na análise dos fatos e fez extensa pesquisa científica para descobrir que não é bem assim, como se verá nesta obra que agora chega às mãos dos leitores.

Em seu detalhado estudo, analisou a legislação, doutrina e jurisprudência de quatro países: argentina, Estados unidos, Portugal e Brasil, além de muitas Constituições de outros Estados, o que permite ter uma visão sobre como realmente estão construídos os sistemas semelhantes nos demais ordenamentos jurídicos, tendo destacado aqueles que têm inegável relevância.

Esse livro é uma leitura enriquecedora para quem quer se aprofundar no tema dos precatórios e foi escrito com rigor científico, profunda e bem sistematizada pesquisa, evidenciando qualidades que são próprias do autor desta obra."

(Do Prefácio de José Maurício Conti, Professor da Universidade de São Paulo)

"Great authorities of the law affirm that the system used in Brazil to pay what Public Treasury owes because of judicial decisions is a Brazilian exclusivity, and that there is nothing equal it anywhere in the world.

In this work, we see that the author has thoroughly analyzed the facts and made extensive scientific research to discover that it is not quite like this, as will be seen in this work that now reaches the hands of readers.

In his detailed study, the author analyzed the legislation, doctrine and jurisprudence of four countries: Argentina, the United States, Portugal and Brazil, as well as many Constitutions of other States, which gives an insight into how similar systems actually work in other jurisdictions. The author has highlighted those countries of undeniable relevance to Brazil.

This book is an enriching reading for those who want to understand better this system of payment and was written with scientific rigor, deep and well systematized research, evidencing qualities that are proper to the author of this work.

(From the preface of José Mauricio Conti, Professor at São Paulo State University)

PRECATÓRIOS NA HISTÓRIA

De antes do Brasil Colônia
até a Constituição de 1988

Série: Precatórios e Requisições de Pequeno Valor
Volume II

Os precatórios são parte do processo de execução de sentenças ou acórdão em que houve condenação do Poder Público a pagar uma quantia em dinheiro.

Este livro trata da evolução histórica dos precatórios no Brasil, começando um pouco antes do Brasil Colônia, passando pelo Império e finalizando no período republicano.

Aqui se analisa textos antigos da Torre do Tombo de Portugal, obras raras do Senado Federal do Brasil, anais das constituintes, desde a imperial, embora tenha acabado gorando, até a de 1987 e respectivas Constituições e normas infraconstitucionais, analisando-se os fatos ocorridos em relação ao que acontece agora.

Essa história é muito ilustrativa do que tem sido o nosso "Estado de Direito", o respeito ao Judiciário e aos cidadãos por partes dos detentores do poder.

Edmund Burke disse com razão que "Um povo que não conhece a sua história está condenado a repeti-la". Por aí se vê a importância do conhecimento que se traz aqui, principalmente para que os acontecimentos que tem assolado o Brasil a respeito dos precatórios possam um dia parar de se repetirem.

"Precatórios" is the name in Portuguese of a part of the enforcement process of a judgment in which there was a conviction of the Public Power to pay a sum in cash.

This book deals with the historical evolution of the "precatórios" in Brazil, beginning a little before the colonial period, passing through the Empire and ending in the Republic.

Here we analyze ancient texts of the Tower of Tombo of Portugal, rare books of the Federal Senate of Brazil, annals of the constituents, from the imperial, although it ended up closed, until 1987 and respective Constitutions and laws, analyzing the facts occurred in relation to what happens now.

This history is very illustrative of what has been our "rule of law" system, respect for the Judiciary and citizens by the holders of power in our country.

Edmund Burke rightly said, "A people who do not know their history are doomed to repeat it." By this sentence we perceive the importance of the knowledge that is brought here, especially so that the events that have plagued Brazil about the "precatórios" may one day stop repeating themselves.

---

[i] "Letter from a Birmingham Jail". Disponível em: African Studies Center - University of Pennsylvania. <http://www.africa.upenn.edu/Articles_Gen/Letter_Birmingham.html>. Tradução livre. Original: "Injustice anywhere is a threat to justice everywhere. We are caught in an inescapable network of mutuality, tied in a single garment of destiny. Whatever affects one directly, affects all indirectly."

[ii] A banca examinadora foi composta pelos seguintes professores doutores: JOSÉ MAURICIO CONTI, orientador (Professor Associado do Departamento de Direito Econômico, Financeiro e Tributário (DEF) da FADUSP); ESTEVÃO HORVATH (Professor Associado do DEF da FADUSP); MÔNICA HERMAN SALEM CAGGIANO (Professora Associada do Departamento de Direito do Estado da FADUSP); LUÍS PAULO ALIENDE RIBEIRO (doutor em Direito, desembargador do Tribunal de Justiça do Estado de São Paulo. Coordenador da DEPRE - Diretoria de Execução de Precatórios); e FERNÃO BORBA FRANCO (doutor em Direito, desembargador do Tribunal de Justiça do Estado de São Paulo e Coordenador-Adjunto da Coordenadoria da DEPRE).

[iii] Informação extraída de University Of Notre Dame Archives. <http://www.archives.nd.edu/cgi-bin/words.exe?precatorio>.

[iv] Execução em face da Fazenda Pública – São Paulo: Editora Juarez de Oliveira, 2002, pág. 128/129.

[v] Portugal originou-se de uma divisão do Reino da Galícia, recebendo o pai de Afonso Henriques, Henrique de Borgoña, um dos condados que passou a seu filho, primeiro rei de Portugal. D. Afonso Henriques era chamado pelos mouros de Pérfido Galego, indicativo claro da sua origem. Vide: www.exercito.pt/sites/JE/Publicacoes/Documents/JE585JUN09.pdf

[vi] <http://www.estraviz.org/precatorio>. O "pola" não é erro de digitação, mas sim palavra galega.

[vii] Excluindo as ocorrências de ordem criminal, no portal da jurisprudência Unificada Federal (http://www.jf.jus.br/juris/unificada/Resposta) a expressão

aparece como resultado de pesquisa 1.819 vezes e já na jurisprudência do Tribunal de Justiça paulista (http://esaj.tj.sp.gov.br/cjsg/resultadoCompleta.do) ela surge 20.957 vezes. Nos tribunais superiores o Superior Tribunal de Justiça apresenta 187 ocorrências e no Supremo Tribunal Federal encontramos o uso da expressão "precatórios e ofícios requisitórios" (AI 560844 AgR / RS - RIO GRANDE DO SUL; e Rcl 5928 / SP - SÃO PAULO), "precatórios requisitórios" (RE 148.445, Rel. Min. Octavio Gallotti; e RE 147.436, Rel. Min. Moreira Alves), "ofício requisitório" (AI 450977 AgR / SP - SÃO PAULO; AI 474367 AgR / SP - SÃO PAULO; AI 474451 AgR / SP - SÃO PAULO), bem como apenas "requisitório" (IF 4176 AgR / ES - ESPÍRITO SANTO).

viii Por exemplo: CONTI, José Maurício. Escola Paulista da Magistratura e Associação Paulista de Magistrados. Seminário - Precatórios Judiciais - EC 62/09 12.08.10 (Parte 2-8). Http://www.apamagis.com.br/videos/download.php.

ix Conforme ARAÚJO, Edimir Netto de. Curso de Direito Administrativo. 5ª. Edição. São Paulo: Saraiva, 2010, pág. 1288; FRANCO, Fernão Borba Execução em face da Fazenda Pública. Obra citada, pág. 129/130; OLIVEIRA, Régis Fernandes de Curso de Direito Financeiro. 5ª Edição. São Paulo: Revista dos Tribunais, 2013, pág. 669.

Usando a expressão "requisição" vide BULOS, Uadi Lammêgo. Curso de Direito Constitucional. São Paulo: Saraiva, 2007. pág. 1054 e HARADA, Kiyoshi e MÉDICI, Otávio Geraldo (colaborador). Dicionário de Direito Público. São Paulo: Atlas, 1999, pág. 162.

MEDAUAR, Odete. Direito Administrativo Moderno. 10ª Edição. São Paulo: Revista dos Tribunais, 2006. Pág. 399

Não se concorda com Luiz Araújo e Vidal Nunes quando dizem "[...] precatório judicial, que, em última análise, é a ordem emitida pelo juízo das execuções ao Presidente do Tribunal, para que este requisite da entidade devedora (Poder Público) o pagamento das quantias devidas, mediante a inclusão, no orçamento do exercício seguinte, da verba necessária ao adimplemento de todos os precatórios apresentados até 1º de julho. [...]". (Curso de Direito Constitucional. 11ª. Edição. São Paulo: Saraiva, 2007. pág. 402). Evidente que o juiz, autoridade inferior, não pode dar uma ordem ao Presidente do Tribunal, autoridade superior a ele, pois isso vai contra o princípio da hierarquia.

x Vide nesse sentido ASSONI Fº, Sérgio. Comentários aos artigos 58 a 70 da Lei 4.320/1964. In: CONTI, José Maurício. VVAA. Orçamentos Públicos – A Lei 4.320/1964 Comentada. São Paulo: RT, 2008, pág. 218.

xi Esse pensamento também é encontrável na jurisprudência do Órgão Especial do Tribunal de Justiça de São Paulo: Intervenção Estadual n°120.362-0/7-00; Intervenção Estadual n°117.716-0/6-00; Intervenção Estadual n°113.682-0/0-00; Intervenção Estadual n°120.360-0/8-00; e muitos outros julgados.

Fernão Borba Franco também diz que é uma ordem judicial ao Poder Executivo, igualmente afirmando que ela se divide em duas, mas chamando de ofício requisitório o ato do juiz e de precatório o ato do Presidente do Tribunal. (Execução em face da Fazenda Pública. Obra citada, pág. 129/130.)

Igualmente, entendendo o requisitório como ordem, encontramos Régis Fernandes de Oliveira o qual usa a expressão precatória como equivalente a ofício precatório entendendo ser o pedido do juiz da execução ao presidente do Tribunal para que requisite a verba para o pagamento. (Curso de Direito Financeiro. 5ª Edição. São

Paulo: Revista dos Tribunais, 2013, pág. 669.)
Também usando a expressão "requisição" vide BULOS, Uadi Lammêgo. Curso de
Direito Constitucional. São Paulo: Saraiva, 2007, pág. 1054 e HARADA, Kiyoshi
e MÉDICI, Otávio Geraldo (colaborador). Dicionário de Direito Público. São
Paulo: Atlas, 1999, pág. 162.
Falando em ofício contendo uma ordem vide: MEDAUAR, Odete. Direito
Administrativo Moderno. 10ª Edição. São Paulo: Revista dos Tribunais, 2006. Pág.
399.
Ainda nesse sentido: ARAÚJO, Edimir Netto de. Curso de Direito Administrativo.
5ª. Edição. São Paulo: Saraiva, 2010, pág. 1288.
Interessante que as traduções para o francês e o inglês realizadas pelo Senado usam
a expressão ordem nas respectivas línguas:
*Art. 100. A l'exception des crédits de nature alimentaire, les paiements dus par les
Finances fédérales, subfédérales ou municipales en vertu d'une sentence judiciaire
sont effectués exclusivement dans l'ordre chronologique de présentation des
injonctions de payer et sous les rubriques respectives; la désignation de cas ou de
personnes dans les dotations budgétaires et les crédits additionnels ouverts à cette
fin est interdite.* (VILLEMAIN, Jacques e CLEAVER, Jean François. Constitution
de la République fédérative du Brésil. Brasília : Sénat Fédéral - Secrétariat Spécial
a la Composition et aux Publications - Sous-Secrétariat aux Editions Techniques,
1998.) (grifo nosso)
*Article 100. Payments owed by the federal, state, Federal District, or municipal
treasuries, by virtue of a court decision, shall be made exclusively in chronological
order of submission of **court orders** and charged to the respective credits, it being
forbidden to designate cases or persons in the budgetary appropriations and in the
additional credits opened for such purpose.* (VAJDA, Istvan, ZIMBRES, Patrícia
de Queiroz Carvalho e SOUZA, Vanira Tavares de. (Tradutores) Constitution of
The Federative Republic of Brazil. Brasília: The Federal Senate - Special
Secretariat for Printing and Publishing - Under secretariat of Technical
Publications, 2013.) (grifo nosso)
[xii] Art. 475-N. São títulos executivos judiciais: (Incluído pela Lei nº 11.232, de
2005) I – a sentença proferida no processo civil que reconheça a existência de
obrigação de fazer, não fazer, entregar coisa ou pagar quantia;
[xiii] Neste sentido: ASSONI Fº., Sérgio. Da Despesa in Orçamentos Públicos – Lei
4.320/1964 Comentada. VVAA. Coordenação de José Maurício Conti. 2ª Edição.
São Paulo: Revista dos Tribunais, 2010, pág. 218.
[xiv] MEDAUAR, Odete. Direito Administrativo Moderno. 10ª Edição. São Paulo:
Revista dos Tribunais, 2006, pág. 397.
[xv] CRETELLA JÚNIOR, José. Dicionário de Direito Administrativo. 5ª Edição.
Rio de Janeiro: Forense, 1999, pág. 205.
[xvi] DINIZ, Maria Helena. Dicionário Jurídico. 2ª Edição. São Paulo: Saraiva, 2005,
Volume II pág. 608.
[xvii] Id. ibid. loc. cit.
[xviii] CUNHA, Leonardo José Carneiro. A Fazenda Pública em Juízo. 8ª Edição. São
Paulo: Dialética, 2010, pág. 15.
[xix] HARADA, Kiyoshi e MÉDICI, Otávio Geraldo (colaborador). Dicionário de
Direito Público. São Paulo: Atlas, 1999, pág. 105.
[xx] DANTAS, Francisco Wildo Lacerda. Execução Contra a Fazenda Pública –

Regime de Precatório. 2ª. Edição. São Paulo: Método, 2010, pág. 109.

xxi HARADA, Kiyoshi e MÉDICI, Otávio Geraldo (colaborador). Dicionário, pág. 105.

xxii DINIZ, Maria Helena. Dicionário, pág. 608 do Volume II.
Humberto Theodoro Júnior restringe também o conceito para as pessoas jurídicas de Direito Público. (THEODORO Jr., Humberto. A Execução contra a Fazenda Pública e os Crônicos Problemas do Precatório. In Precatórios – Problemas e Soluções. VVAA. Coordenador Orlando Vaz. Belo Horizonte: Del Rey, 2005, pág. 46.).
Nesse sentido: NERY Jr., Nelson e NERY, Rosa Maria de Andrade. Código de Processo Civil Comentado – e Legislação Extravagante. 10 Edição. São Paulo: Revista dos Tribunais, 2007, pág. 1063; e CUNHA, Leonardo José Carneiro. A Fazenda Pública em Juízo. 8ª Edição. São Paulo: Dialética, 2010, pág. 15.

xxiii NERY Jr., Nelson e NERY, Rosa Maria de Andrade. Código de Processo Civil Comentado, pág. 1063.

xxiv OLIVEIRA, Régis Fernandes de. Curso de Direito Financeiro. 5ª. Edição. São Paulo: Revista dos Tribunais, 2013, pág. 669.

xxv MEIRELLES, Hely Lopes. Direito Administrativo Brasileiro. 27ª Edição, atualizada por Eurico de Andrade Azevedo, Délcio Balestero Aleixo e José Emmaniel Burle Filho. São Paulo: Malheiros, 2002, pág. 692/693.

xxvi Não reconhecendo o direito ao sistema de requisitórios à Caixa Econômica Federal vide: TRDF - Processo 923894820054013. Processo 923894820054013. ALEXANDRE MACHADO VASCONCELOS. Órgão julgador 1ª Turma Recursal – DF. Fonte DJDF 05/10/2007. Data da Decisão 13/09/2007. No mesmo sentido: TRDF - Processo 476476920044013. RECURSO CONTRA SENTENÇA DO JUIZADO CÍVEL. Relator ALEXANDRE MACHADO VASCONCELOS. Órgão julgador 1ª Turma Recursal – DF. Fonte DJDF 05/10/2007. Data da Decisão 13/09/2007.

xxvii Fernão Borba Franco diz em sua obra que os precatórios surgiram devido ao fato de os bens públicos não serem penhoráveis, razão de ele entender que a questão dos bens é pertinente ao assunto. Realmente essa é uma das razões pelas quais o precatório surgiu, mas hoje, como está no texto, não é razão para caber ou não o sistema de requisitórios (Vide: Execução em face da Fazenda Pública. Obra citada, pág. 52).

xxviii Maria Sylvia Di Pietro menciona a crise do serviço público, embora diga que ela não existe no Brasil onde não há tratados que causem dúvidas e a Constituição define quais sejam as atividades de prestação exclusiva pelo Poder Público. (Direito Administrativo. 19ª Edição. São Paulo: Atlas, 2006, pág. 116/119). Contudo, sustentamos a dificuldade do conceito mantendo o entendimento que serviço público é o que a Constituição ou lei disserem que é, observando que a fls. 114 de sua obra a professora também coloca como central na definição o fato de a atividade ter sido atribuída por Lei ao Estado.

xxix ARE 698.357-AgR, voto da Min. Cármen Lúcia, julgamento em 18-9-2012, Segunda Turma, DJE de 4-10-2012. Vide: RE 599.628, Rel. p/ o ac. Min. Joaquim Barbosa, julgamento em 25-5-2011, Plenário, DJE de 17-10-2011, com repercussão geral.

xxx RE 230.051-ED, Rel. Min. Maurício Corrêa, julgamento em 11-6-2003, Plenário, DJ de 8-8-2003. No mesmo sentido: RE 393.032-AgR, Rel. Min. Cármen

Lúcia, julgamento em 27-10-2009, Primeira Turma, DJE de 18-12-2009; RE 220.699, Rel. Min. Moreira Alves, julgamento em 12-12-2000, Primeira Turma, DJ de 16-3-2001RE 220.907-5 RO, Relator Ministro Carlos Veloso, 12.06.2001; RE 229.444-8 CE, Relator Ministro Carlos Veloso, 19.06.2001; RE 220.906, Rel. Maurício Corrêa, 14.11.2002.

xxxi RE 407.099-5 RS, Relator Ministro Carlos Velloso, 22.06.2004.

xxxii RE 172. 816/RJ, Relator o Ministro Paulo Brossard (RTJ 153/337), 09.02.1994.

xxxiii RE 599.628/DF – repercussão geral, Relator Ministro Ayres Brito, houve reconhecimento da repercussão geral por maioria no dia 26.02.2010.

xxxiv RE 599.628/DF, Relator original Ministro Ayres Britto, Redator do acórdão Ministro Joaquim Barbosa, 25.5.2011.

xxxv AI 841.548-RG, Rel. Min. Presidente Cezar Peluso, julgamento em 9-6-2011, Plenário, DJE de 31-8-2011, com repercussão geral. No mesmo sentido: AI 829.809-AgR, Rel. Min. Dias Toffoli, julgamento em 6-12-2011, Primeira Turma, DJE de 6-2-2012; AI 783.136-AgR, Rel. Min. Eros Grau, julgamento em 20-4-2010, Segunda Turma, DJE de 14-5-2010. Vide: AI 349.477-AgR, Rel. Min. Celso de Mello, julgamento em 11-2-2003, Segunda Turma, DJ de 28-2-2003.

xxxvi RE 382.380-Agr, Rel. Min. Ricardo Lewandowski, julgamento em 24-8-2010, Primeira Turma, DJE de 10-9-2010.

xxxvii RE 64800 / MG - MINAS GERAIS. RECURSO EXTRAORDINÁRIO. Relator: Min. THEMISTOCLES CAVALCANTI. Julgamento: 13/08/1968. Órgão Julgador: SEGUNDA TURMA

xxxviii ADI 584-MC, Rel. Min. Celso de Mello, julgamento em 26-3-1992, Plenário, DJ de 22-5-1992.

xxxix AP 503, rel. min. Celso de Mello, julgamento em 20-5-2010, Plenário, DJE de 1º-2-2013.

xl SL 296-AgR, Rel. Min. Presidente Cezar Peluso, julgamento em 22-9-2011, Plenário, DJE de 25-10-2011.

xli SS 4.090-AgR, Rel. Min. Presidente Cezar Peluso, julgamento em 17-2-2011, Plenário, DJE de 14-3-2011.

xlii Nesse sentido: AI 589.584-AgR, Rel. Min. Ellen Gracie, julgamento em 31-8-2010, Segunda Turma, DJE de 24-9-2010, RE 602.184-AgR, Rel. Min. Luiz Fux, julgamento em 14-2-2012, Primeira Turma, DJE de 9-3-2012, AI 712.216-AgR, Rel. Min. Ricardo Lewandowski, julgamento em 25-8-2009, Primeira Turma, DJE de 18-9-2009, ARE 639.219-AgR, rel. min. Rosa Weber, julgamento em 21-8-2012, Primeira Turma, DJE de 1º-10-2012.

A súmula nº 269 do Supremo Tribunal Federal diz que "O mandado de segurança não é substitutivo de ação de cobrança." Portanto, a expressão "pagamento decorra de mandado de segurança" usada no texto deve ser entendida no sentido de que o mandado de segurança definiu um direito posteriormente cobrado em ação de cobrança.

xliii RE 601215 AgR / DF - DISTRITO FEDERAL AG. REG. NO RECURSO EXTRAORDINÁRIO Relator: Min. CELSO DE MELLO Julgamento: 06/03/2012   Órgão Julgador: Segunda Turma.

RE 601914 AgR / DF - DISTRITO FEDERAL AG. REG. NO RECURSO EXTRAORDINÁRIO Relator: Min. CELSO DE MELLO Julgamento: 06/03/2012   Órgão Julgador: Segunda Turma

xliv ADC 4-MC, rel. min. Sydney Sanches, julgamento em 11-2-1998, DJ de 21-5-1999. Vide: Rcl 6.258-AgR, rel. min. Eros Grau, julgamento em 23-9-1992, Plenário, DJE de 29-10-2009.

xlv RE 598.678-AgR, Rel. Min. Eros Grau, julgamento em 1º-12-2009, Segunda Turma, DJE de 18-12-2009.

xlvi RE 488.858-AgR, Rel. Min. Cezar Peluso, julgamento em 18-9-2007, Segunda Turma, DJ de 11-10- 2007. No mesmo sentido: RE 574.573-AgR, Rel. Min. Ayres Britto, julgamento em 6-12-2011, Segunda Turma, DJE de 17-2-2012; AI 504.771-AgR, Rel. Min. Ellen Gracie, julgamento em 15-9-2009, Segunda Turma, DJE de 9-10-2009.

xlvii ADI 3.453, Rel. Min. Cármen Lúcia, julgamento em 30-11-2006, Plenário, DJ de 16-3-2007.

xlviii A jurisprudência mais recente do Supremo Tribunal Federal segue no mesmo caminho: (AC 254-QO, Rel. Min. Celso de Mello, julgamento em 18-5-2004, Segunda Turma, DJE de 18-12-2009.) No mesmo sentido: RE 597.157-AgR, Rel. Min. Cármen Lúcia, julgamento em 14-2-2012, Primeira Turma, DJE de 6-3-2012; RE 597.835-AgR, Rel. Min. Ricardo Lewandowski, julgamento em 9-11-2010, Primeira Turma, DJE de 25-11-2010; AI 768.479-AgR, Rel. Min. Ellen Gracie, julgamento em 13-4-2010, Segunda Turma, DJE de 7-5-2010.

xlix AI 641.431-AgR, Rel. Min. Ellen Gracie, julgamento em 8-6-2010, Segunda Turma, DJE de 25-6-2010.

l RE 215.107-AgR, Rel. Min. Celso de Mello, julgamento em 21-11-2006, Segunda Turma, DJ de 2-2-2007.

li RE 148.445, Rel. Min. Octavio Gallotti; RE 147.436, Rel. Min. Moreira Alves; e RE 205.532, Rel. Min. Ilmar Galvão, julgamento em 28-4-1998, Primeira Turma, DJ de 21-8-1998.

lii RE 466.145-AgR, Rel. Min. Ricardo Lewandowski, julgamento em 20-6-2006, Primeira Turma, DJ de 18-8-2006. No mesmo sentido: RE 463.390-AgR, Rel. Min. Gilmar Mendes, julgamento em 8-2-2011, Segunda Turma, DJE de 24-2-2011; RE 600.369-AgR-ED, Rel. Min. Eros Grau, julgamento em 9-3-2010, Segunda Turma, DJE de 9-4-2010; AI 506.767-AgR, Rel. Min. Marco Aurélio, julgamento em 22-9-2009, Primeira Turma, DJE de 13-11-2009; AI 643.732-AgR, Rel. Min. Cármen Lúcia, julgamento em 26-5-2009, Primeira Turma, DJE de 26-6-2009; RE 193.210, Rel. Min. Néri da Silveira, julgamento em 27-5-1997, Segunda Turma, DJ de 29-5-1998. No mesmo sentido: RE 443.680-AgR, Rel. Min. Joaquim Barbosa, julgamento em 6-4-2010, Segunda Turma, DJE de 23-4-2010; RE 600.369-AgR, Rel. Min. Eros Grau, julgamento em 1º-12-2009, Segunda Turma, DJE de 18-12-2009.

liii RE 155.979, Rel. Min. Marco Aurélio, julgamento em 11-11-1994, Plenário, DJ de 23-2-2001. No mesmo sentido: RE 553.896-AgR, Rel. Min. Ricardo Lewandowski, julgamento em 1º-2-2011, Primeira Turma, DJE de 23-2-2011; AI 489.233-AgR, Rel. Min. Marco Aurélio, julgamento em 16-12-2008, Primeira Turma, DJE de 17-4-2009; RE 176.547, Rel. Min. Carlos Velloso, julgamento em 11-4-1995, Segunda Turma, DJ de 1º-9-1995; RE 305.186, Rel. Min. Ilmar Galvão, julgamento em 17-9-2002, Primeira Turma, DJ de 18-10-2002.

liv FAIM Fº, Eurípedes G.. Precatórios na História. De antes do Brasil Colônia até a

Constituição de 1988. São Paulo: IPAM, 2017.

[lv] ADI 1.593, Rel. p/ o ac. Min. Menezes Direito, julgamento em 7-11-2007, Plenário, DJE de 2-5-2008 e ADI 1.593, REL. P/ O AC. Min. Menezes direito, julgamento em 7-11-2007, Plenário, DJE de 2-5-2008.

[lvi] A íntegra do relatório dessa CPI pode ser encontrada em <http://www.senado.gov.br/atividade/materia/getPDF.asp?t=80249&tp=1>.

[lvii] R. T. J. 161: 341/345.

[lviii] Revista dos Tribunais 669:7-9.

[lix] No mesmo sentido mencionaram-se no acórdão citado os seguintes casos: RE 148.569-SP, 148.272-SP, 161.170, 159.100, 148.445, 148.266, 144.774 e 143.789.

[lx] AI 641.431-AgR, Rel. Min. Ellen Gracie, julgamento em 8-6-2010, Segunda Turma, DJE de 25-6-2010.

[lxi] A Dívida Pública com Precatórios após 10 Anos da LRF ou como a Resolução 40/2001 do Senado Caloteou a República. In Lei de Responsabilidade Fiscal – 10 Anos de Vigência – Questões Atuais. VVAA. Coordenação de Fernando Facury Scaff e José Maurício Conti. Florianópolis: Conceito, 2010, pág. 62.

[lxii] Conforme ARAÚJO, Alessandra Fuchs; HARADA, Kiyoshi; LLAGUNO, Elaine Guadanucci; SALLES, Venício Antônio de Paula; SARTORI, Ivan Ricardo Garísio; e SILVA Jr., Alcides Leopoldo "Precatórios Judiciais – Emenda Constitucional 62". Tribunal de Justiça de São Paulo. Escola Paulista da Magistratura. Associação Paulista de Magistrados. Seminário ocorrido nos dias 12 e 13 de agosto de 2010. Disponível em: <http://www.apamagis.com.br/videos/download.php>.

[lxiii] ADI 2.851. No mesmo sentido SS 2.589-AgR, Rel. Min. Presidente Ellen Gracie, julgamento em 9-8-2006, Plenário, DJ de 22-9-2006.

[lxiv] RE 590.751, Rel. Min. Ricardo Lewandowski, julgamento em 9-12-2010, Plenário, DJE de 4-4-2011, com repercussão geral. No mesmo sentido: RE 421.616-AgR, Rel. Min. Ricardo Lewandowski, julgamento em 21-6-2007, Primeira Turma, DJ de 10-8-2007.

[lxv] Nesse sentido entre inúmeros julgados destaca-se esse do Supremo Tribunal Federal: AP 503, rel. min. Celso de Mello, julgamento em 20-5-2010, Plenário, DJE de 1º-2-2013.

[lxvi] Superior Tribunal de Justiça: RMS 18.328/PR, Rel. Ministro CASTRO MEIRA, SEGUNDA TURMA, julgado em 05/08/2004, DJ 06/09/2004, p. 18. No mesmo sentido: AgRg nos EREsp 1149594 / RS; AgRg nos EREsp 1140693 / RS; REsp 1143677 / RS, esses últimos do Ministro Luiz Fux.

[lxvii] Superior Tribunal de Justiça: RMS 18389 / PR Ministro LUIZ FUX 21/10/2004

[lxviii] Exemplificamos com as LDOs da União: Lei nº 11.768/2008, art. 12, XII; Lei nº 12.017/2009, art. 18, § 1º, I; Lei nº 12.309/2010, art. 12, XIII; Lei nº 12.465/2011, art. 12, XXI; Lei nº 12.708/2012, art. 25, IV.

[lxix] Supremo Tribunal Federal RE 458.110, Rel. Min. Marco Aurélio, julgamento em 13-6-2006, Primeira Turma, DJ de 29-9-2006. No mesmo sentido: Tribunal de Justiça de São Paulo Agravo de Instrumento 0042518-79.1998.8.26.0000. Relator: Lineu Peinado. Órgão julgador: 2ª Câmara de Direito Público. Data de registro: 05/01/1999 e Agravo de Instrumento 0075248-89.2011.8.26.0000. Relator: Sidney Romano dos Reis. Órgão julgador: 6ª Câmara de Direito Público. Data do julgamento: 08/08/2011.

[lxx] AI 618770 AgR, Relator: Min. GILMAR MENDES, Segunda Turma, julgado em 12/02/2008, DJe-041 DIVULG 06-03-2008 PUBLIC 07-03-2008 EMENT VOL-02310-09 PP-01835.

[lxxi] Tribunal de Justiça de São Paulo. 9065785-87.1999.8.26.0000. Apelação Com Revisão. Relator: J. G. Jacobina Rabello. Órgão julgador: 4ª Câmara de Direito Privado. Data de registro: 09/05/2002.

[lxxii] REsp 1.265.580/RS, Rel. Min. TEORI ALBINO ZAVASCKI, Corte Especial, DJe 18/4/12; Nesse sentido: EREsp 1242919/RS; REsp 1265580 / RS; REsp 1240963 / RS; REsp 787037 / SP; REsp 511812 / MA e muitos outros.

[lxxiii] ADI 493, Rel. Min. Moreira Alves, julgamento em 25-6-1992, Plenário, DJ de 4-9-1992. No mesmo sentido: RE 552.272-AgR, Rel. Min Cármen Lúcia, julgamento em 15-2-2011, Primeira Turma, DJE de 18-3-2011; RE 567.673-AgR-ED, Rel. Min. Ellen Gracie, julgamento em 14-12-2010, Segunda Turma, DJE de 7-2-2011.

[lxxiv] Art. 5º O art. 1º-F da Lei nº 9.494, de 10 de setembro de 1997, introduzido pelo art. 4º da Medida Provisória nº 2.180-35, de 24 de agosto de 2001, passa a vigorar com a seguinte redação: "Art. 1o-F. Nas condenações impostas à Fazenda Pública, independentemente de sua natureza e para fins de atualização monetária, remuneração do capital e compensação da mora, haverá a incidência uma única vez, até o efetivo pagamento, dos índices oficiais de remuneração básica e juros aplicados à caderneta de poupança."

[lxxv]
http://www.stf.jus.br/arquivo/cms/jurisprudenciaSumulaVinculante/anexo/PSV_32 .pdf.

[lxxvi] AI 618770 AgR, Relator: Min. GILMAR MENDES, Segunda Turma, julgado em 12/02/2008, DJe-041 DIVULG 06-03-2008 PUBLIC 07-03-2008 EMENT VOL-02310-09 PP-01835.
Nesse sentido: RE 565.046 AgR, Rel. Ministro Gilmar Mendes, Segunda Turma, julgado em 18.03.2008, DJe-070 DIVULG 17.04.2008 PUBLIC 18.04.2008; e AI 618.770 AgR, Rel. Ministro Gilmar Mendes, Segunda Turma, julgado em 12.02.2008, DJe-041 DIVULG 06.03.2008 PUBLIC 07.03.2008.
Também no Superior Tribunal de Justiça: AgRg no REsp 1.116229/RS, Rel. Ministro Felix Fischer, Quinta Turma, julgado em 06.10.2009, DJe 16.11.2009; AgRg no REsp 1.135.387/PR, Rel. Ministro Haroldo Rodrigues (Desembargador Convocado do TJ/CE), Sexta Turma, julgado em 29.09.2009, DJe 19.10.2009; REsp 771.624/PR, Rel. Ministro Teori Albino Zavascki, Primeira Turma, julgado em 16.06.2009, DJe 25.06.2009; EDcl nos EDcl no AgRg no REsp 941.933/SP, Rel. Ministro Jorge Mussi, Quinta Turma, julgado em 14.05.2009, DJe 03.08.2009; AgRg no Ag 750.465/RS, Rel. Ministra Maria Thereza de Assis Moura, Sexta Turma, julgado em 28.04.2009, DJe 18.05.2009; e REsp 955.177/RS, Rel. Ministra Eliana Calmon, Segunda Turma, julgado em 14.10.2008, DJe 07.11.2008.

[lxxvii] RE 280149 AgR, Relator: Min. CEZAR PELUSO, Primeira Turma, julgado em 30/11/2004, DJ 04-02-2005 PP-00023 EMENT VOL-02178-02 PP-00342 LEXSTF v. 27, n. 315, 2005, p. 222-225; AI 346543 AgR, Relator: Min. CEZAR PELUSO, Primeira Turma, julgado em 19/10/2004, DJ 12-11-2004 PP-00024 EMENT VOL-02172-03 PP-00488 RT v. 94, n. 832, 2005, p. 156-157; AO 152 embargos à execução-ED-AgR, Relator: Min. RICARDO LEWANDOWSKI, Tribunal Pleno, julgado em 17/11/2011, Acórdão Eletrônico DJe-228 DIVULG 30-

11-2011 PUBLIC 01-12-2011; RE 142104, Relator: Min. MARCO AURÉLIO, Segunda Turma, julgado em 26/10/1998, DJ 05-02-1999 PP-00027 EMENT VOL-01937-02 PP-00410.

lxxviii Supremo Tribunal Federal: Rcl 2.267 e Rcl 2.268, Rel. p/ o ac. Min. Menezes Direito, julgamento em 4-3-2009, Plenário, DJE de 26-6-2009; Rcl 2.411-AgR-AgR, Rel. Min. Marco Aurélio, julgamento em 4-3-2009, Plenário, DJE de 18-9-2009.

lxxix ADI 2.405-MC, Rel. Min. Ayres Britto, julgamento em 6-11-2002, Plenário, DJ de 17-2-2006.

lxxx Nesse sentido: 4ª Vara da Fazenda Pública do Foro Central da Comarca De Porto Alegre 001/1.09.0303537-9 (CNJ 3035371-97.2009.8.21.0001) http://www.jusbrasil.com.br/diarios/23251378/pg-147-capital-1-grau-diario-de-justica-do-estado-do-rio-grande-do-sul-djrs-de-19-11-2010

lxxxi http://www.cnj.jus.br/busca-atos-adm?documento=2594

lxxxii Rcl 2761, Relator: Min. AYRES BRITTO, Tribunal Pleno, julgado em 13/04/2011, DJe-181 DIVULG 20-09-2011 PUBLIC 21-09-2011 EMENT VOL-02591-01 PP-00009 e Rcl 3270, Relator: Min. AYRES BRITTO, Tribunal Pleno, julgado em 13/12/2006, DJe-042 DIVULG 21-06-2007 PUBLIC 22-06-2007 DJ 22-06-2007 PP-00016 EMENT VOL-02281-01 PP-00170.

No mesmo sentido decisões do pleno do STF: Rcl 2761 / RN Julgamento: 13/04/2011; Rcl 3270 / RN Julgamento: 13/12/2006; Rcl 2953 / RN Julgamento: 13/12/2006; Rcl 3396 / SP 3/12/2006; Rcl 3111 / RN. Julgamento: 13/12/2006.

lxxxiii Neste sentido: Tribunal de Justiça do Estado de São Paulo. Agravo de instrumento 0292883-02.2011.8.26.0000. Relator: Danilo Panizza. Órgão julgador: 1ª Câmara de Direito Público. Data do julgamento: 31/01/2012; Agravo de Instrumento nº 70041406109, 3ª Câmara Cível, Tribunal de Justiça do Rio Grande do Sul, Des. Rogerio Gesta Leal, j. maio de 2011; Agravo de instrumento nº 2011.036007-2, 2ª Câmara de Direito Público, Tribunal de Justiça de Santa Catarina, Des. Newton Janke, j. em agosto de 2011.

lxxxiv Tribunal de Justiça de São Paulo 0001175-16.2012.8.26.0032. Apelação. Relator: Edson Ferreira. Órgão julgador: 2ª Câmara de Direito Público. Data do julgamento: 25/06/2013.

lxxxv RE 601.914-AgR, rel. min. Celso de Mello, julgamento em 6-3-2012, Segunda Turma, DJE de 25-2-2013.

lxxxvi ADI 3057 MC, Relator: Min. CEZAR PELUSO, Tribunal Pleno, julgado em 19/02/2004, DJ 19-03-2004 PP-00016 EMENT VOL-02144-02 PP-00477. Também: ADI 3344/DF;

lxxxvii http://www3.dataprev.gov.br/sislex/index.asp.

lxxxviii Portaria Interministerial MPS/MF Nº 15, de 10 de janeiro de 2013 - DOU de 11/01/2013; Portaria Interministerial MPS/MF Nº 02, DE 06 DE JANEIRO DE 2012 - DOU DE 09/01/2012; Portaria Interministerial MPS/MF Nº 407, de 14 de julho de 2011 - DOU de 19/07/2011; Portaria Interministerial MPS/MF Nº 333, de 29 de junho de 2010 - DOU de 30/06/2010; Portaria Interministerial MPS/MF Nº 48, de 12 de fevereiro de 2009 - DOU de 13/02/2009; e Portaria Interministerial MPS/MF Nº 77, de 11 de março de 2008 - DOU de 12/03/2008.

lxxxix http://www.tjsp.jus.br/Shared/Handlers/FileFetch.ashx?id_arquivo=52607.

xc Reclamação 3.014 de relatoria do Ministro Ayres Britto. Julgamento em 10-3-2010, Plenário, DJE de 21-5-2010. O relator não colocou a questão em debate, mas

esse ocorreu mesmo assim, embora a reclamação tenha sido julgada improcedente.
xci ADI 2.868, Rel. p/ o ac. Min. Joaquim Barbosa, julgamento em 2-6-2004, Plenário, DJ de 12-11-2004.
xcii RE 601215 AgR, Relator: Min. CELSO DE MELLO, Segunda Turma, julgado em 06/03/2012, Acórdão Eletrônico DJe-034 DIVULG 20-02-2013 PUBLIC 21-02-2013.
xciii Régis de Oliveira sugeriu o prazo de trinta a sessenta dias. Curso de Direito Financeiro, Obra citada, pág. 672.
xciv Com igual entendimento vide THEODORO Jr., Humberto. A Execução contra a Fazenda Pública e os Crônicos Problemas do Precatório. In Precatórios – Problemas e Soluções. VVAA. Coordenador Orlando Vaz. Belo Horizonte: Del Rey, 2005, pág. 58/59; e ASSONI Fº, Sérgio. Comentários aos artigos 58 a 70 da Lei 4.320/1964. In: CONTI, José Maurício. VVAA. Orçamentos Públicos – A Lei 4.320/1964 Comentada. São Paulo: RT, 2008, págs. 203/229, pág. 220; e CUNHA, Leonardo José Carneiro. A Fazenda Pública em Juízo. 8ª edição. São Paulo: Dialética, 2010, pág. 320/321.
xcv Tribunal de Justiça do Estado de São Paulo: Agravos de instrumento: 0249068-23.2009.8.26.0000 (12/04/2010); 0204493-90.2010.8.26.0000 31/05/2010; 0185217-05.2012.8.26.0000 17/12/2012; 0038117-80.2011.8.26 27/06/2011; 0173972-31.2011.8.26.0000 17/01/2012; 0095876-36.2010.8.26.0000; nº 0067469-83.2011 10.05.11.
xcvi Tribunal de Justiça do Estado de São Paulo Agravo de instrumento 0067469-83.2011.8.26.0000. Data do julgamento: 10/05/2011.
xcvii Tribunal Regional Federal da 3ª Região, todos os casos tendo como relator o juiz convocado Rodrigo Zacharias: agravo de instrumento 00429925919974030000. DJU data: 10/01/2008 página: 372; apelação cível 00906127719964039999. DJU data: 07/02/2007; agravo de instrumento 01124611319934039999; DJU data: 17/11/2006.
xcviii Tribunal de Justiça de São Paulo agravo de instrumento nº 0094964-68.2012.8.26.0000. Décio Notarangeli Relator. 11 de julho de 2012.
xcix Superior Tribunal de Justiça AgRg nos EREsp 1149594/RS, Rel. Ministro Luiz Fux, Corte Especial, julgado em 06/10/2010, DJe 08/11/2010; AgRg nos EREsp 1140693/RS, Rel. Ministro Luiz Fux, Primeira Seção, julgado em 08/09/2010, DJe 22/09/2010; REsp 1143677/RS, Rel. Ministro Luiz Fux, Corte Especial, julgado em 02/12/2009, DJe 04/02/2010.
c Rcl 3111 / RN - RIO GRANDE DO NORTE. RECLAMAÇÃO. Relator: Min. Carlos Britto. Julgamento: 13/12/2006. Órgão Julgador: Tribunal Pleno; Rcl 3336 AgR / RN - Rio Grande do Norte. Reg. na Reclamação. Relator: Min. Joaquim Barbosa. Julgamento: 11/10/2007. Órgão Julgador: Tribunal Pleno; Rcl 3270 / RN - RIO GRANDE DO NORTE. RECLAMAÇÃO. Relator: Min. Carlos Britto. Julgamento: 13/12/2006. Órgão Julgador: Tribunal Pleno
ci 0101638-62.2012.8.26.0000. Relator: Osvaldo de Oliveira. Órgão julgador: 12ª Câmara de Direito Público. Data do julgamento: 05/09/2012.
cii Tribunal de Justiça de São Paulo: 0216704-90.2012.8.26.0000. Agravo de Instrumento. Relator: Amorim Cantuária. Órgão julgador: 3ª Câmara de Direito Público. Data do julgamento: 22/01/2013.
Nesse sentido: Agravos de Instrumento 0204478-53.2012.8.26.0000 e 0149729-86.2012.8.26.0000.

Contra: 0204403-14.2012.8.26.0000, 0197606-22.2012.8.26.0000, 0282768-19.2011.8.26.0000 e 0106442-73.2012.8.26.0000.

ciii BASTOS, Celso Ribeiro e MARTINS, Ives Gandra. "Comentários à Constituição do Brasil Promulgada em 05 de Outubro de 1988." São Paulo, Saraiva, 1988, Vol. I, p. 349 e 350. Essa parte do livro contém comentários apenas de CELSO RIBEIRO BASTOS.

civ Essa expressão é encontrada, por exemplo, na jurisprudência do Supremo Tribunal Federal: Rcl 3138 / CE – Ceará. Reclamação. Relator: Min. Joaquim Barbosa. Julgamento: 04/03/2009. Órgão Julgador: Tribunal Pleno; AI 630631 / SP - São Paulo. Agravo de Instrumento. Relator: Min. Joaquim Barbosa. Julgamento: 21/10/2011. AI 623145 / RS - Rio Grande do Sul. Agravo de Instrumento. Relator: Min. DIAS TOFFOLI. Julgamento: 14/02/2011. Rcl 2763 / SP - São Paulo RECLAMAÇÃO. Relator: Min. Joaquim Barbosa. Julgamento: 28/09/2010. RE 545222 / MG - MINAS GERAIS. RECURSO EXTRAORDINÁRIO. Relator: Min. DIAS TOFFOLI. Julgamento: 24/05/2010. STA 421 / PE – PERNAMBUCO. SUSPENSÃO DE TUTELA ANTECIPADA. Relator: Min. Presidente. Julgamento: 20/04/2010. Decisão Proferida pelo (a) Min. GILMAR MENDES.

cv ADI 4.357 e ADI 4.425, rel. p/ o ac. min. Luiz Fux, julgamento em 13 e 14-3-2013, Plenário, Informativo 698.

cvi Os créditos trabalhistas são espécie do gênero créditos alimentares conforme: Supremo Tribunal Federal AO 152 embargos à execução-ED-AgR, Rel. Min. Ricardo Lewandowski, julgamento em 17-11-2011, Plenário, DJE de 1º-12-2011.

cvii Supremo Tribunal Federal RE 167.359, Rel. Min. Néri da Silveira, julgamento em 22-11-1994, Segunda Turma, DJ de 25-8-1995.

cviii Tribunal de Justiça de São Paulo. Ordem de Serviço 01/2013 do Desembargador Pires de Araújo, Desembargador Coordenador da Diretoria de Execução de Precatórios e Cálculos.

cix Vide, por exemplo, Tribunal de Justiça de São Paulo: Mandado de Segurança n. 168.850-0/5-00 – São Paulo – Órgão Especial do Tribunal de Justiça – Relator: José Santana – 10.06.09 – V.U.

cx Conforme: OLIVEIRA, Régis Fernandes de. Curso de Direito Financeiro. Obra citada, pág. 671/672

cxi A regulamentação no Tribunal de Justiça do Estado de São Paulo se encontra na Ordem De Serviço nº 02/2010. Disponível em: <http://www.tj.sp.gov.br/Depre/Publicacoes/AtosNormativosView.aspx?ID=510.> .

cxii RE 595978 AgR, Relator: Min. Joaquim Barbosa, Segunda Turma, julgado em 24/04/2012, Acórdão Eletrônico DJe-099 DIVULG 21-05-2012 PUBLIC 22-05-2012.

cxiii Mencionado em AI 581661, Relatora: Min. CÁRMEN LÚCIA, julgado em 21/10/2009, publicado em DJe-214 DIVULG 13/11/2009 PUBLIC 16/11/2009.

cxiv http://www.tjsp.jus.br/Institucional/Depre/AtosNormativos/AtoNormativo.aspx?ID=801&f=2

cxv Mandado De Segurança 0226840-49.2012.8.26.0000. Relator: Paulo Dimas Mascaretti. Órgão julgador: Órgão Especial. Data do julgamento: 30/01/2013. No mesmo sentido outras decisões do mesmo Órgão Especial: 0080778-40.2012.8.26.0000. Mandado de Segurança. Data do julgamento: 05/06/2013;

0079609-18.2012.8.26.0000. Mandado de Segurança. Data do julgamento: 10/04/2013; 0207085-39.2012.8.26.0000. Mandado de Segurança.
cxvi 0223060-04.2012.8.26.0000. Agravo de Instrumento. Data do julgamento: 29/01/2013; 0086794-10.2012.8.26.0000. Agravo de Instrumento. Data do julgamento: 29/01/2013.
cxvii AI 596873 ED-AgR, Relator: Min. DIAS TOFFOLI, Primeira Turma, julgado em 06/08/2013, Acórdão Eletrônico DJe-190 DIVULG 26-09-2013 PUBLIC 27-09-2013.
cxviii RE 595978 AgR, Relator: Min. Joaquim Barbosa, Segunda Turma, julgado em 24/04/2012, Acórdão Eletrônico DJe-099 DIVULG 21-05-2012 PUBLIC 22-05-2012.
cxix http://www.stf.jus.br/portal/cms/verNoticiaDetalhe.asp?idConteudo=100319
cxx RE 605481 RG, Relatora: Min. ELLEN GRACIE, julgado em 29/04/2010, DJe-154 DIVULG 19-08-2010 PUBLIC 20-08-2010 EMENT VOL-02411-05 PP-01114.
cxxi RE 634.707, Rel. Min. Marco Aurélio, julgamento em 17-4-2012, Primeira Turma, DJE de 4-5-2012.
cxxii RE 458.110, Rel. Min. Marco Aurélio, julgamento em 13-6-2006, Primeira Turma, DJ de 29-9-2006.
cxxiii RE 459.506-AgR, Rel. Min. Eros Grau, julgamento em 12-6-2007, Segunda Turma, DJ de 17-8-2007; RE 570.712-AgR, Rel. Min. Ellen Gracie, julgamento em 20-4-2010, Segunda Turma, DJE de 14-5-2010; AI 608.866-AgR, Rel. Min. Ricardo Lewandowski, julgamento em 2-10-2007, Primeira Turma, DJ de 31-10-2007. Vide: RE 501.840-AgR, Rel. Min. Ellen Gracie, julgamento em 15-9-2009, Segunda Turma, DJE de 9-10-2009.
cxxiv http://s.conjur.com.br/dl/peticao-gleisi-oab.pdf.
cxxv OAB - federalização de precatórios 2.pdf http://s.conjur.com.br/dl/peticao-guido-oab.pdf.
cxxvi
http://www.cnj.jus.br/images/imprensa/precatorios/realtorio_precatorios_CNJ_FINAL1.pdf
cxxvii Nesse sentido MORAES, Alexandre de. Direito Constitucional. 19ª Edição. São Paulo: Atlas, 2006, pág. 442.
cxxviii Conforme: STF. ADI 834. ADI - Ação Direta de Inconstitucionalidade. Relator Sepúlveda Pertence. Plenário, 18.02.99.
cxxix Conforme Súmula 722 do Supremo Tribunal Federal.
cxxx ADI 2.220, Rel. Min. Cármen Lúcia, julgamento em 16-11-2011, Plenário, DJE de 7-12-2011.) No mesmo sentido: ADI 1.628, Rel. Min. Eros Grau, julgamento em 10-8-2006, Plenário, DJ de 24-11-2006; ADI 2.235-MC, Rel. Min. Octavio Gallotti, julgamento em 29-6-2000, Plenário, DJ de 7-5-2004; ADI 1.901, Rel. Min. Ilmar Galvão, julgamento em 3-2-2003, Plenário, DJ de 9-5-2003; ADI 834, Rel. Min. Sepúlveda Pertence, julgamento em 18-2-1999, Plenário, DJ de 9-4-1999.
cxxxi Nesse sentido: MS 21.689, Rel. Min. Carlos Velloso, julgamento em 16-12-1993, Plenário, DJ de 7-4-1995.
cxxxii A respeito da simetria vide: STF - ADI-MC 1890. ADI-MC - Medida Cautelar NA Ação Direta de Inconstitucionalidade. Relator CARLOS VELLOSO; STJ - RCL 200800768899. RCL - RECLAMAÇÃO – 2790. Relator TEORI ALBINO

ZAVASCKI. CORTE ESPECIAL. Fonte DJE DATA: 04/03/2010 RIP VOL. 00060 PG: 00286.

cxxxiii HC 106.124-MC, Rel. Min. Celso de Mello, decisão monocrática, julgamento em 1º-8-2011, DJE de 5-8-2011. No mesmo sentido: HC 106.124, Rel. Min. Celso de Melo, julgamento em 22-11-2011, Segunda Turma, Informativo 649.

cxxxiv Nesse sentido: FREITAS, José Lebre. A Acção Executiva Depois da Reforma da Reforma. 5ª Edição. Editora Coimbra: Coimbra, 2009, pág. 16, nota 26.

cxxxv Notas Sobre o Precatório na Execução Contra a Fazenda Pública. In Revista dos Tribunais. São Paulo, v. 88, n. 768, p. 39-59, out. 1999. Disponível em: <http://www.stj.jus.br/publicacaoseriada/index.php/informativo/article/view/270/2 64>. Nesse arquivo: páginas 174 e 175.

cxxxvi Manual de Direito Processual Civil. Teoria Geral do Processo Civil. 9ª edição. São Paulo: Saraiva, 1982, volume I, pág. 229.

cxxxvii Recl. 1.893-RN e OLIVEIRA, Régis Fernandes. Curso de Direito Financeiro. 5ª Edição. São Paulo: RT, 2013, pág. 585.

cxxxviii O Conselho Nacional de Justiça no Procedimento de Controle Administrativo nº 0001138-12.2012.2.00.0000, julgado na sessão de 30/07/2012 em voto do Conselheiro JOSÉ LUCIO MUNHOZ entendeu que nos acordos feitos por Juízos Conciliatórios, não é obrigatória a obediência a ordem cronológica de pagamento dos precatórios, não havendo, por isso, crime de responsabilidade do Presidente do Tribunal no caso.

cxxxix AgRg no AREsp 91.516/DF, Rel. Ministro BENEDITO GONÇALVES, PRIMEIRA TURMA, julgado em 10/04/2012, DJe 17/04/2012

cxl ADI 558-MC, Rel. Min. Sepúlveda Pertence, julgamento em 16-8-1991, Plenário, DJ de 26-3-1993.

cxli IF 120, Rel. Min. Presidente Sydney Sanches, julgamento em 10-2-1993, Plenário, DJ de 5-3-1993.

cxlii Rcl 2.143-AgR, Rel. Min. Celso de Mello, julgamento em 12-3-2003, Plenário, DJ de 6-6-2003.

cxliii IF 5.050-AgR, Rel. Min. Presidente Ellen Gracie, julgamento em 6-3-2008, Plenário, DJE de 25-4-2008. No mesmo sentido: IF 4.979-AgR, Rel. Min. Presidente Ellen Gracie, julgamento em 6-3-2008, Plenário, DJE de 25-4-2008; IF 1.917-AgR, Rel. Min. Presidente Maurício Corrêa, julgamento em 17-3-2004, Plenário, DJ de 3-8-2007; IF 4.640-AgR, Rel. Min. Presidente Cezar Peluso, julgamento em 29-3-2012, Plenário, DJE de 25-4-2012.

cxliv AgRg no AREsp 91.516/DF, Rel. Ministro BENEDITO GONÇALVES, PRIMEIRA TURMA, julgado em 10/04/2012, DJe 17/04/2012.

cxlv AgRg no REsp 1238755/MG, Rel. Ministro NAPOLEÃO NUNES MAIA FILHO, PRIMEIRA TURMA, julgado em 17/11/2011, DJe 24/11/2011

cxlvi REsp 905.491/MG, Rel. Ministro MAURO CAMPBELL MARQUES, SEGUNDA TURMA, julgado em 16/09/2010, DJe 08/10/2010.

cxlvii Supremo Tribunal Federal: AgRg no AG 1.122.211, Min. Luiz Fux, DJe de 15/10/09 e REsp 1107840/PR, Rel. Ministro TEORI ALBINO ZAVASCKI, PRIMEIRA TURMA, julgado em 06/04/2010, DJe 13/04/2010.

cxlviii Improbidade Administrativa – Precatórios Alimentares – Falta de Pagamento e de Inclusão no Orçamento Anual – Realização de Gastos Discricionários e Suficiência de Recursos para Dispêndios Obrigatórios – Elevação da Dívida Pública – Irresponsabilidade Fiscal. Disponível em

342

<http://www.apmp.com.br/juridico/arrazoado/arrazoado_2004.htm>.
[cxlix] Apelação nº 0141072-97.2008.8.26.0000. 4ª Câmara de Direito Público 9 de setembro de 2013. Luís Fernando Camargo de Barros Vidal Relator.
[cl] Processo: 0028340-77.2009.8.26.0053 (053.09.028340-9)
[cli] ARE 683235 - RECURSO EXTRAORDINÁRIO COM AGRAVO. Origem:PA – PARÁ. Relator: MIN. TEORI ZAVASCKI. Julgamento realizado no dia 31 de agosto de 2012.
[clii] Conforme: COELHO, Fábio Ulhôa. Curso de Direito Civil. São Paulo: Saraiva, 2003, Volume I, pág. 335; LISBOA, Roberto Senise. Manual de Direito Civil. 5ª edição. São Paulo: Saraiva, 2009, Volume I, pág. 384; e DINIZ, Maria Helena. In FIUZA, Ricardo e SILVA, Regina Beatriz Tavares (Coordenadores). VVAA. Código Civil Comentado. 6ª edição. São Paulo: Saraiva, 2008, pág. 134, entre outros.
[cliii] Ensinamentos extraídos das seguintes obras: AMARO, Mohamed. Código Penal na Expressão dos Tribunais. São Paulo: Saraiva, 2007, págs. 164, 165, 179 e 180; GRECO, Rogério. Curso de Direito Penal. 14ª Edição. Niterói: Impetus, 2012, págs. 183, 187, 190 e 205; e CAPEZ, Fernando. Curso de Direito Penal. 16ª Edição. São Paulo, Saraiva, 2012, volume I, págs. 223, 234 e 235.
[cliv] IF 5.050-AgR, Rel. Min. Presidente Ellen Gracie, julgamento em 6-3-2008, Plenário, DJE de 25-4-2008.   No mesmo sentido: IF 4.979-AgR, Rel. Min. Presidente Ellen Gracie, julgamento em 6-3-2008, Plenário, DJE de 25-4-2008.
[clv] AgRg no Ag 1122211/SP, Rel. Ministro FRANCISCO FALCÃO, Rel. p/ Acórdão Ministro LUIZ FUX, PRIMEIRA TURMA, julgado em 17/09/2009, DJe 15/10/2009
[clvi] Inq 3.155, Rel. Min. Cármen Lúcia, julgamento em 22-9-2011, Plenário, DJE de 11-10-2011.
[clvii] HC 97.344, Rel. Min. Ellen Gracie, julgamento em 12-5-2009, Segunda Turma, DJE de 29-5-2009.
[clviii] HC 91.159, Rel. Min. Ellen Gracie, julgamento em 2-9-2008, Segunda Turma, DJE de 24-10-2008.
[clix] Conforme: CAPEZ, Fernando. Op. cit., pág. 353
[clx] Conforme: CRECO, Rogério. Op. cit., pág. 323.
[clxi] Precatórios na História. De antes do Brasil Colônia até a Constituição de 1988. São Paulo: IPAM, 2017.
[clxii] SABBAG, César de Moraes Breves considerações sobre deficiências estruturais do sistema orçamentário brasileiro - Propostas para incrementar a legitimidade e a eficiência do modelo. In CONTI, José Mauricio e SCAFF, Fernando Facury (coordenadores). VVAA.   Orçamentos Públicos e Direito Financeiro. São Paulo: Revista dos Tribunais, 2011.
[clxiii] MARTINS, Ives Gandra. Ordem Judicial de Pagamento - Ausência de Recursos Orçamentários - Teoria de Impossibilidade Material. Revista de Direito Administrativo. Rio de Janeiro, janeiro a março de 1992, pág. 351 a 368.
[clxiv] Conforme: SCAFF, Fernando Facury. Sentenças Aditivas, Direitos Sociais e Reserva do Possível. In: COSTA, Paulo Sergio Weyl A.. (Org.). VVAA. Direitos Humanos em Concreto. Curitiba: Juruá, 2008, v. 1, p. 89-116, pág. 112.
[clxv] MÂNICA, Fernando Borges. Teoria da Reserva do Possível: Direitos Fundamentais a Prestações e a Intervenção do Poder Judiciário na Implementação de Políticas Públicas Revista Brasileira de Direito Público, Belo Horizonte, ano 5,

n. 18, p. 169-186, jul./set. 2007, pág. 13.

clxvi SCAFF, Fernando Facury. Op. cit., pág. 101 e 102.

clxvii Tradução livre. No original: "*Le Camere approvano ogni anno i bilanci e il rendiconto consuntivo presentati dal Governo [...] Ogni altra legge che importi nuove o maggiori spese deve indicare i mezzi per farvi fronte.*" Disponível em <http://www.governo.it/Governo/Costituzione/principi.html>.

clxviii Despesa pública: conflito entre princípios e eficácia das regras jurídicas: o princípio da sujeição da Administração às decisões do Poder Judiciário e o princípio da legalidade da despesa pública. Revista Trimestral de Direito Público, n. 2, p. 130-148, 1993.

clxix Este parágrafo e os seis de cima conforme: GRAU, Eros R. Despesa pública: conflito entre princípios e eficácia das regras jurídicas: o princípio da sujeição da Administração às decisões do Poder Judiciário e o princípio da legalidade da despesa pública. Op. cit..

clxx http://www.oas.org/pt/cidh/

clxxi Relatório nº 10/12. Petição 341-01. Admissibilidade. Márcio Manoel Fraga e Nancy Victor da Silva (Precatórios). Brasil. 20 de março de 2012; Relatório nº 145/11. Petição 1140-04. Admissibilidade. Clélia de Lourdes Goldenberg e Rita de Cassia da Rosa. (Precatórios). Brasil. 31 de outubro de 2011; Relatório nº 144/11. Petição 1050-06. Admissibilidade. Pedro Stábile Neto e outros funcionários do Município de Santo André (Precatórios). Brasil. 31 de outubro de 2011

clxxii Relatório no. 78/12. Petição 1485-07. Admissibilidade. José Laurindo Soares. Brasil. 8 de novembro de 2012.

clxxiii Constituição e Política. Belo Horizonte: Del Rey, 2006, tradução de Geraldo de Carvalho, pág. 86 a 91.

clxxiv SARLET, Ingo Wolfgang. A Eficácia dos Direitos Fundamentais. 7ª edição. Porto Alegre: Livraria do Advogado, 2007, Pág. 286.

clxxv Sobre o princípio do juiz natural veja: FAIM Fº, Eurípedes G. Juízes de 1º Grau Convocados para Atuar no 2º Grau e o Princípio do Juiz Natural. In Revista da Escola Paulista de Magistratura, Ano 10, Número 32, maio-agosto de 2009. Disponível na página da Internet da Escola Paulista da Magistratura http://www.apmbr.com.br/index.php?option=com_content&view=article&id=116

clxxvi ADI 4.357 e ADI 4.425, rel. p/ o ac. min. Luiz Fux, julgamento em 13 e 14-3-2013, Plenário, Informativo 698.

clxxvii Vide FAIM Fº, Eurípedes Gomes. Juizados Especiais da Fazenda Pública – Questões para reflexão. Publicado na página da Internet da Escola Paulista da Magistratura do Tribunal de Justiça do Estado de São Paulo. Disponível em: <http://www.epm.tj.sp.gov.br/internas/ArtigosView.aspx?ID=8489>.

clxxviii As informações foram obtidas no Informativo STF nº 725, bem como na página do Supremo Tribunal Federal no YouTube (www.youtube.com/user/STF).

clxxix Brasil. Poder Judiciário. Conselho Nacional de Justiça. Relatório. Precatórios. Restruturação da Gestão nos Tribunais. Disponível em <http://www.cnj.jus.br/images/imprensa/precatorios/realtorio_precatorios_CNJ_FI NAL1.pdf.>.

clxxx BRASIL. Instituto Brasileiro de Geografia e Estatística – IBGE. Contas Nacionais número 35. Contas Regionais do Brasil 2005-2009. Disponível em <http://www.ibge.gov.br/english/estatistica/economia/contasregionais/2009/contas regionais2009.pdf.>.

clxxxi Brasil. Poder Judiciário. Conselho Nacional de Justiça. Corregedoria Nacional de Justiça. Reestruturação da Gestão de Precatórios. Disponível em <http://www.cnj.jus.br/images/imprensa/precatorios/apresentacao_reestruturacao_precatorios.pdf>.

clxxxii Conforme: ADI 1.050-MC, Rel. Min. Celso de Mello, julgamento em 21-9-1994, Plenário, DJ de 23-4-2004; RTJ36/382, 385; RTJ37/113; RDA 102/261; ADI 865/MA, Rel. Min. Celso de Mello.

clxxxiii ADI 2.810-MC, Rel. Min. Moreira Alves, julgamento em 26-2-2003, Plenário, DJ de 25-4-2003.

clxxxiv ADI 3.949-MC, Rel. Min. Gilmar Mendes, julgamento em 14-8-2008, Plenário, DJE de 7-8-2009.

clxxxv Conforme HENRIQUES, Élcio Fiori. Da Lei do Orçamento. In Orçamentos Públicos – Lei 4.320/1964 Comentada. CONTI, José Maurício. VVAA. 2ª Edição. São Paulo: Revista dos Tribunais, 2010, pág. 36.

clxxxvi Nesse sentido: SILVA, Lino Martins. Contabilidade Governamental – Um Enfoque Administrativo. 7ª Edição. São Paulo: Atlas, 2004, pág. 88.

clxxxvii Nesse sentido: MORAES, Alexandre de. Direito Constitucional. 19ª Edição. São Paulo: Atlas, 2006, págs. 633/634 e Constituição do Brasil Interpretada e Legislação Constitucional. 7ª edição. São Paulo: Atlas, 2007, págs. 1972 e 1973; CARVALHO, Kildare Gonçalves. "Direito Constitucional – Teoria do Estado e da Constituição, Direito Constitucional Positivo". 11ª Edição. Belo Horizonte: Del Rey, 2005, fls. 666/667; SILVA, José Afonso da. "Curso de Direito Constitucional Positivo". 33ª edição. São Paulo: Malheiros, 2009, fls. 747/748.

clxxxviii Lei 10.707 de 30.07.2003; Lei 10.934 de 11.08.2004; Lei 11.178 de 20.09.2005; Lei 11.439 de 29.12.2006; Lei 11.514 de 13.08.2007; Lei 11.768 de 14.08.2008; Lei 12.017 de 12.08.2009; Lei 12.309 09.08.2010; Lei 12.465 12.08.2011; Lei nº 12.708, de 17 de agosto de 2012; e; e Lei 12.919, de 24 de dezembro de 2013.

clxxxix Lei Paulista nº 11.971, de 03 de agosto de 2005; Lei Paulista nº 12.515, de 29 de dezembro de 2006; Lei Paulista nº 12.677, de 16 de julho de 2007; Lei Paulista nº 13.124, de 08 de julho de 2008; Lei Paulista nº 13.578, de 08 de julho de 2009; Lei Paulista nº 14.185, de 13 de julho de 2010; Lei Paulista nº 14.489, de 21 de julho de 2011; Lei Paulista nº 14.837, de 23 de julho de 2012; e Lei Paulista nº 15.109, de 29 de julho de 2013.

cxc http://www.camara.gov.br/internet/comissao/index/mista/orca/ldo/LDO2012/proposta/MSG-098-11-pl.pdf.

cxcihttp://www.camara.gov.br/internet/comissao/index/mista/orca/ldo/LDO2012/parecer_cmo/01_Parecer_CMO.pdf.

cxcii "O Uso de Precatórios para Pagamento de Tributos". In "Atualidades Jurídicas" – Revista Eletrônica do Conselho Federal da OAB. Janeiro a março de 2011, número 11. Disponível em <http://www.oab.org.br/editora/revista/revista_11/artigos/ousodeprecatoriosparapagamentodetributos.pdf>.

cxciii Ela deve conter: 1. Discriminação da despesa por unidade orçamentária, com suas categorias de programação detalhadas no menor nível, com as respectivas dotações, especificando a esfera orçamentária, o grupo de natureza de despesa, o identificador de resultado primário, a modalidade de aplicação, o identificador de uso e a fonte de recursos; 2. Número da ação originária; 3. Data do ajuizamento da ação originária; 4. Número do precatório; 5. Tipo de causa julgada, com especificação precisa do objeto da condenação transitada em julgado, segundo a classificação vigente no respectivo órgão do Poder Judiciário; 6. Data da autuação do precatório; 7. Nome do beneficiário e número de sua inscrição no Cadastro de Pessoas Físicas - CPF ou Cadastro Nacional de Pessoas Jurídicas - CNPJ, do Ministério da Fazenda; 8. Valor individualizado por beneficiário e valor total do precatório a ser pago; 9. Data do trânsito em julgado; 10. Identificação da Vara ou Comarca de origem; e 11. Natureza do valor do precatório, se referente ao objeto da causa julgada, a honorários sucumbenciais legais ou a honorários sucumbenciais contratuais.

[cxciv] Decretos 8.197/2014, 7.995/2013, 7.680/2012, 7.445/2011, 7.094/2010

[cxcv]   Confira   os   objetivos   do   SIAFI: <https://www.tesouro.fazenda.gov.br/pt/objetivos>.

[cxcvi] DJE 17/08/2012 - COMUNICADO Nº 12/2012 - PIRES DE ARAÚJO, Desembargador Coordenador da Diretoria de Execução de Precatórios.

[cxcvii] Vide <http://www.orcamentofederal.gov.br/informacoes-orcamentarias>.

[cxcviii] Disponível em <http://www.orcamentofederal.gov.br/glossario-1/despesa-primaria>.

[cxcix]   Conforme: http://www3.tesouro.fazenda.gov.br/series_temporais/principal.aspx?subtema=4#ancora_consulta.

[cc] Nesse sentido: CONTI, José Maurício Conti. A Autonomia Financeira do Poder Judiciário. São Paulo: Academia Brasileira de Direito e MP, 2006, pág. 180.

[cci] "Dos Créditos Adicionais". In CONTI, José Maurício. VVAA. "Orçamentos Públicos – A Lei 4.320/1964 Comentada". 2ª Edição. São Paulo: RT, 2010. Os comentários a respeito do art. 41 são feitos por este autor nas páginas 148 a 150.

[ccii] Nesse sentido: ADI 4.049-MC, Rel. Min. Ayres Britto, julgamento em 5-11-2008, Plenário, DJE de 8-5-2009.

[cciii]   http://www2.camara.leg.br/atividade-legislativa/orcamentobrasil/loa/loa-2014/ciclos/loa-2014-precatorios.

[cciv] http://www.camara.gov.br/internet/comissao/index/mista/orca/orcamento/or2012/precatorios/EstTecnico5_2012.pdf.

[ccv] Supremo Tribunal Federal ADI 820, Rel. Min. Eros Grau, julgamento em 15-3-2007, Plenário, DJE de 29-2-2008. No mesmo sentido: ADI 4.102-MC-REF, Rel. Min. Cármen Lúcia, julgamento em 26-5-2010, Plenário, DJE de 24-9-2010; ADI 2.808, Rel. Min. Gilmar Mendes, julgamento em 16-8-2006, Plenário, DJ de 17-11-2006; ADI 1.144, Rel. Min. Eros Grau, julgamento em 16-8-2006, Plenário, DJ de 8-9-2006; ADI 882, Rel. Min. Maurício Corrêa, julgamento em 19-2-2004, Plenário, DJ de 23-4-2004; ADI 2.447, Rel. Min. Joaquim Barbosa, julgamento em 4-3-2009, Plenário, DJE de 4-12-2009.

[ccvi] Nesses casos foi julgada inconstitucional lei estadual de iniciativa do Judiciário que disciplinava o sistema financeiro de conta única de depósitos judiciais. ADI 2.855, Rel. Min. Marco Aurélio, julgamento em 12-5-2010, Plenário, DJE de 17-9-2010. Vide: ADI 2.909, Rel. Min. Ayres Britto, julgamento em 12-5-2010, Plenário, DJE de 11-6-2010.

[ccvii] O Supremo Tribunal Federal julgou inconstitucional lei do Distrito Federal de

iniciativa de deputado distrital que incluía evento no calendário oficial de eventos oficiais por entender que geraria despesas adicionais para a Secretaria de Segurança Pública. ADI 4.180-MC-REF, Rel. Min. Cezar Peluso, julgamento em 10-3-2010, Plenário, DJE de 27-8-2010.
ccviii ADI 2.072-MC, Rel. Min. Octavio Gallotti, julgamento em 17-11-1999, Plenário, DJ de 19-9-2003.
ccix ADI 2.345-MC, Rel. Min. Sydney Sanches, julgamento em 1º-8-2002, Plenário, DJ de 28-3-2003.
ccx Supremo Tribunal Federal: ADI 1.689, Rel. Min. Sydney Sanches, julgamento em 12-3-2003, Plenário, DJ de 2-5-2003; e ADI 820, Rel. Min. Eros Grau, julgamento em 15-3-2007, Plenário, DJE de 29-2-2008.
ccxi O Supremo Tribunal Federal afirmou que só deve constar no orçamento fundos que existirem por lei antes do projeto de lei orçamentária: ADI 1.726-MC, Rel. Min. Maurício Corrêa, julgamento em 16-9-1998, Plenário, DJ de 30-4-2004.
ccxii Supremo Tribunal Federal ADI 1.599-MC, Rel. Min. Maurício Corrêa, julgamento em 26-2-1998, Plenário, DJ de 18-5-2001.
ccxiii
http://www.stf.jus.br/portal/cms/verNoticiaDetalhe.asp?idConteudo=171624&tip=UN.
ccxiv A inicial é acessível na seguinte página da internet: http://www.stf.jus.br/portal/geral/verPdfPaginado.asp?id=981920&tipo=TP&descricao=ADI/4558.
ccxv Nesse sentido: SCAFF, Fernando Facury. Sentenças Aditivas, Direitos Sociais e Reserva do Possível. In: Paulo Sergio Weyl A. Costa. (Org.). Direitos Humanos em Concreto. Curitiba: Juruá, 2008, v. 1, p. 89-116, pág. 100.
ccxvi http://www.tjsp.jus.br/Shared/Handlers/FileFetch.ashx?id_arquivo=37308.
ccxvii Vide: Rcl 3161, Relator: Min. Dias Toffoli, julgado em 23/05/2011, publicado em DJe -102 DIVULG 27/05/2011 PUBLIC 30/05/2011; Rcl 2957, Relator: Min. Carlos Velloso, julgado em 29/03/2005, publicado em DJ 05/04/2005 PP-00060; Rcl 3189, Relator: Min. Joaquim Barbosa, julgado em 25/02/2010, publicado em DJe-040 DIVULG 04/03/2010 PUBLIC 05/03/2010; Rcl 3285, Relator: Min. Dias Toffoli, julgado em 05/05/2011, publicado em DJe-087 DIVULG 10/05/2011 PUBLIC 11/05/2011.
ccxviii "Precatórios após o Reconhecimento da Inconstitucionalidade Parcial da E. C. 62/2009". Palestra realizada no dia 19 de setembro de 2013, estando disponível para download na página: < http://www.apamagis.com.br/videos/download.php>.
ccxix Constituições: de 1934, art. 182, parágrafo único; de 1937, art. 95, parágrafo único; 1967, art. 112, § 2º; 1969, art. 117, § 2º; 1988, redação original: art. 100, § 2º, redação atual: art. 100, § 6º.
ccxx Superior Tribunal de Justiça. Recurso Especial nº 781.615 - RS (2005/0141207-8) Relator: Ministro Arnaldo Esteves Lima. 27 de setembro de 2007; Superior Tribunal de Justiça. AgRg no Agravo De Instrumento nº 1.319.119 - PR (2010/0103522-9) Ministro Luiz Fux. 19 de outubro de 2010; Tribunal de Justiça do Distrito Federal e dos Territórios. Agravo de Instrumento. 20110020005625AGI. Relator Desembargador Sandoval Oliveira. 9 de fevereiro de 2011; Tribunal Regional Federal da 4ª Região. Agravo de Instrumento nº 0012957-64.2012.404.0000/PR. Relator: Des. Federal Celso Kipper. 24 de julho de 2013.

ccxxi Superior Tribunal de Justiça: ROMS 200100109276, Humberto Martins, STJ - Segunda Turma, DJ Data: 20/04/2007 PG: 00330 RSTJ VOL.: 00207 PG: 001; ROMS 200400884058, Denise Arruda, STJ - Primeira Turma, DJ Data: 26/04/2007 PG: 00215; ROMS 200400664810, Humberto Martins, STJ - Segunda Turma, DJ Data: 04/05/2007 PG: 00425; RMS 18.286/PR, Rel. Min. Eliana Calmon, DJU 29.11.2004; RMS 18.367/PR, Rel. Min. Francisco Falcão, DJ de 13.12.2004; RMS 18.645/PR, 1ª Turma, Rel. Min. Luiz Fux, DJ de 10.10.2005; RMS n.º 18.922/PR, Luiz Fux, DJ de 13.03.2006; ROMS 200400825711, Luiz Fux, STJ - Primeira Turma, DJ Data: 28/09/2006 PG: 00189; ROMS 200401019278, Luiz Fux, STJ - Primeira Turma, DJ Data: 10/10/2005 PG: 00221.

ccxxii Superior Tribunal de Justiça: ROMS 200400870261, DENISE ARRUDA, STJ - Primeira Turma, DJ Data: 10/10/2005 PG: 00220; RMS 18286/PR, Rel. Min. Eliana Calmon, julgamento em 21.09.2004.

ccxxiii AGRPRC 9505257996, Desembargador Federal José Maria Lucena, TRF5 - Pleno, DJ - Data: 20/03/2000 - Página: 629; MS 200205000198339, Desembargador Federal Francisco Cavalcanti, TRF5 - Pleno, DJ - Data: 25/02/2004 - Página: 462 - Nº: 37; ROMS 200400732213, Eliana Calmon, STJ - Segunda Turma, DJ Data:29/11/2004 PG:00270 RSTJ VOL.:00192 PG:00298 AGRPRC 9505257996, Desembargador Federal José Maria Lucena, TRF5 - Pleno, DJ - Data: 20/03/2000 - Página: 629

ccxxiv Brasil. Poder Judiciário. Conselho Nacional de Justiça. Relatório. Precatórios. Restruturação da Gestão nos Tribunais. Disponível em <http://www.cnj.jus.br/images/imprensa/precatorios/realtorio_precatorios_CNJ_FINAL1.pdf>, pág. 97.

ccxxv Publicado no DJE Ano VII • Edição 1524 • São Paulo, Segunda-feira, 21 de outubro de 2013.

ccxxvi Provimentos números 50/1989 e 30/2013. Ano VII. Edição 1523. São Paulo, 18 de outubro de 2013, art. 111, I.

ccxxvii Disponível em <http://www.tjsp.jus.br/cac/scp/loginweb.aspx>.

ccxxviii <http://www.tjsp.jus.br/Institucional/Depre/DevedoresCredores/Default.aspx?f=2>. Hoje essa lista não está mais disponível, mas ela está arquivada e à disposição dos interessados.

ccxxix http://produtos.seade.gov.br/produtos/atlasecon/intro/cap2_intro.pdf

ccxxx Ou seja, liquidação por leilões, acordos diretos com os credores nos termos de lei específica ou em atenção à ordem crescente, do precatório de menor para o de maior valor.

ccxxxi http://www.tjsp.jus.br/Institucional/Depre/GestaoPrecatorios/Default.aspx?f=2.

ccxxxii http://www.tjsp.jus.br/Institucional/Depre/Pagamentos/Default.aspx?f=2.

ccxxxiii http://www.tjsp.jus.br/Institucional/Depre/PagamentosPendentes/Default.aspx?f=2.

ccxxxiv http://www.tjsp.jus.br/Institucional/Depre/Precatorios/Default.aspx?f=2

ccxxxv http://www.tjsp.jus.br/Institucional/Depre/MapasOrcamentariosCredores/Default.aspx?f=2

ccxxxvi http://www.tjsp.jus.br/Institucional/Depre/GestaoPrecatorios/QuadroDemonstrativ

o/Default.aspx.

ccxxxvii Para detalhes veja o item 15.1 da Ordem de Serviço n°3/2010 do Desembargador Coordenador da DEPRE. (http://www.tjsp.jus.br/Institucional/Depre/AtosNormativos/AtoNormativo.aspx?I d=801)

ccxxxviii ADI 4.357 e ADI 4.425, rel. p/ o ac. min. Luiz Fux, julgamento em 13 e 14-3-2013, Plenário, Informativo 698.

ccxxxix Informações colhidas em http://www.al.sp.gov.br/leis/orcamento/saiba-como-e-elaborado-o-orcamento-do-estado/.

ccxl <https://www.siop.planejamento.gov.br/siop/#>.

ccxli Conforme determina a LDO para 2014 no seu artigo 22, Lei 12.919/2013.

ccxlii LDO para 2014, Lei 12.919/2013, art. 25.

ccxliii Conforme: CONTI, José Maurício. Da Proposta Orçamentária. Op. cit., páginas 108 a 111. CASTRO, Domingos Poubel de e GARCIA, Leice Maria. Contabilidade Pública no Governo Federal. São Paulo: Atlas, 2004, pág. 69, falam de forma um pouco diversa das etapas que denominam planejamento, programação e orçamentação, mas a ideia básica é a mesma.

ccxliv Esse e os três parágrafos de cima são conforme: TROTOBAS, Louis e COTTERET, Jean-Marie. Droit Budgétaire et comptabilité publique. 10e édition. Paris: Dalloz, 1978, páginas 22 a 26 e PREMCHAND, A.. Government Budgeting and Expenditure Controls. Theory and Practice. Washington: International Monetary Fund, 1983, pág. 35/36.

ccxlv Conforme COURSON, Charles. Le droit d'amendement parlementaire en matière budgétaire. In BOUVIER, Michel. VVAA. La Bonne Gouvernance des Finances Publiques Dans Le Monde. Paris: Lextenso, 2009, pág. 189/192.

ccxlvi O Supremo Tribunal Federal em julgamento recente com repercussão geral, reafirmou a inconstitucionalidade de emenda que propuser aumento de despesas em projetos de iniciativa do Executivo: RE 745811 RG / PA – PARÁ. Repercussão Geral no Recurso Extraordinário. Relator: Min. GILMAR MENDES. Julgamento: 17/10/2013.

ccxlvii Nesse sentido: ADI 352-MC, Rel. Min. Celso de Mello, julgamento em 29-8-1990, Plenário, DJ de 8-3-1991.

ccxlviii Conforme: CONTI, José Maurício. "Comentários aos artigos 22 a 33 da Lei 4320/1964 – Da Proposta Orçamentária". In CONTI, José Maurício (Coordenador) VVAA. Orçamentos Públicos: a Lei 4.320/1964 comentada. 2ª. edição. São Paulo, RT, 2010, pág. 121.

ccxlix MORAES, Alexandre de. Direito Constitucional. 19ª Edição. São Paulo: Atlas, 2006, págs. 633/634 e Constituição do Brasil Interpretada e Legislação Constitucional. 7ª edição. São Paulo: Atlas, 2007, págs. 1972 e 1973.

ccl Nesse sentido: CONTI, José Maurício. "Comentários aos artigos Arts. 22 a 33 da Lei 4320/1964 – Da Proposta Orçamentária". In CONTI, José Maurício (Coordenador) VVAA. Orçamentos Públicos: a Lei 4.320/1964 comentada. 2ª. edição. São Paulo, RT, 2010, pág. 124. SILVA, José Afonso da. "Curso de Direito Constitucional Positivo". 33ª edição. São Paulo: Malheiros, 2009, fls. 747/748. CARVALHO, Kildare Gonçalves. "Direito Constitucional – Teoria do Estado e da Constituição, Direito Constitucional Positivo". 11ª Edição. Belo Horizonte: Del Rey, 2005, fls. 666/667. OLIVEIRA, Rogério Sandoli de. "Dos Créditos

Adicionais. Comentários aos artigos 40 a 46." In CONTI, José Maurício (Coordenador) VVAA. Orçamentos Públicos: a Lei 4.320/1964 comentada. 2ª. edição. São Paulo, RT, 2010, pág. 163.

ccli Proposta de José Maurício Conti: "Comentários aos artigos Arts. 22 a 33 da Lei 4320/1964 – Da Proposta Orçamentária". In CONTI, José Maurício (Coordenador) VVAA. Orçamentos Públicos: a Lei 4.320/1964 comentada. 2ª. edição. São Paulo, RT, 2010, pág. 124.

cclii As informações das siglas e abreviaturas daqui para baixo se encontram na Lei nº 12.708, de 17 de agosto de 2012 (LDO para 2013), art. 7º.

ccliii http://www.orcamentofederal.gov.br/informacoes-orcamentarias/arquivos-receitas-publicas/receitas-publicas

ccliv CONTI, José Maurício. "Comentários aos artigos 22 a 33 da Lei 4320/1964 – Da Proposta Orçamentária". In CONTI, José Maurício (Coordenador) VVAA. Orçamentos Públicos: a Lei 4.320/1964 comentada. 2ª. edição. São Paulo, RT, 2010, Op. cit., pág. 122.

cclv 9005916-67.1997.8.26.0000 Ação Direta de Inconstitucionalidade de Lei. Data de registro: 03/03/1999

cclvi Tribunal de Justiça do Estado de São Paulo. 0102495-31.2000.8.26.0000 Agravo Regimental Visualizar Inteiro Teor. Data de registro: 28/04/2000. Outros números: 711760901

cclvii Tribunal de Justiça do Estado de São Paulo. Relator: Rebouças de Carvalho. Comarca: Bananal. Órgão julgador: 9ª Câmara de Direito Público. Data do julgamento: 07/11/2012

cclviii Tribunal de Justiça do Estado de São Paulo. 0000148-14.2012.8.26.0059 Apelação. Data de registro: 09/11/2012

cclix 0016908-89.2010.8.26.0000 Agravo Regimental Visualizar Inteiro Teor. Relator: Cauduro Padin. Comarca: São Paulo. Órgão julgador: Órgão Especial.

cclx http://www.conjur.com.br/dl/informacoes-prestadas-tj-sp.pdf

cclxi https://www.cnj.jus.br/ecnj/consulta_processo.php

cclxii Conforme: ASSONI Fº, Sérgio. "Da Despesa". In CONTI, José Maurício (coordenador). VVAA. "Orçamentos públicos: a Lei 4.320/1964 comentada". 2ª edição. São Paulo: RT, 2010, pág. 204.

cclxiii No mesmo sentido dizendo que o pagamento é feito pelos Tribunais com a verba transferida pelo Executivo: SCAFF, Fernando Facury. Sentenças Aditivas, Direitos Sociais e Reserva do Possível. In: Paulo Sergio Weyl A. Costa. (Org.). Direitos Humanos em Concreto. Curitiba: Juruá, 2008, v. 1, p. 89-116, pág. 98.

cclxiv Conforme CARVALHO, José Augusto Moreira de. Do Exercício Financeiro. In: Orçamentos Públicos – A Lei 4.320/1964 Comentada. CONTI, José Maurício (Coordenador). VVAA. 2ª Edição. São Paulo: Revista dos Tribunais, 2010, pág. 132/133.

cclxv A expressão é de Ives Gandra da Silva Martins usada no texto Da Dívida e do Endividamento. In MARTINS, Ives Gandra da S. e NASCIMENTO, Carlos Valder (organizadores). VVAA. Comentários à Lei de Responsabilidade Fiscal. 6ª. Edição. São Paulo: Saraiva, 2012, pág. 239.

Ricardo Lobo Torres, por outro lado, ensina que o conceito de dívida pública em Direito Financeiro se restringe somente aos empréstimos captados no mercado financeiro, seja no país, seja no exterior, por meio de contratos com bancos e outras instituições financeiras, ou por meio de oferecimento de títulos ao público em geral, incluindo-se aí a concessão de garantias e avais, os quais podem, pelo menos em potencial, criar dívida pública.

Ele exclui do conceito de dívida pública o que ele chama de "dívida da Administração", exemplificando com aluguéis, compra de bens, condenações judiciais, bem como a emissão de papel-moeda, a qual somente no sentido econômico pode ser entendida como dívida pública, ainda segundo ele.

Contudo, mantemos a opção do texto de seguir os critérios legais.

Curso de Direito Financeiro e Tributário. 17ª Edição. Rio de Janeiro: Renovar, 2010, pág. 219/220. No mesmo sentido: OLIVEIRA, Régis Fernandes de. Curso de Direito Financeiro. Obra citada, pág. 743.

cclxvi Conforme MARTINS, Ives Gandra da S.. MARTINS, Ives Gandra da Silva. Da Dívida e do Endividamento. In MARTINS, Ives Gandra da S. e NASCIMENTO, Carlos Valder (organizadores). VVAA. Comentários à Lei de Responsabilidade Fiscal. 6ª. Edição. São Paulo: Saraiva, 2012. Obra citada, págs. 240.

cclxvii Id. Ibid., pág. 245.

cclxviii TROTOBAS, Louis e COTTERET, Jean-Marie. Droit Budgétaire et comptabilité publique. 10e édition. Paris: Dalloz, 1978, pág. 202.

cclxix VILLEGAS, Héctor Belisario. Curso de Finanzas, Derecho Financiero y Tributario. 9ª edición. Buenos Aires: Astrea, 2005, pág. 110.

cclxx Mesmo na Argentina. Conforme: JARACH, Dino. Finanzas Públicas y Derecho Tributario. Tercera edición. Buenos Aires: Abeledo-Perrot, 2004, 877.

cclxxi VILLEGAS, Héctor Belisario. Curso de Finanzas, Derecho Financiero y Tributario. 9ª edición. Buenos Aires: Astrea, 2005, pág. 104; TROTOBAS, Louis e COTTERET, Jean-Marie. Droit Budgétaire et comptabilité publique. 10e édition. Paris: Dalloz, 1978, pág. 200 e 201.

cclxxii SANTOS, J. Albano. Finanças Públicas. Oeiras, Portugal: Ina, 2010, Pág. 351. CONTI, José Maurício. Direito Financeiro na Constituição de 1988. São Paulo: Oliveira Mendes, 1998, pág. 70; e ASSONI, Fo., Sérgio. Crédito Público e Responsabilidade Fiscal. Porto Alegre: Nuria Fabris, 2007, 49.

cclxxiii Conforme: BALEEIRO, Aliomar. Uma Introdução à Ciência das Finanças. 14ª Edição. Rio de Janeiro: Forense, 1984, pág. 476; e DEODATO, Alberto. Manual de Ciência das Finanças. São Paulo: Saraiva, 1954, pág. 255.

Mais restrita era a visão de Dídimo Agapito da Veiga, o qual dizia que a dívida pública decorria apenas de empréstimo público. (Ensaios de Sciencia das Finanças e de Economia Publica. Rio de Janeiro: Jacintho Ribeiro dos Santos, 1927,pág. 315.)

cclxxiv JARACH, Dino. Finanzas Públicas y Derecho Tributario. Tercera edición. Buenos Aires: Abeledo-Perrot, 2004, 877.

cclxxv SANTOS, J. Albano. Finanças Públicas. Oeiras, Portugal: Ina, 2010, pág. 353.

cclxxvi VILLEGAS, Héctor Belisario. Op. cit., pág. 110.

cclxxvii TROTOBAS, Louis e COTTERET, Jean-Marie. Droit Budgétaire et comptabilité publique., 202. JARACH, Dino. Finanzas Públicas y Derecho Tributario., pág. 888.

cclxxviii TROTOBAS, Louis e COTTERET, Jean-Marie. Droit Budgétaire et comptabilité publique., pág. 202.

cclxxix JARACH, Dino. Finanzas Públicas y Derecho Tributario., pág. 888.

cclxxx VEIGA, Dídimo Agripino. Op. cit., pág. 316.

^{cclxxxi} Conforme: DEODATO, Alberto. Op. cit., pág. 255 e 256.

^{cclxxxii} Id. ibid, pág. 255 e 256.

^{cclxxxiii} VEIGA, Dídimo Agripino. Op. cit., pág. 316.

^{cclxxxiv} SANTOS, J. Albano. Finanças Públicas. Oeiras, Portugal: Ina, 2010, pág. 353 e 354. VILLEGAS, Héctor Belisario. Op. cit., pág. 110.

^{cclxxxv} TROTOBAS, Louis e COTTERET, Jean-Marie. Droit Budgétaire et comptabilité publique., págs. 202/203.

^{cclxxxvi} Conforme: DEODATO, Alberto. Op. cit., pág. 255 e 256.

^{cclxxxvii} VEIGA, Dídimo Agripino. Op. cit., pág. 316.

^{cclxxxviii} JARACH, Dino. Op. cit., pág. 883 a 887

^{cclxxxix} VEIGA, Dídimo Agripino. Op. cit., pág. 316.

^{ccxc} O conceito é de Kioshi Harada e Otávio Geraldo Médici. Dicionário de Direito Público., pág. 90.

^{ccxci} Conforme GOMES, Émerson César da Silva. Da Contabilidade. In: Orçamentos Públicos – A Lei 4.320/1964 Comentada. CONTI, José Maurício (Coordenador). VVAA. 2ª Edição. São Paulo: Revista dos Tribunais, 2010, pág. 328.

^{ccxcii} Conceito de Maria Helena Diniz. Dicionário Jurídico., pág. 245.

^{ccxciii} Art. 92. A dívida flutuante compreende:
I - os restos a pagar, excluídos os serviços da dívida;
II - os serviços da dívida a pagar;
III - os depósitos;
IV - os débitos de tesouraria.
Parágrafo único. O registro dos restos a pagar far-se-á por exercício e por credor distinguindo-se as despesas processadas das não processadas.

^{ccxciv} Precatório-Requisitório e Requisição de Pequeno Valor (RPV). 4ª edição. São Paulo: RT, 2011, pág. 419.

^{ccxcv} Conforme MARTINS, Ives Gandra da S.. MARTINS, Ives Gandra da Silva. Da Dívida e do Endividamento. In MARTINS, Ives Gandra da S. e NASCIMENTO, Carlos Valder (organizadores). VVAA. Comentários à Lei de Responsabilidade Fiscal. 6ª. Edição. São Paulo: Saraiva, 2012. Obra citada, págs. 239/240.

^{ccxcvi} Conforme Fernando Facury Scaff e César Augusto Seijas Andrade. A Dívida Pública com Precatórios após 10 anos da LRF ou como a Resolução 40/2001 do Senado Caloteou a República. In SCAFF, Fernando Facury e CONTI, José Maurício (Coordenadores). VVAA. Lei de Responsabilidade Fiscal: 10 Anos de Vigência - Questões Atuais. Florianópolis: Conceito Editorial, 2010, págs. 57/58.

^{ccxcvii} Conforme Hely Lopes Meirelles. Direito Administrativo Brasileiro. 27ª Edição, atualizada por Eurico de Andrade Azevedo, Délcio Balestero Aleixo e José Emmaniel Burle Filho. São Paulo: Malheiros, 2002, pág. 178.
No mesmo sentido ao tratar do poder normativo vide: DI PIETRO, Maria Sylvia Zanella. Direito Administrativo. 19ª Edição, São Paulo: Atlas, 2006, págs. 101/105.

^{ccxcviii} Conforme: SCAFF, Fernando Facury e ANDRADE, César Augusto Seijas. Op. cit., pág. 63/64.

^{ccxcix}. SCAFF, Fernando Facury e ANDRADE, César Augusto Seijas. Op. cit., pág. 58.

^{ccc} Id. ibid., pág. 59.

ccci Conforme Id. ibid., pág. 60.

cccii http://www.orcamentofederal.gov.br/orcamentos-anuais/orcamento-2013-1/relatorio-de-avaliacao-orcamentaria/programacao_orcamentaria_2013.pdf, página 15.

ccciii Dívida Pública do Município de São Paulo. Considerações sobre o Contrato de Refinanciamento celebrado pelo Município Com a União. São Paulo: Tribunal de Contas do Município de São Paulo, março de 2013. Disponível em <http://www.joserobertoafonso.com.br/index.php?option=com_content&view=article&id=3148:divida-publica-do-municipios-de-sp-dissei&catid=16:assuntos-economicos&Itemid=44>.

ccciv Do controle da execução orçamentária. In CONTI, José Maurício (Coordenador). VVAA. Orçamentos Públicos. A Lei 4.320/1964 comentada. 2ª edição. São Paulo: RT, 2010, págs. 249 a 280.

cccv Nesse sentido: ADI 849, Rel. Min. Sepúlveda Pertence, julgamento em 11-2-1999, Plenário, DJ de 23-4-1999.

cccvi http://www.pge.sp.gov.br/acompanhe/precatorios_informe.html.

cccvii No mesmo sentido: AI 606.235-AgR, Rel. Min. Joaquim Barbosa, julgamento em 5-6-2012, Segunda Turma, DJE de 22-6-2012; AI 559.141-AgR, Rel. Min. Marco Aurélio, julgamento em 21-6-2011, Primeira Turma, DJE de 15-8-2011; RE 514.023-AgR, Rel. Min. Ellen Gracie, julgamento em 4-12-2009, Segunda Turma, DJE de 5-2-2010; RE 511.961, Rel. Min. Gilmar Mendes, julgamento em 17-6-2009, Plenário, DJE de 13-11-2009.

cccviii ADI 3.315, Rel. Min. Ricardo Lewandowski, julgamento em 6-3-2008, Plenário, DJE de 11-4-2008.

cccix ADI 328, Rel. Min. Ricardo Lewandowski, julgamento em 2-2-2009, Plenário, DJE de 6-3-2009.

cccx ADI 1.545-MC, Rel. Min. Octavio Gallotti, julgamento em 26-5-1997, Plenário, DJ de 24-10-1997.

cccxi ADI 789, Rel. Min. Celso de Mello, julgamento em 26-5-2004, Plenário, DJ de 19-12-1994.

cccxii ADI 2.378, Rel. Min. Maurício Corrêa, julgamento em 19-5-2004, Plenário, DJ de 6-9-2007 e ADI 789.

cccxiii ADI 160, Rel. Min. Octavio Gallotti, julgamento em 23-4-1998, Plenário, DJ de 20-11-1998. No mesmo sentido: MS 27.339, Rel. Min. Menezes Direito, julgamento em 2-2-2009, Plenário, DJE de 6-3-2009. ADI 3.307, Rel. Min. Cármen Lúcia, julgamento em 2-2-2009, Plenário, DJE de 29-5-2009. ADI 3.160, Rel. Min. Celso de Mello, julgamento em 25-10-2007, Plenário, DJE de 20-3-2009; ADI 2.068, Rel. Min. Sydney Sanches, julgamento em 3-4-2003, Plenário, DJ de 16-5-2003.

cccxiv No mesmo sentido: MS 28174 AgR, Relator: Min. RICARDO LEWANDOWSKI, Tribunal Pleno, julgado em 14/10/2010, DJe-221 DIVULG 17-11-2010 PUBLIC 18-11-2010 EMENT VOL-02433-01 PP-00001; MS 27763 AgR, Relator: Min. DIAS TOFFOLI, Tribunal Pleno, julgado em 19/12/2012, ACÓRDÃO ELETRÔNICO DJe-035 DIVULG 21-02-2013 PUBLIC 22-02-2013; MS 25879 AgR, Relator: Min. SEPÚLVEDA PERTENCE, Tribunal Pleno, julgado em 23/08/2006, DJ 08-09-2006 PP-00034 EMENT VOL-02246-01 PP-00200 RTJ VOL-00200-01 PP-00110 LEXSTF v. 28, n. 334, 2006, p. 202-207 RT v. 96, n. 855, 2007, p. 184-186.

cccxv ADI 3.046, Rel. Min. Sepúlveda Pertence, julgamento em 15-4-2004, Plenário, DJ de 28-5-2004.

cccxvi http://www1.folha.uol.com.br/fol/pol/cpi/crono.htm 29.11.2013.

cccxvii http://www.al.sp.gov.br/alesp/cpi/?idComissao=99997 29.11.2013

cccxviii Salvo menção expressa em contrário, a norma é Federal.

www.ingramcontent.com/pod-product-compliance
Lightning Source LLC
Chambersburg PA
CBHW071248220526
45468CB00001B/43